本书出版得到：

国家语委语言文字科研优秀成果后期资助计划项目"《经典释文》特殊读音与普通话语音规范研究（HQ135－4）"资助

国家社会科学基金项目"《经典释文》特殊读音的来源、流变及其所蕴涵的语言现象和规律研究（08XYY014）"资助

中国博士后科学基金项目"《经典释文》的特殊读音及其历时演变研究（20070420819）"资助

陈会兵 著

《经典释文》的特殊读音与普通话语音规范

中华书局

图书在版编目(CIP)数据

《经典释文》的特殊读音与普通话语音规范/陈会兵著. —北京:中华书局,2019.12

ISBN 978-7-101-13883-2

Ⅰ.经⋯　Ⅱ.陈⋯　Ⅲ.《释典释文》-研究　Ⅳ.H131.6

中国版本图书馆 CIP 数据核字(2019)第 087798 号

书　　名	《经典释文》的特殊读音与普通话语音规范
著　　者	陈会兵
责任编辑	陈　乔
出版发行	中华书局
	(北京市丰台区太平桥西里 38 号　100073)
	http://www.zhbc.com.cn
	E-mail:zhbc@zhbc.com.cn
印　　刷	北京市白帆印务有限公司
版　　次	2019 年 12 月北京第 1 版
	2019 年 12 月北京第 1 次印刷
规　　格	开本/920×1250 毫米　1/32
	印张 11⅜　插页 2　字数 250 千字
印　　数	1-1200 册
国际书号	ISBN 978-7-101-13883-2
定　　价	68.00 元

目　录

第一章　绪　论

一、陆德明及其《经典释文》

1.陆德明

陆德明,名元朗,字德明,以字行,吴(今江苏苏州)人,生于梁末陈初,卒于唐贞观年间(约 550—630 年)。据《旧唐书·陆德明传》记载,他少年时受学于鸿儒周弘正、张讥,博览群书,好学善辩。唐统一后,太子李世民征陆德明为秦王府文学馆学士,并让自己的儿子中山王承乾随其读书,是初唐著名的"十八学士"之一。据《大唐新语·公直》记载,褚亮写《十八学士写真图赞》,给陆德明的评语是:"经术为贵,玄风可师;励学非远,通儒在兹。"贞观初年,唐太宗李世民封他为国子博士,兼太子中允。《唐书·陆德明传》有对其一生行迹的记录。

2.《经典释文》

《经典释文》三十卷是陆德明于 605—618 年间编订的我国六朝及以前的群经音义总汇①,是对中国古代经学和传统语言学所做的不朽贡献。

---

① 见孙玉文《〈经典释文〉成书年代新考》(《中国语文》1998.4)及王弘治《〈经典释文〉成书年代释疑》(《语言研究》2004.6)。

《旧唐书》卷四六《经籍志》、《新唐书》卷五七《艺文志》并录著《经典释文》三十卷。"首为序录一卷,次周易一卷,古文尚书二卷,毛诗三卷,周礼二卷,仪礼一卷,礼记四卷,春秋左氏六卷,公羊一卷,穀梁一卷,孝经一卷,论语一卷,老子一卷,庄子三卷,尔雅二卷。"全书收"经"字九千九百一十二字,"注"字六千一百二十九字,合计一万六千一百二十一字。绝大多数注释都有反切、直音、如字等注音。

由于语音的发展变化、方言的客观存在、各个注家认识的歧异以及古籍流传产生的讹误等等原因,至唐时,汉魏以来为经典注音释义的情况已显得比较混乱,阅读十分不便。陆德明以"典籍常用,会理合时"为基本原则,统一注音。符合原则者为正音,置于首位,不合原则者则为参考。同时,作者对经典的文字和内容也作了校勘、训诂。

《经典释文》对所注之书,均标明书名和章节,然后摘录字句,注释音义,绝大多数字都标明反切或直音。作者不仅为经典本文注音,而且还为注文注音,全书共收录汉魏六朝二百三十余家①《《四库全书·经典释文提要》统计为二百六十余家)的各种音切和诸家训诂。因绝大多数音训原书都已失传,故本书保存的资料就显得弥足珍贵,后世治文字、音韵、训诂之学者,均推崇此书。

《经典释文·序》:"夫书音之作,作者多矣。前儒撰著,光乎篇籍,其来既久,诚无间然。但降圣已还,不免偏尚,质文详略,互有不同,汉魏迄今,遗文可见。或专出己意,或祖述旧音,各师成心,制作如面。加以楚夏声异,南北语殊,是非信其所闻,轻重因其所习。后学钻仰,罕逢指要。夫筌蹄所寄,唯在文言,差若毫

---

① 见黄焯《〈经典释文〉汇校·前言》页 1,中华书局,1980。

厘,谬便千里。夫子有言:'必也正名乎,名不正则言不顺,言不顺则事不成,故君子名之必可言也,言之必可行也。'①斯富哉言乎,大矣、盛矣、无得而称矣! 然人禀二仪之淳和,含五行之秀气,虽复挺生天纵,必资学以知道,故唐尧师于许由,周文学于虢叔。上圣且犹有学而况其余乎,至于处鲍居兰,玩所先入,染丝斫梓,功在初变,器成采定,难复改移,一薰一莸,十年有臭,岂可易哉! 岂可易哉!"

"余少爱坟典,留意艺文,虽志怀物外,而情存著述。粤以癸卯之岁,承乏上庠,循省旧音,苦其太简,况微言久绝,大义愈乖,攻乎异端,竞生穿凿。不在其位,不谋其政;既职司其忧,宁可视成而已? 遂因暇景,救其不逮,研精六籍,采摭九流,搜访异同,校之苍、雅,辄撰集五典、孝经、论语及老、庄、尔雅等音,合为三袟三十卷,号曰《经典释文》。古今并录,括其枢要,经注毕详,训义兼辩,质而不野,繁而非芜,示传一家之学,用贻后嗣,令奉以周旋,不敢坠失,与我同志,亦无隐焉。但代匠指南,固取诮于博识,既述而不作,言其所用,复何伤乎云尔。"

此书始作于南朝陈后主至德元年(583),任国子助教的时候。由于时代久远,经典音义众多,歧说纷繁;方言歧异,语有南北,音有楚夏,儒家和道家的经典注家众多,造成了文字音训严重分歧的局面,导致后学无所适从。于是陆德明秉承孔子等先秦思想家"正名"的思想,为儒家和道家重要的典籍广罗博搜前代的注音和释义,为后人学习经典制作了一个蓝本《经典释文》。他这部书不仅详记古今经师的注音(反切、直音、如字),兼明义训,经注并举,还进行文字版本校勘。不仅注解儒家的经书,而且也撰《老子》

---

① 陆德明引用与原文略有差异,这是古人引用的常态。

《庄子》的音义。因为老庄的著作在晋宋时代比较盛行,而《尔雅》是先秦语词名物训诂的专书,旧时注家很多,所以也有必要集录在一起,为读经之助。

陆德明以前的先儒作音,大多只注经文,不注注文,注音一般都录出经文全句。陆德明一改旧章,既注经文音义,也给注文注音释义。各书先标明篇章,然后摘字,标明音义,遇到必须分别的才全录文句。但《孝经》是当时童蒙开始要读的书,《老子》传本众多,文有差异,所以这两种书特标全句。他对前代的书音颇有斟酌,大体都照注者所理解的原书文义来采录读音,贯彻音义相谐的原则。凡是典籍常用,他又认为"会理合时"的音读写在前面,其他音读,苟有可取,一并录注,标明姓氏,以免相乱。这种作法,成为后来作音义书的楷式。陆德明生在陈末,所见古书极多,所以能兼综各家,经他采录的有二百六十多家(笔者统计为二百八十余家,如果算上《说文》《字林》《声类》《切韵》等通释语义的专著,则数量更多)。这些音义著作现在大都亡佚,流传下来的也多数经过后人修改,已经不是原貌了,因而《经典释文》在保存古籍方面就有着特别重要的价值。我们可以通过此书结合其他书籍辑佚一些亡佚的书,如《声类》《字林》《韵集》等;还可以比较传世文献如《说文》《玉篇》《切韵》等书与《经典释文》引文的异同,以此观察古今本的差异。

书中卷首叙述《周易》《古文尚书》《毛诗》《三礼》《春秋》三传、《孝经》《论语》《老子》《庄子》《尔雅》诸书的传受和作注解者的情况极为详备,是研究古籍流传历史的重要参考资料。诸书作注者的姓名、地望、官职都有记载,或详或略,也可以补史传的缺失或相互校勘。书中记载的音义对考证汉魏六朝及以后音韵变迁和古代词义转变,以及一字的多音多义都有很大用处。这是一部极有价值的语言资料书。

《四库全书·经典释文提要》归纳其注音释义的条例是："诸经皆摘字为音,惟《孝经》以童蒙始学,《老子》以众本多乖,各摘全句原本。原本音经者用墨书,音注者用朱书,以示分别。今本则经注通为一例,盖刊板不能备朱墨,又文句繁夥,不能如本草之作阴阳字,自宋以来已混而并之矣。所采汉魏六朝音切凡二百六十余家,又兼载诸儒之训诂,证各本之异同,后来得以考见古义者,注疏以外惟赖此书之存,真所谓残膏剩馥,沾溉无穷者也。"

3.《经典释文》的版本

《经典释文》在清代有徐乾学(1631—1694)"通志堂经解"刻本和卢文弨(1717—1795)"抱经堂"刻本,两者同出于明末的叶林宗的影宋抄本。叶抄本是依钱谦益绛云楼所藏宋本移写,其中颇有脱误。清内府藏有南宋刻本,以前不为人所知,现为北京图书馆所藏,可刊正清刻本的错误处极多。又敦煌石窟所出古籍中有《释文》十几种,也可供校勘。

《经典释文》的音义自宋代监本注疏即析附诸经之末,故《文献通考》分见各门后,又散附注疏之中,往往与之相淆,不可辨别。

《新唐书》卷五七《艺文志》:"周显德二年(955)二月,诏刻《序录》,《易》《书》《周礼》《仪礼》四经释文,皆田敏、尹拙、聂崇义校勘。自是拙等相继校勘《礼记》《三传》《毛诗音》。宋建隆三年(962),判监崔颂上新校《礼记释文》。开宝五年(972),判监陈鄂与姜融等四人校《孝经》《论语》《尔雅释文》上之。二月,李昉知制诰、李穆、扈蒙校定《尚书释文》。先是,唐天宝三年(744),玄宗以《尚书》原本为隶古定,诏集贤学士卫包改定古文《尚书》为今文,收旧本藏诸秘府,人间不复诵习。"

王应麟《玉海》"开宝校释文":"以德明《释文》用古文,与卫包所定今文驳异,乃命判监周惟简与陈鄂重修定,诏并刻板颁行,而周惟简勘定之古本竟微。咸平二年(999)十月十六日,直讲孙奭请摹印《古文尚书音义》,与新定《释文》并行。从之。是书周显德六年(959)田敏等校勘,郭忠恕覆定古文,并书刻板。景德二年(1005)二月甲辰,命孙奭、杜镐校定《庄子释文》……四月丁酉,吴铉言国学版本《尔雅释文》多误,命孙奭、杜镐详定……天圣四年(1026)五月戊戌,国子监请摹印德明《音义》二卷颁行。"

据此可知,《经典释文》原书本来兼载音义,历经唐、五代、宋三代校勘、刻印,宋以后传本多存音删义,大失原来陆德明著书本旨,已经不是原貌了。

罗常培《唐写本经典释文残卷五种跋》(《国学季刊》1951,第七卷第2期)根据唐写本《经典释文》残卷五种音切与今通志堂本《经典释文》音切对勘,在649条音切材料中,645条注音材料不影响音系,仅4条"微见两本音切之参差",占全部649条材料的0.6%强。由此,他得出结论:"准此而论,则唐宋两代之改窜《释文》,系于文字训释者为多,涉及音韵系统者殊鲜。偶有增益之音切,类多复见习见,绝少超轶原书音系之外者。"因而,《经典释文》在语音史研究方面具有十分重要的资料价值。

由于《经典释文》历经辗转传抄,其中脱误很多,不少清人如惠栋、段玉裁、臧镛堂、顾广圻曾经据叶林宗本细加校勘。近人黄焯以徐乾学通志堂本为底本,勘以清内府藏宋刻本(今藏国家图书馆),旁及唐石经、唐写本、宋影本,参以清儒和今人如黄侃、吴承仕之说,成《经典释文汇校》三十卷(《汇校》于1983年由中华书局出版)。勘出清人校勘以外的误字达数百条,是学习和研究《经典释文》的重要参考资料,为读《经典释文》提供了极大的便利。本书以通志堂本为基础,参考抱经堂本及黄焯《经典释文汇校》,

来考察《经典释文》的特殊读音及其历时演变。

二、本书的目的和意义

1.本书的目的

《经典释文》是历代经学家、文献学家、语言学家都非常关注的经典音义著作，是我国中古时期特殊读音的总汇。汉语特殊读音蕴含着丰富而复杂的语言现象和规律。中古时期，汉语造词从变音、变形的单音节屈折方式向双音化复合造词转变，《经典释文》适逢其会，对这个过程有比较全面的记录。因而，《经典释文》的特殊读音就具有特别重要的科学意义。

《经典释文》既是儒家道家经典的重要参考书，又是我国中古时期重要的语言学研究著作。在给十四种古籍做音义训诂以及文字辨正的时候，陆德明秉持"多闻缺疑"的态度，"或字存多音，众家别读，苟有所取，靡不毕书"。继承了汉魏六朝以来二百八十余家注疏，其音义来源极为复杂，归纳起来，大致包括古音、旧音、方音、世音、俗音、今音；有各派师承的不同读音，还有"如字"音、假借音、协韵音、别义破读音、注音校勘等等，反映了当时语音的复杂和分歧，是我国唐朝以前汉语特殊读音的集合。其后历代字典辞书都以它作为注音释义的参考，其《序录》对这些语音分歧作出了解释，是此前汉语特殊读音研究的总结，但是它的理论分析还显不足。

汉语特殊读音并不仅仅是一个读音问题，它广泛地牵涉到文字、词汇、语法、语用、修辞等等语言因素，是汉语语言学研究的一个特殊的视角。通过对这些特殊读音及其历时演变的研究，可以帮助我们更好地阅读古代典籍，继承我国优良的文化传统，还可能发现一些其他方法所不能了解的语言现象和规律。该研究最重要的作用是对现代汉语普通话的语音规范提供有益的借鉴，特别是为汉语特殊读音的处理提供历史的经验，因而该项目研究也具有非常重要的实践价值和应用前景。

黄侃曾说：研治文字、音韵、训诂之学，"不懂《经典释文》，始终是门外汉"。

前人对《经典释文》的研究成果可谓汗牛充栋，这些成果大都主要集中在本体研究上，对该书的成书年代、版本校勘、音切性质、音系、收录语音词义的来源和时代，以及该书训诂学、词汇学、文献学等等问题的研究颇为深入，也取得了一些令人满意的成果。但是，对于它所记录的汉语特殊读音研究还不够深入，也不够全面系统。特别是对《经典释文》特殊读音在后世的流变研究还很不足，对这些特殊读音的流变对于现代汉语读音规范化的借鉴作用的研究更是少见。因而，还很有必要加强这些问题的研究。

《经典释文》的特殊读音到现代汉语普通话读音已经经历了1500年，其间，这些特殊读音发生了什么变化？变化的动因、变化的结果如何？前人对这些问题也作出过零星的探讨，但是，全面系统考察《经典释文》的特殊读音及其历时演变的成果目前还没看到。

本书在前人研究的基础上全面考察《经典释文》记录的特殊读音，试图运用汉语字词的历时"感染—替换"模式，对从《经典释文》的特殊读音到现代汉语普通话读音的发展演变进行梳理，采用定量穷尽的方式探寻这些特殊读音的来源及去向，用历时语言学的观点和方法，考察这些特殊读音及其演变，从中了解这些特殊读音蕴含的语言现象和规律，分析这些特殊读音在后世的继承和发展，为汉语读音规范化以及汉语特殊读音的处理提供历史的经验和教训。

2.研究创新点及研究意义

(1)观察汉语汉字在汉魏六朝的发展和应用。《经典释文》对14种儒家和道家重要典籍注音释义,是中古时期重要的音义著作和语言宝藏,是对先秦经典语言及后人注音释义的全方位研究,体现了语言文字研究的系统性。过去人们对汉语言文字学的研究有偏于一隅的倾向,本书以汉语特殊读音为线索,综合汉语言文字各方面要素,把语言文字视为一个有机的系统,有利于全面了解汉语汉字在中古时期的运用。

(2)沟通一般语言理论与具体语言事实。《经典释文》搜集汉魏六朝二百八十余家经典音义注疏,积累了大量的语言运用和发展事实,是我国中古时期特殊读音的总汇,"例外隐含规律"。中古时期,汉语造词从变音、变形的单音节屈折方式向双音化复合造词转变,《经典释文》对这个过程有全面记录,本书希望通过大量的语言事实发掘语言运用和发展的一般规律。

(3)有利于汉语史、中国语言学史学科建设。本书对汉语语音演变的研究具有特别重要的作用,据此可以了解汉魏六朝时期汉语语音、汉字的注音,以及由此而体现的汉语由上古到中古的语音演变情况。以《释文》音义为起点,分析汉字音义从中古到近现代的发展,从而推动汉语史和中国语言学史的研究,因而,《经典释文》特殊读音的研究就具有特别重要的科学意义。

3.本书的价值和应用前景

本研究也具有重要的实践价值和广阔的应用前景:

(1)古籍阅读与整理。通过对《经典释文》特殊读音及其历时演变的研究,对认识我国上古、中古时期语言文字的理解和运用具有重要的指导作用,可以帮助我们更好地阅读和整理古代典籍,继承优秀的民族文化传统。

(2)语文教学。汉语特殊读音一直是大中小学语文教学特别是古汉语教学的一个难点,由于当前对这一问题的研究还不够全面深入,对一些特殊读音的认识还很不统一,人们对教学中遇到的特殊读音无所适从,本书可以为语文教学提供依据和参考。

(3)广播电视播音。广播电视是具有广泛受众的媒体,在传播民族文化、弘扬民族精神方面具有不可替代的巨大影响力。广播电视节目丰富、包罗万象,不可避免地要接触中国古代典籍,涉及汉语特殊读音,本书可以为广播电视播音在处理特殊读音方面提供标准和借鉴。

(4)词典字典编纂。我国字典辞书可谓汗牛充栋,但是这些字典词典所收字词、注音释义很不一致。我们需要不同类型的收词完备、注音恰当、释义精准的权威字词典,本书对现代字典词典的注音释义和古代辞书的整理也具有重要的参考价值,特别是为字典词典在汉语特殊读音的处理上提供历史的经验教训。

(5)为汉语特殊读音的处理追本溯源、正本清源。《经典释文》是汉语特殊读音的主要源头,黄侃《黄侃国学文集》:"《经典释文》集群书音义之大成,《集韵》集韵书之大成,《集韵》以《经典释文》为蓝本。"后世字典辞书的注音主要依据《广韵》,《广韵》不载,则参考《集韵》,而《集韵》的注音(特别是一字多音)多数来源于《经典释文》,这些特殊读音在后世有的被继承,有的被遗弃。研究《经典释文》的特殊读音可以对汉语特殊读音追本溯源、正本清源,可以为汉语特殊读音的处理提供理论和实践借鉴。因而该研究也具有非常重要的实践价值和广泛的应用前景。

(6)通过《经典释文》钩沉辑佚。由于《释文》搜集的汉魏六朝大量的古籍注疏没有流传于后世，人们借助它就可以窥探这些佚书的一些信息，通过《经典释文》或者以它为线索可以辑佚流失的古籍，如《字林》《声类》《韵集》及一些注家如徐邈、沈重、李轨等对经典的注音释义，以窥探汉语的古音古义。

三、前人研究概况

1.版本校勘

唐代以后，研究《经典释文》，或者以《经典释文》作为材料来源的著作，不胜枚举，利用《经典释文》来研究版本和文字校勘、探讨六朝音系、总结训诂条例等等的著作，更是不计其数。

根据《新唐书·艺文志》和王应麟《玉海》的记载，唐宋时期，田敏、尹拙、聂崇义、崔颂、陈鄂、姜融、李昉、李穆、扈蒙、卫包、周惟简、孙奭、郭忠恕、杜镐、田敏、吴铉言等都曾校订、摹印《经典释文》。

清代学者惠栋、段玉裁、臧镛堂、卢文弨、顾广圻、孙星衍、陈奂、阮元等对《经典释文》也做过校勘。其后，吴承仕、赵少咸、罗常培等也整理研究过《经典释文》①。

黄焯《〈经典释文〉汇校》以"通志堂经解本"为底本，既集录清人的校证，又与唐写本、唐石经和南宋刻本比勘，作了全面的校勘，极为详备，可谓集历代校勘之大成，被誉为"天下至慎"。资料价值高，为读《经典释文》提供了极大的便利。

黄坤尧在黄焯《〈经典释文〉汇校》的基础上，广泛搜罗各种刻本、写本及残卷，进一步校正，对《释文》前后抵牾之处详加酌定，与邓仕梁合著《新校索引〈经典释文〉》（台北学海出版社，1988），是学习和研究《经典释文》的重要参考书。

---

① 本书以通志堂本及黄焯校勘的《〈经典释文〉汇校》为准。

2.音系研究

《经典释文》罗列汉魏晋南北朝经师的异读，陆德明将他认为"会理合时"的注音标作首音。以《切韵》音系为参照，根据各个朝代经师的音切可透视各朝的语音特点，甚至建立音系。通过陆德明音切可以离析出六朝标准音系。黄侃、吴承仕、罗常培、陆志韦、王力、林焘、黄焯、邵荣芬、坂井健一、蒋希文、黄坤尧等作出了突出的成绩。王力《〈经典释文〉反切考》（见《王力文集》第十八卷，山东教育出版社，1991，下同）考证出语音系统，他的《汉语语音史》（1985年）以此作为建立隋—中唐音系的主要依据。邵荣芬《〈经典释文〉音系》从首音考证出陆德明的音系，通过《经典释文》的反切系联，构拟了《经典释文》的声母和韵母系统，据此主张陆氏音系是以金陵音为基础的南方地区的标准语音，并分析这个音系代表六朝金陵读书音的性质，具有跟《切韵》对等的地位，他称之为"南切韵"，是音系研究方面的集大成的著作。该书列出陆德明同音反切字表，展示陆氏音系格局。日本学者坂井健一著有《魏晋南北朝字音研究》（1975），按照李荣《切韵音系》的拟音构拟《经典释文》反切的音值。零星语音研究还有罗常培《经典释文和原本玉篇反切中的匣于两纽》（1937）、《经典释文中徐邈音辨》（1984，遗著）等多篇论文。

分别考释《经典释文》引用的汉魏六朝个别注家的音系，蒋希文《徐邈反切声类》（《中国语文》1989.3）、盘晓愚《〈经典释文〉刘昌宗反切韵类考》（《语言研究》，1998增刊），等等。

3.音切研究

闻宥著有《〈经典释文〉反语与〈广韵〉切语异同考》（1931），蒋希文有《经典释文音切的性质》（1989），万献初著《〈经典释文〉音切类目研究》则深入研究了《经典释文》的音切术语及其出现的频率,沈建民著《〈经典释文〉音切研究》分析了《经典释文》异读字所反映的上古、中古汉语形态的遗迹。

4.辑佚钩沉

由于《经典释文》搜集的汉魏六朝大量的古籍注疏没有流传于后世,人们借助它就可以窥探这些佚书的一些信息。通过《经典释文》或者以它为线索可以辑佚,清朝任大椿《小学钩沉》的很多材料都来自《经典释文》。

吴承仕著有《〈经典释文〉序录疏证》(1984),陆志韦、林焘著有《〈经典释文〉异文之分析》(1950),林焘有《陆德明的〈经典释文〉》(1962)。

5.异读研究

《经典释文》记录了汉字自汉魏六朝以来众多的异读现象,这些异读现象体现了汉语复杂的运用情况,其中通过改变读音表示不同词义和语法作用是汉语上古、中古时期词汇发展的主要途径之一,即汉语"内部屈折"构词法。

唐张参《五经文字》以《经典释文》作为标准和重要的参考资料来研究"五经"的文字形体和读音、意义。

唐张守节作《史记正义》,在其"条例"中以 39 字为例阐述注音规则,是对《经典释文》注音的继承和发展。

北宋贾昌朝《群经音辨》搜罗《经典释文》中的变音别义的异读词,分门别类地分析通假字、变音构词、变调构词等等语音语义关系问题,是以《经典释文》为材料来源分析音义关系的一部专题研究著作。

南宋岳珂《九经三传沿革例·音释》继承《经典释文》,根据陆德明的注音方式,归纳陆氏注音的十九种情况,据以总结他自己的注音条例,同时也分析了《释文》注音的杂乱现象。

元刘鉴《经史动静字音》以音变为线索探讨汉字作为名词和动词、形容词（亦即动字、静字）在语音上的区别与联系，收集207个变音别义（主要是四声别义，有极少数改变声、韵以别义的）破读字，也为后人研究破读音提供了材料，这些材料主要集中在对汉语特殊读音所蕴含的语法现象（词性、语法地位）的探索。

明吕维祺《音韵日月灯·音辨·形同而动静异音》比较详细地区分了一个字用作"静字"和"动字"的语音差异，他将这种语音差异分为"静平动去，静上动去，静入动去，静去动平，静去动上，静去动入，静平动上，静上动平，静匣母动见母，静见母动匣母，静清音动浊音，静浊音动清音"等等类型，涉及变调、变声、变韵等音变方式。

黄坤尧《音义阐微》和《〈经典释文〉动词异读新探》（1992）也以《经典释文》为对象，深入分析了汉语的音义关系，首次系统考察了动词随着声调、声母清浊和韵母阴入的变化而显示出的不同的语法功能。

孙玉文《汉语变调构词研究》以《经典释文》（1999）为主要材料来源，分析了汉语通过变调构成新词的"内部屈折"构词法。

王月婷《〈经典释文〉异读之音义规律探赜》（中华书局，2011）认为动词是古汉语变读构词的核心，但词类的改变与语音的变读并不是完全对等的。古汉语变读中有跨动词、名词、形容词三类的达及义构词、完成体构词、敬指构词等，亦涉及兼跨动、名、形三类的小称音变以及语法化带来的某些音变。

这些研究专著和论文深入到《经典释文》的内部，揭示了该书反映的汉魏六朝汉语的发展状况，展示了《释文》的重要语言学价值，有助于人们认识《释文》音注和汉语的发展、运用规律。

6.《经典释文》其他问题研究

1949年以后，人们更多地从语言学的角度研究《经典释文》，成果丰硕。除了这些专著论文以外，还有大量的专题论文，从不同侧面展开对《经典释文》的全面研究。如：林涛《陆德明的〈经典释文〉》(《中国语文》1962.3)

邵荣芬《略说〈经典释文〉音切中的标准音》(《古汉语研究论文集》，北京出版社，1982)

邵荣芬《〈经典释文〉的重音音切》(《中国语文》1989.6)

方孝岳《论〈经典释文〉的音切和版本》(《中山大学学报》1979.3)

蒋希文《〈经典释文〉音切的性质》(《中国语文》1994.4)

时建国《〈经典释文〉直音的性质》(《古汉语研究》2005.1)

孙玉文《〈经典释文〉成书年代新考》(《中国语文》1998.4)

王弘治《〈经典释文〉成书年代释疑》(《语言研究》2004.6)

万献初《〈经典释文〉音切类目研究的基本结论》(《语言研究》2003.4)

杨荫楼《陆德明的南学风韵及其对经学的贡献》(《孔子研究》1999.3)

丁忱《论黄焯先生〈经典释文〉的研究及其成就》(《古汉语研究》1996.3)

这些论著从不同的侧面分析《经典释文》的版本、成书年代、音切性质等问题进行争鸣，推动了对《经典释文》的深入研究。

前代学者对《经典释文》的经学、文献学价值给予了更多的注意，在文字校正、版本校勘方面成果较多。近年来人们将关注的焦点转向语言学，如其音切性质、音系分析、异读研究等，出现了大批成果。但是，对于它所记录的特殊读音研究还不够系统全面深入，特别是对《经典释文》特殊读音蕴含的语言现象和规律及其演变研究还很不足,对这些特殊读音的流变对于现代汉语读音规范的借鉴作用的研究还很少见。因而,还很有必要加强这些方面的研究。

四、本书研究的依据和方法

本研究首先将《经典释文》全文转换成电脑数据库,以"统计""溯源""比较"为主要方法,结合中国传统语言学和现代西方语言学理论,通过对《经典释文》的特殊读音及其历时演变的研究,全面考察汉语特殊读音的基本情况,确定这些特殊读音产生的时代,探索产生的原因,分析其所蕴含的语言现象和规律。通过"汉语语音区别特征分析法"探究《经典释文》特殊读音在区别词义、词性方面的作用。运用汉语字词历时"感染—替换"模式分析特殊读音在后世的演变、继承、分化、废弃的情况。为汉语语音发展史提供材料,为现代汉语读音(特别是特殊读音)的规范化提供借鉴,同时还可以为继承中国古代文化、丰富中国语言学史和汉语史研究做出贡献。

1.统计:以本人制作的《经典释文》电脑语料库穷尽式地统计需要分析的特殊读音的数量,分析特殊读音与一般读音之间的语音关系。

2.溯源:通过电脑语料库查找一些特殊读音的来源,并进行分析,探讨《经典释文》特殊读音产生的原因。

3.比较:将《经典释文》特殊读音的音义与一般读音的音义进行比较,以观察特殊读音蕴含的语言现象和规律;将《经典释文》的特殊读音在后世《史记正义论例》《群经音辨》《经史动静字音》《音韵日月灯》《普通话异读词审音表》等书中的音义进行比较,观察其发展演变。

4.汉语语音区别特征分析法

运用语音区别特征分析法,分析《经典释文》特殊读音如何通过语音区别词义和用法。《经典释文》虽然并没有明确的"语音区别特征"的观念,但是,在分析一个字的不同读音表达不同意义和用法的时候,是通过声母、韵母、声调的不同来表现的,其中暗含区别特征分析的原理,我们可以运用这一原理去认识这些规律。

（1）声母的区别特征从发音部位和发音方法两方面分析:

发音部位:唇音、舌音、牙音、齿音、喉音,其中唇音再分轻、重,舌音再分舌头、舌上,齿音又分齿头音、正齿音。

发音方法:清、次清、浊、次浊。

（2）韵母的区别特征有阴、阳、入;内转、外转;开、合两呼;一、二、三、四等。

（3）声调的区别特征有平、上、去、入。

上述语音类别（声、韵、调）的某种发音特点跟其他任何一种语音特点之间都构成对立,这样的对立在语音应用中可以起到区别意义和用法的作用。《经典释文》已经运用了这些语音特点来分析异读以及由此而区分的不同意义,唐宋等韵图继承并发展了上述汉语语音区别特征的分析,编制成声母、韵母、声调的配合表,以揭示汉民族共同语的语音系统,使"天下无遗音",帮助人们认识反切注音和读准汉字读音。

汉语语音的发展演变实质上就是汉语语音区别特征的此消彼长,现代汉语的语音区别特征是古代汉语语音区别特征的继承和发展。因而对汉语语音区别特征的研究,可以帮助我们理性地认识汉语语音的发展演变,从而理解汉语在世界语言中的独特个性,进而指导汉语研究要适应汉语的独特性而不是在汉语研究上贴上西方语言学理论的标签。

汉语语音区别特征是认识汉语语音的重要途径,语音区别特征的正确把握是汉语语音学习的核心内容,分析论证汉语语音特点可以帮助人们掌握汉语语音,对学习普通话具有重要作用。汉语方言的差异主要表现在语音方面,通过语音区别特征的研究,也可以帮助人们了解自己所属方言的语音特征,找出方言与普通话之间的语音对应关系,从而更好地掌握自己的方言和普通话。

5.汉语字词历时"感染—替换"模式

汉语字词数量众多、历史悠久,在发展和使用过程中,汉语字词的形、音、义、用产生了极为繁复的变化。学者在研究中总结出"假借""引申""孳乳""变异"等等发展演变模式,为汉语言文字研究提供了有力的理论武器。但是,汉语言文字演变发展的原因是多方面的,在发展过程中还存在着不同于上述发展模式的"感染—替换",也是应该引起语言文字工作者关注的。

汉语字词历时"感染—替换"是指在语言文字长期使用和发展过程中,一些词(字)的形、音、义、用等要素由于相同相近或相关而发生了相互感染,使感染后的字词的读音、意义、用法出现你中有我、我中有你的混同现象。在以后的使用中,人们重新约定,从历时的角度看,就是被其他词(字)所替代。汉语字词的发展途径丰富复杂,其中"感染—替换"是一个重要的方式,《经典释文》众多的特殊读音表示的音义在后世没有继承下来,它们的去向主要表现在有的音义在现代消失,有的被合并,有的被新的形式替换,原因十分复杂,我们用"感染—替换"模式来解释这些特殊读音在后世的继承和发展。

建立汉语字词的历时"感染—替换"模式,有利于我们了解字词形、音、义、用发展演变的线索,更好地理解语言文字现象,是解释《经典释文》大量的异体字、繁简字、古今字、多音字、异读字、异形词等等复杂语言文字现象的一个新的重要途径。

五、本书的主要任务

今天我们所面临的这些特殊读音，是在漫长的历史和宽广的空间中形成的语言文字现象，在现代汉语这个平面上的投影，这个平面没有了原来的时间和空间维度。要对我国古书中出现的特殊读音有一个科学合理的认识，必须恢复形成这些特殊读音的时空坐标，把它们一一放到这个维度中进行仔细地考量，以便发掘这些特殊读音蕴含的语言文字现象和规律，为普通话语音规范提供借鉴。

古代的特殊读音作为一种语言形式的遗迹保留在现代汉语中，在今天的语言条件下，如何处理这些遗迹？不加区别地保留，或者一概摒弃，这都不是科学的态度，我们应该根据实际情况加以甄别，别裁去取，更好地帮助人们阅读古代文献，利用语言规律为现代汉语服务。

沈兼士《广韵异读字研究序》(《沈兼士学术论文集》中华书局，1986)："一字数音为研究中国文字学之一重要题目……古代异读字材料之总汇，当首推《经典释文》及《广韵》……大氏此题之内容，应分三项：一为音义家自来表示异读之一般形式；二为异音所表现纽韵转变分合之迹；三为又音字涉及语义词性之各种问题。"

本书试图在继承和总结前人研究的基础上，通过"考古"和"溯源"的方法探讨汉语特殊读音产生的原因，分析其产生的时代，揭示特殊读音与一般读音之间的语音关系，并分析特殊读音蕴含的语言现象和规律，为汉语语音规范化的理论和实践提供一些参照。

附录　关于本书繁简字形使用和
读音标注情况的说明

1.《经典释文》原文文字使用情况比较复杂，本书根据现行文字规范进行改写，但是一些繁体字与简化字之间并不是一对一的关系，因而一些繁体字没有改写，而是保持原样。如"发"与"發、髮"，"间"与"間、閒"，"舍"与"捨"等。有些繁简字或异体字原本是有差异的，如"後"与"后"，"獲"与"穫"等，也保持原样。

2.有些繁体字需要保持原字形以说明文字的使用情况，也不改写，如"畫"与"畵"，"着"与"著"等。

3."於"现在一般简化为"于"，但是在古文中，它们的音义都有不同，本书也保持原样。

4.一些字在作专有名词的时候有习惯性的固定写法，本文保持原貌。如"並、竝、併"作为一般词语简化为"并"，作为字母名称还是保持"並"的写法。

5."陳"在《释文》中表示的音义现代分化为"陈"和"阵"，如果在表述的时候难以区分，本书一仍其旧。

6.《经典释文》所注读音，我们按照反切原理结合语音演变规律，参考丁声树《古今字音对照手册》、郭锡良《汉字古音手册》折合为现代普通话读音，多数跟陆德明当时的读音应该有差异，但是为了表述方便，我们仍然用汉语拼音标注现代读音。

第二章 《经典释文》的特殊读音

第一节 特殊读音

一、特殊读音的一些基本问题

1.特殊读音的概念

词是最小的能够自由运用的音义结合的语言单位。古书中的词语在书面上多数表现为一个个的字，因而古书中词语的读音一般就表现为字音。原则上，一个词语应该只有一个语音，因而，一个字原则上也应该只有一个读音。但是，在汉语的发展过程中，许多词语由于多方面的原因，发展出许多新的语音，记录这些词语的汉字也发展出多种读音，我们把一个字的本来读音、常见读音以外的其他读音叫作特殊读音。特殊读音是汉语发展历史过程中产生的"例外"，体现了汉语汉字运用和发展规律，是汉语汉字研究的一个重要而独特的视角。

过去人们对特殊读音往往以"异读"这个概念笼统概括，其中包括多音多义字、假借字、专有名词、叶韵、方言、语法差异、避讳敬称以及纯粹异读等等原因造成的歧异读音，与一般人们认识的一个词有两个或两个以上的不区别意义的"异读"混淆。这样就造成一个概念的内涵过于繁复，所蕴含的语言文字现象过于丰富，不利于人们深入认识汉语（汉字）的特殊读音现象。我们将一个词语"常见"或"一般"读音以外的其他读音统称为"特殊读音"，然后在"特殊读音"中分门别类地探讨各种特殊读音的来源、类别、流变以及所蕴含的语言现象和规律，有助于人们全面深入地认识这一语言文字现象，探索其所蕴含的语言文字规律，有利于汉语学习、应用和研究。

特殊读音是一种语音现象，更是一种语言文字现象。作为语音现象，无所谓特殊读音或一般读音，因为一个语音在汉语中往往表示一个词或语素，在语流中与别的读音一起表达意义，受上下文语境的限制，其音义是一对一的关系。而作为文字现象，特殊读音与一般读音之间的差异则表现得十分突出，一个字有很多种读法①，其中一个是"一般读音"，其余的是"特殊读音"。含有特殊读音的字其实往往就是语言中的词义引申、字词假借以及其他特殊用法，还有就是一个字代表着汉语中的几个词，体现着汉语与汉字之间的不完全对等。

本书所探讨的特殊读音是在《经典释文》中存在的超出语音演变一般规律，不符合现代汉语语音规范原则的读音，以及大量的异读字（词）、多音字（词）。异读字，传统说法是指同一个字（词）在普通话或古书中意义相同，以及由一个词发展起来的意义相关而读音有发展关系的词。多音字，是指一个字有几个读音，

---

① 根据沈建民《〈经典释文〉音切研究》（中华书局，2007）统计，《经典释文》中有4个音切的字330个，5个音切的字85个，6个音切的字19个，7个音切的字3个。明吕维祺《音韵日月灯·音辨》搜集"辟"的音义更是达到了15个。

这些读音所代表的意义,有些是相关的,有些是没有关系的。这些有两读或几读的词,我们一般以符合语音演变规律的或者最习用的读法为"正读",也就是一般读音;而以与一般读音不同的其他读法为"变读",也就是本书所探讨的特殊读音,亦即段玉裁《六书音均表》所提出的"正音""变音"。一部分特殊读音与一般读音所表示的意义或用法不同,这应该是语言的合理成分,还有很多不同读音不表示意义或用法的差异,成为多余的读音。这些"剩余"的特殊读音,在语言发展过程中,有些被赋予了新的意义或用法,成为语言中的有效成分,这是应该予以认可的;还有一些则仅仅是没有意义的"剩余",成为语言中的赘疣,自然是应该予以清除的。

2.两汉人们对汉字读音和注音的探索

汉语字词的特殊读音在口语里产生的具体时间,我们现在难以确考,能够了解的只能是通过书面记录的特殊读音。汉语语音研究产生于我国东汉时期,当时一些语言学家竭力探索汉语语音,力图在书面上记录汉字读音。

我国古籍早期是没有注音的。两汉时期,人们开始了对汉字注音的艰苦探索。他们给汉字注音的方式五花八门,这些注音在今天看来很多是不够准确的(由于当时没有语音规范,因而我们也不能用今天的标准去衡量古代的注音)。但是它们毕竟记录了汉字的读音,因而也是十分可贵的语音资料,成为后世人们注音的重要依据。如《释名·释车》:"车,古者曰车,声如居,言行所以居人也。今曰车,声近舍。车,舍也,行者所处若居舍也。"后世注音依此,《经典释文·毛诗音义·中谷有蓷》:"车,赤奢反。"《广韵·平声麻韵》:"车,尺遮反。"来自《释名·释车》的声训"舍也";《广韵·平声鱼韵》:"车,九鱼反。"则来源于《释名·释车》的"声如居"。

颜之推《颜氏家训·音辞》:"夫九州之人,言语不同……自《春秋》标齐言之传,《离骚》目楚辞之经……后有扬雄著《方言》,其书大备,然皆考名物之异同,不显声读之是非也。逮郑玄注六经,高诱解《吕览》《淮南》,许慎造《说文》,刘熙制《释名》,始有譬况、假借以证字音,而古语与今殊别,其间轻重清浊犹未可晓,加以外言、内言、急言、徐言、读若之类,益使人疑。"

颜之推概括了早期汉字读音研究的发展过程。《春秋》《离骚》时期,我国文化不够发达,经典古籍通过师徒授受,文字读音口耳相传,还没有非常迫切的注音要求。但是语言通过文字记录就是要历久传远,并且随着文化的普及,口耳相传受到时空的限制,两汉以来,人们就开始了给汉字注音的艰苦探索。

《颜氏家训·音辞》所揭示的"古语与今殊别,其间轻重清浊犹未可晓,加以外言、内言、急言、徐言、读若之类,益使人疑"的情况,既反映了当时语音的复杂情况和人们给汉字注音的艰难,同时也解释了汉语众多特殊读音产生的主要原因。

《春秋公羊传·庄公二十八年》:"伐者为客,见伐者为主。"东汉何休(129—182)注:"伐人者为客,读伐长言之……见伐者为主,读伐短言之。皆齐人语也。"

《经典释文》继承何休的注音和释义,《春秋公羊音义·庄公二十八年》:"伐者为客,何云读伐长言之,伐人者也。伐者为主,何云读伐短言之,见伐者也。"在其他地方还四次给"伐"注音。

《周礼音义·夏官司马·大司马》:"九伐,如字,刘扶發反。""九伐"指大司马在九种不同的情况下对所属邦国的惩罚或讨伐,都是主动进攻,因而,陆德明认为应该读作"如字";而刘昌宗注音为"扶发反",根据黄焯《〈经典释文〉汇校》(页101,中华书局,1980),其反切下字"发"当作"废",形近而误。黄焯《经典释文汇校》："《释文》通例，德明以入声为本音，昌宗音大抵转去。"

《周礼音义·冬官考工记·辀人》："象伐，如字，刘扶废反。"
"象伐"指"辀人"执掌制作大车，其上建有不同的旗帜，旗子上画
熊做装饰，有六根飘带，象征天上的"伐星"（参宿六星），大概"伐
星"在古人心目中主战争、攻伐。陆德明以"如字"作为首音，表明
他认为当"如其本音读之"，但是，现在我们已经难以知道"本音"
该怎么读了。吴承仕认为"扶发反"即"如字读"（见黄焯《〈经典释
文〉汇校》页101）。与之对应的"扶废反"则是变音，表示新的词
义，今读fèi，由于有"如字"和反切的对立，我们可以知道的是"伐"
在《经典释文》中有两个不同的读音。

《诗经音义·泮水》："伐伐，蒲害反，又普贝反，言有法度，本
又作茷。"其中"伐伐"是叠音词，描摹旌旗下垂、整齐、有法度的样
子，是"茷"的古字，与攻伐之伐的音义无关。

《春秋左氏音义·襄公十五年》："师茷，扶废反，徐音伐。""师
茷"为宋国乐师，"茷"为乐师人名，虽然此条不是为"伐"字注音，
但是与上条比较，可以看出"伐"字的如字音与其异读之间的
关系。

现在学者一般认为"长言、短言"是声调的区别①。一个字有
长言、短言的读音区别，即有声调的区别，是因为意义和用法的不
同。从词汇意义上说，一为"伐者"即"客"，一为"见伐者"即"主"；
从语法意义上说一为主动者，一为被动者，《马氏文通》："齐人以

---

① 《沈兼士学术论文集·广韵异读字研究序》："所谓长短缓急，恐即指声调
而言。"我们知道，汉语声调是齐梁时期才被人们明确认识到的。长言、短
言，即使是声调的差异，也只是说两者读音不同，当时人们不可能认识到
是声调的不同。

'伐'之声短声长,以为外动受动之别。"意义和用法不同导致了读音的差异,体现着汉语动词用于主动和被动两种语法地位的不同,也反映了由此而产生的意义差别。在东汉何休的时代这种意义和用法的差别在语言形式上是通过声调不同来区别的,后世并没有继承下来(《广韵》只收"房越切"一音,今读 fá),而是通过其他词和句子结构来体现①。这是人们对汉字读音受意义、用法发展推动而分化最早的明确认识。

《春秋公羊传·宣公八年》:"曷为或言而,或言乃。"何休注:"言乃者内而深,言而者外而浅。"

《淮南子·说山训》:"牛车绝辚。"高诱注:"辚读近蔺,急舌('急舌'疑为'急气'之误)言之乃得也。"又《俶真训》:"牛蹄之涔。"高诱注:"涔读……(原文有误),急气闭口言也。"又《坠形训》:"北方……黑色主肾,其人蠢愚。"高诱注:"蠢,读人谓蠢然无知之蠢也,笼口言乃得。"

《淮南子·修务训》:"胡人有知利者,而人谓之骇。"高诱注:"骇读似质,缓气言之,在舌头乃得。"又《本经训》:"飞蛩满野。"高诱注:"蛩……读近殆,缓气言之。"

刘熙《释名·释天》:"天,豫、司、兖、冀以舌腹言之,天,显也,在上高显也。青、徐舌头言之,天,坦也,坦然而高也。"

"风,兖、豫、司、冀横口合唇言之,风,泛也,其气博泛而动物也;青、徐言风,蹴口开唇推气言之,风,放也,气放散也。"

上述长言、短言、内、外、深、浅、急气、缓气、笼口、闭口、舌头、舌腹、横口、蹴口、开唇、合唇、推气等等术语,都是对汉字读音发

---

①上古汉语表示被动的方法很多,参见史存直《文言语法》,中华书局,2005。

音部位和发音方法的分析。根据后人研究，主要涉及声母、韵头、韵尾①。由于当时人们还不能切分音节，上述分析描写的对象是汉字的囫囵音节。音节是一段音流，包含几个音素，汉字一个字一个音节，在读的时候，各个音素的发音部位和发音方法都不相同。这样一来，读一个音节，其发音部位和发音方法就是变动不居的，只有一个音素的发音部位和发音方法才是稳定的。古人用发音部位和发音方法来描写音节而不是音素，这样导致术语众多（音节多于音素、音位）、意义含混，"益使人疑"。认识到这一点，我们就不必斤斤计较于古人那些发音术语的具体所指了。但是，这样的分析有助于人们审辨音理、分析语音结构，对以后反切二分音节和汉语声调的发现以及等韵学的发明无疑是有启发作用的。

汉字注音是汉语特殊读音得以显示的主要途径，同时，汉字注音方法的不同也是导致特殊读音产生的原因之一。

3.特殊读音的起源

汉字注音以前有没有特殊读音我们现在难以考察，根据一些特殊读音所保留的语音信息，有人认为"在造字时代，由于书写工具的落后和书写方法的繁难，一字多音现象可能要比现在多得多"②。

东汉初年，刘歆门人杜子春提出一字异读现象，如《周礼·春官·大祝》："七曰奇拜。"杜子春注："奇，读为奇偶之奇。"又《周礼·春官·占梦》："遂令始难欧疫。"杜子春注："傩读为难问之难。"古书"难"或为"傩"，周祖谟《问学集·四声别义释例》认为：难易之难为形容词，读平声；难问之难为动词，要读去声。声调不同，意义用法有别。"奇偶之奇""难问之难"与高诱注《淮南子》

---

① 见周祖谟《问学集·颜氏家训音辞篇注补》，中华书局，1966，页 406—410。
② 沈建民《〈经典释文〉音切研究》，中华书局，2007，页 109。

"蠢然无知之蠢",虽然没有注音的形式,但是提示人们这些字在这样的语境读法与其他语境读法不同。

《说文·目部》:"睒,读若'白盖谓之苫'相似。""白盖谓之苫"出于《尔雅·释草》。王筠《说文释例·读若引经》:"睒读若'白盖谓之苫'相似,既言'读若',又云'相似',《唐韵》固失冉切,不用炎之本音。以此推之,或四声萌芽于汉乎?"说明许慎也已经注意到了一个字可能有不同的声调,从而产生多音异读的语音现象。《说文》主要用直音、读若、分析声符等方式来给汉字注音,不方便,也不准确。另外,《说文》的目的主要在于通过分析文字的形体结构来揭示文字的造字之意即文字的本义;与之相应,许慎对文字读音则关注本音,作为引申义、假借义或其他意义的读音及其特殊读音不是许慎所要探讨的,因而《说文》透露出的特殊读音并不多见。

如上所举,东汉如何休、刘熙等在解释词义的时候也注意到方言读音进入共同语而产生特殊读音,并且将特殊读音与语源探索结合起来。

顾炎武论《广韵》注音的来源,很好地解释了这种语音分歧繁复的原因。《音学五书·音论》:"《广韵》之中,或一字而各韵至三收四收五收,又或一字而本韵中至两收三收,或各义,或同义,盖古人之音必有所本。如《汉书》则服虔一音,应劭一音,如淳一音,孟康一音,晋灼一音;《庄子》则简文一音,司马彪一音,李轨一音,徐邈一音。作韵之人并收而存之书,不惟以给作诗之用,盖所以综异闻、备多识,而不专于一师之学也。"

顾炎武在此所揭示的《广韵》注音的分歧也符合《经典释文》的注音情况。《广韵》由于从唐朝以来就是官修韵书,作为"悬科取士"的"考核程准",具有强烈的语音规范意识。《广韵》对各家注音"捃选精切,除削舒缓",是有所取舍的,《经典释文》作为音义著作,其注音情况更为复杂。我们将《广韵》的注音与《经典释文》和《集韵》作一些比较就会明确这个问题。

段玉裁《周礼汉读考》卷一:"凡有言读为读如而仍用本字者,如'利'读如'上思利民'之'利','斿'读为'囿游'之'游'。此盖一字有数音数义,利民之利与财利别,囿游之游与旗斿别,故云读如读为以别之也。利民与财利别者,如《公羊》之'伐'。"段玉裁通过对汉人注经的考察,发现汉人在注解经典的时候,用本字注音反映的是一字有数音数义,这是特殊读音在早期文献里的表现。

汉字造字之初,虽然没有注音,这些字在当时的读音我们也无从知晓,但是我们从后世遗留的一些语音痕迹可以探知,汉语特殊读音起源很早。如《黄侃论学杂著·声韵说略》页99:"一字或有数音,古今所同也。有人言古代字止有一音,无一字数音者,不知一字数音,其起源远在太古。是故一丨也,有读进、读退之分;一凵也,有读导、读沾、读誓之异;伐,有长言、短言之殊;风,有横口、踧唇之异;既不能禁一音之变转,又几能限一时之必一音哉?"黄侃综合前人一字数音的例子和认识,也认为汉字的特殊读音与汉字同时产生。

王力《汉语史稿》(中华书局,2004重排版,页253):"顾炎武等人否认上古有读破。但是,依《释名》来看(传,传也;观,观也),也可能在东汉已经一字两读,陆德明在《经典释文》里,凡注音的地方,大概都是读破的地方。可见在中古这种用声调变化来表示形态的方法是很盛行的。"古书注疏中所谓的"同字相训"应该都属于通过本字的变读以改变词义词性来训释词义。如:

《周易·剥卦》:"《彖》曰:剥,剥也,柔变刚也。""剥"同字相训,被释词是名词,训释词是动词,词性不同。

《周易·序卦传》:"比者,比也。""比"同字相训,被释词是名词,训释词是动词,词性不同。

《孟子·滕文公》:"彻者,彻也,助者,藉也。""彻"同字相训,被释词是名词,训释词是动词,词性不同。

《荀子·乐论》:"夫乐者,乐也。""乐"同字相训,被释词是名词,训释词是动词,词性不同。

张清常《汉语汉文的一字多音问题》(《语言学论文集》,商务印书馆,1993):"战国至西汉中叶,《易传》《孟子》《礼记》《春秋繁露》有'同字为训'材料八条,其中一字多音的五条,一字一音的三条。前者五条正是汉语汉文里面一字多音的现存最早材料,可以证明战国时期即已有了一字多音。后者三条一字一音,说明区别词汇意义,区别语法作用,不是非要造成一字多音不可。"将汉语多音字产生的时代推到了战国时期。

在口语中,被释词和训释词如果没有语音差异,就不能起到解释词义词性的作用。书面语是口语的提炼和记载,要有口语的现实基础,因而,我们也认为,先秦文献里的同字相训应该是反映了词义引申或词性转变而引起的读音改变。

潘悟云《汉语历史音韵学》(上海教育出版社,2000)页124:"汉字是表意文字,各种语音屈折和词缀成分不能直接通过字形表现出来,它的形态主要有两种表现方式:一是异字表现,即用不同的字形来代表同一个词的不同形态,如'立'和'位'分别代表动词及其派生出来的名词形式。一是同字表现,即用同一个字形来代表同一个词的不同形态变体,如同一个'量'字,既作动词,也作名词。不过前者读平声……后者读去声……同形表现就成为后来的异读。"潘悟云从形态的角度探索特殊读音的来源,是一个很好的角度,不过由于汉语是缺乏形态变化的语言,古代的形态残迹保留至今的不成系统,因而可操作性略显欠缺,但是对汉语特殊读音产生的原因具有很强的解释力。

总之,我们可以推想汉字的特殊读音是与汉字本身同时产生的,但是现在毕竟证据不足,并且不是本书关注的主要问题,我们可以存疑。本书以汉字注音产生以后,有注音记录的特殊读音为研究对象,分析《经典释文》特殊读音的来源以及产生的原因,探讨这些语言文字现象所蕴含的语言发展和运用规律。

4.人们对特殊读音的认识

如前所述,我国古书中词语的特殊读音产生的时代十分久远,从现存文献看,汉语特殊读音在先秦就已经产生(但是,根据当时的学术背景和条件,人们只能认识到整体音节的读音改变,而不能区分声母、韵部、声调,只有在反切、声调发现以后才可能有意识地通过这些区别特征的改变达到区别词性、词义的目的)。

两汉时期,人们努力探索汉字读音问题,他们用直音、譬况、声训、二合音、皆声字、分析声符等办法来给汉字整体注音,用横口、跟口、开唇、合唇、舌头、舌腹、笼口、闭口、推气、长言、短言、内、外、深、浅、急气、缓气等术语,来分析汉字读音的发音部位和发音方法,体现出汉字注音记音的艰难。先秦两汉人们对汉字读音的探索很多都已经涉及了特殊读音,并且分析了一些特殊读音产生的原因,其后语言文字学家和经籍注释家对汉语的特殊读音进行了广泛探讨。

《颜氏家训·音辞》:"夫物体自有精粗,精粗谓之好恶;人心自有去取,去取谓之好恶(原注①:上呼号反,下乌故反)。此音见于葛洪、徐邈。而河北学士读《尚书》,云好(呼号反)生恶(於谷

---

① 本节括号里所有注音释义,均为原书原作者所注,后仿此。

反)杀,是为一论物体,一就人情,殊不通矣。"

又"案诸字书:焉者,鸟名,或云语辞,皆音於愆反。自葛洪《要用字苑》分焉字音训,若训何训安,当音於愆反,於焉逍遥、於焉嘉客、焉用佞、焉得仁之类是也;若送句及助词,当音矣愆反,故称龙焉、故称血焉、有民人焉、有社稷焉、托始焉尔、晋郑焉依之类是也。江南至今行此分别,昭然易晓;而河北混同一音,虽依古读,不可行于今也"。

又"江南学士读《左传》,口相传述,自为凡例,军自败曰败,打破人军曰败(补败反),诸记传未见补败反,徐仙民读《左传》,唯一处有此音,又不言自败、败人之别,此为穿凿耳"。

颜之推认为"变音别义"没有现实的语音基础,是当时学士"自为凡例",他不认可这些读音。

陆德明《经典释文·序》:"夫质有精粗,谓之好、恶(并如字),心有爱憎,称为好、恶(上呼报反,下乌路反)。当体即云名誉(音预),论情则曰毁誉(音余)。及夫自败(蒲迈反)、败他(蒲败反)之殊,自坏(呼怪反)、坏撤(音怪)之异:此等或近代始分,或古已为别,相仍积习,有自来矣。"

他认为变音破读是有现实的语音基础的。但是他又在后面指出:"如、而靡异,邪、也弗殊,莫辩復(扶又反,重也)、復(音服,反也),宁论过(古禾反,经过)、过(古卧反,超过)。又以登、升共为一韵,攻、公分作两音,如此之俦,恐非为得……"

陆德明对变音别义的"破读"似乎有一种矛盾的看法。今天看来,陆德明举出的一些异读别义的词,在相同的条件下,有的读音有别,有的读音无异,语音语义关系不能类推,因而他认为变音别义没有普遍性。但是,我们还应该看到,语言既有类推规律,同时还具有"约定俗成"性,二者并不矛盾。

张守节《史记正义》总结郑玄、陆德明等前人对特殊读音的认识，作《史记正义论例》，其"论字例""论音例""音字例""发音例"是对《经典释文》注音释义的总结。

宋贾昌朝《群经音辨·序》："夫经典音深作深（式禁切），音广作广（古旷切）。世或诮其儒者迂疏，强为差别。臣今所论，则固不然。夫轻清为阳，阳主生物，形用未箸，字音常轻；重浊为阴，阴主成物，形用既箸，字音乃重。信秉自然，非所强别。"他从自然主义观点出发，把变音构词视为"阴阳""自然"，而不认为语言是社会的产物，当然是错误的，但他肯定语言文字中有因"形、用"不同而变音的构词现象，非儒者"强为差别"，这是符合汉语实际的。

宋戴侗《六书故·六书通释》："凡方言往往以声相禅，虽转为数音，实一字也，不当为之别立名。"一个字（词）在不同方言里有不同的读法，这是由一个语义产生的，其根源是相同的，语音辗转变化，而语义还是相同的，不应该为之另造新字（别立名），语言本来就"声圆而文方，声备而文不足"，不可能用文字一一表示语言中的所有语音。

明袁子让《字学元元》"一字转音异义之辨"："字义从音转。此一字也，变一声即易一义。如王，平声，君人曰王；去声，兴起而王谓之王。相，去声，辅佐曰相；平声，同起而佐之之谓相……如是之类，未可更仆，总之，声变则义与俱变，未可以一义律也。"

清顾炎武《音学五书·音论·论先儒两声各义之说不尽然》："凡上去入之字，各有二声，或三声、四声，可递转而上同以至于平，古人谓之转注。其临文之用，或浮或切，在所不拘，而先儒谓一字两声各有意义。如恶字为爱恶之恶，则去声，为美恶之恶，则入声，《颜氏家训》言此音始于葛洪、徐邈，乃自晋宋以下同然一辞，莫有非之者。余考恶字，如《楚辞·离骚》有：'理弱而媒拙兮，恐导言之不固，时溷浊而嫉贤兮，好蔽美而称恶'，此美恶之恶，而读去声。汉刘歆《遂初赋》：'何叔子之好直兮，为群邪之所恶，赖祁子之一言兮，几不免乎徂落'，此爱恶之恶而读入声。乃知去入之别，不过发音轻重之间，而非有此疆尔界之分也。凡书中两声之字，此类实多，难以枚举。自训诂出而经学废，韵书出而古诗废，小辩愈滋，大道日隐。噫，先圣之微言，汨于蒙师之口耳者多矣！"

清王夫之《说文广义》："一字而发为数音，其原起于训诂之师，欲学者辨同字异指、为体为用之别，而恐其遗忘，乃以笔圈破，令作别音而纪其义之殊。若古人用字，义自博通，初无差异，今为发明本义应尔，晓者自可曲喻以省支离，若经师必欲易喻，一任其仍习旧读。至于俗书《篇海》之类，将上声浊音概读为去声，如道字无徒皓切，善字无裳衍切，正音之类，则陋谬甚矣。""凡一字之体用、能所，义相通而音不必异。"

戴震《论韵书中字义答秦尚书惠田》："音声有不随故训变者，则一音或数义。音声有随故训而变者，则一字或数音。大致一字既定其本义，则此外音义引申，咸六书之假借。"

清段玉裁《六书音均表·古音义说》："字义不随字音为分别。"

清王引之《经义述闻》卷二十六"林、烝、天、帝、皇、后、辟、公、侯，君也"条说："古之字义，不随字音而分。一义兼数音，一音亦兼数义。"

清王筠《说文例释·读若本义》："字音随义而分，故有一字而数音数义者。第言读若某，尚未定为何义之音，故本其义以别之。"

清章炳麟《国故论衡·小学·转注假借说》："语言之始，谊

（义）相同者多从一声而变，谊（义）相近者多从一声而变，谊（义）相对、相反者亦多从一声而变。"他认为语言（词语）的发展变化都有一个意义范围，一般说来词语的发展变化都在这个范围之内。很多字（词）的同义词、近义词、反义词是由该词音变而来的，这种音变可能是声母、韵母、声调中的任何一个或两个因素，也可能三个因素同时在相近（声母：双声、准双声、邻纽，韵母：对转、旁转、旁对转，参见王力《同源字典·古音说略》）的范围内稍变。他分别举出许多例子说明了同义词、近义词、反义词的造词、用词情况，并且凭借汉语的音义关系说明许慎的"转注、假借"都是造字法，同时也是用词法，很有见地。

《马氏文通·同字异音》页 35："同一字而或为名字，或为别类之字，惟以四声为区别者。"页 334："动字辨音"："以音异而区为静字与动字者，或区别为内外动字者，或区别为受动与外动者，且有区别为其他字类者。"

从上面所引材料看，古书中的变音别义，古人有两种截然不同的看法：一是宋、明学者认为古字有变音以别义，破读反映了语言的实际发展情况，部分清儒也持此看法；一是多数清儒认为本无差异，经生强生分别。

清代提倡汉学，注重朴学，鄙薄宋学、明学冥想空疏，更反对魏晋六朝的玄学。对于变音构词，他们认为"不合于古音""周秦盖无是例"，因而将六朝和宋、明发明的变音别义视为"经生强生分别"，认为"古音本如是（笔者按：即无差异），不必异读矣"。清儒不承认变音别义，就是否定在共时条件下通过改变读音来区别意义和用法的这种语言发展模式，不符合语言发展的事实和规律。

上述语音别义出现的特殊读音，都是在一定的语言条件下出现的语言现象,某些语言条件变化了,这些特殊读音也会产生变化,有些在后来的语言中不再使用,有些则具有比较强的生命力,在现代汉语普通话中仍然适用。

5.特殊读音的判定方法

特殊读音与一般读音的区分主要表现在读音、字形、意义、语法语用等几个方面,大体上说下面这些情况是判定特殊读音的具体方法:

(1)根据语音演变规律,后出现的音素所涉及的读音为特殊读音,如帮,非,端,知等。

如《论语·述而》:"暴虎冯河。"郭锡良《汉字古音手册》:"冯(乘),(古)並母蒸部;冯(姓),(古)並蒸;(广)房戎切,並东合三平通。""冯(乘)"今读为 píng,"冯(姓)"今读为 féng。

再如《诗经》"伐木丁丁",郭锡良《汉字古音手册》:"丁(丁丁,伐木声),(古)端母耕部;(广)中茎切,知耕开二平梗。"丁本读为 dīng,变读为 zhēng。"古无舌上音。"

(2)平声、上声与去声之间的异读,一般说来去声为特殊读音(《群经音辨》卷六"辨字音清浊"总计收录 162 个有异读的词:其中平去异读 107 字,占 66%,上去异读 36 字,占 22%,入去异读 7字,占 4%,平上 4 字占 2%,上上 4 字占 2%,去去 2 字占 1%,入入 4 字占 2%。《经史动静字音》罗列 207 个动静异读的字,平去异读 114 字,上去异读 44 字,入去异读 4 字,去上异读 2 字,占全部动静字的 79%)。这是因为"古无去声",平声变读为去声有较大的容纳空间,同时在语音感觉上也具有区分度(也有不少例外,如钻、传等)。

(3)古今字分化特殊读音,今字读音为特殊读音(如辟与避、譬、璧等,这些字在《释文》中都可以写作辟,以后分化,分化字的读音是后起的特殊读音,再如亨与享、烹等)。

(4)词义上,具体实在意义与抽象虚化意义之间的异读,一般说来后者为特殊读音,符合汉语词汇发展基本规律。

(5)实词转化为虚词,虚词的读音为特殊读音,汉语词汇一般是先有实词,后有虚词,如"夫"转化为发语词,"的、地、得"转化为助词等等。此为汉语发展基本规律。

(6)名词转化为动词,如"春风风人,夏雨雨人","解衣衣我,推食食我"中"风、雨、衣、食"等;动词转化为名词,如"钻、传"等字。从语音角度看,也符合去声与其他声调之间的异读去声为特殊读音(上列 b 条,有例外)。王力《汉语史稿》(中华书局,2004)页247—248:"单就屈折作用来说,由于单音词在上古汉语里占优势,所以屈折作用只能在一个音节范围内发生,换句话说,它不像西洋语言那样一般地在最后一个音节发生变化,而是在韵母部分发生屈折作用(双声),或在声母部分发生屈折作用(叠韵)……就动词来看,声调的变化引起词性的变化,情况最明显。凡名词和形容词转化为动词,则动词念去声;凡动词转化为名词,则名词念去声。总之,转化出来的一般都变为去声。这种情况一般是古书中的破读。"

(7)音译词的读音与原词读音不同,音译词的读音是特殊读音,《诗经音义》:"佛时,毛符弗反,大也,郑音弼,辅也。"《仪礼音义》:"拂仿,本又作仿佛,上芳味反,下芳丈反。"《礼记音义》:"拂其,本又作佛,扶弗反,下同,戾也。""也佛,本又作拂,扶弗反。""佛,孚味反。""佛戾,上扶弗反,下力计反。"《论语音义》:"佛,音弼。"折合为现代汉语普通话读音为 fú、bì、fèi 等等。如"仿佛"的"佛"读为 fú,音译词"佛陀"的"佛"读为 fó。

(8)《释文》注为"协音""叶韵"的读音为特殊读音。

更多的是字词意义用法等语言内容发展了,在字形读音等形式上没有变化,体现为词义引申,一字多义多用。

上述方法仅就一般情况而言,每一种判定方法都有可能出现例外。

二、《经典释文》的一般读音"如字(依字)"讨论

"如字"作为音义术语来源于《颜氏家训》"依字读",《颜氏家训·音辞》:"甫者,男子之美称,古书多假借为父字;北人遂无一人呼为甫者,亦所未喻。唯管仲、范增之号,须依字读耳。"

《颜氏家训·书证》有一例直接用"如字":"《诗》云:'有杕之杜',江南本并木傍施大,传曰:'杕,独貌也',徐仙民音徒计反。《说文》曰:'杕,树貌也',在木部。《韵集》音次第之第,而河北本皆为夷狄之狄,读亦如字,此大误也。""如字(依字)"在以后成为一个十分常见的语言学术语。

考颜之推的本意,"依字读"即按照本来之字读(读并不只是读音,而是包含着该字的形、音、义、用),是用来指明一个字与不同字形、读音、意义和用法之间关系的,"依字读"综合考虑字的形、音、义、用。

因而,在颜之推看来,"如字"是指一个字最常见的形、音、义、用,其中的"如字音"亦即我们这里讨论的"一般读音",与之相对应的"非如字音"就是特殊读音。

在《经典释文》里,大体上凡是注音为"如字"或者不注音都是一般读音,之所以要注音为"如字"是表明这个字有一般读音,也有特殊读音,注"如字"是为了提醒读者,在特定的上下文里,这个字应该按照一般读音读,而不注音则往往表示这个字没有一般读音以外的特殊读音。

　　《经典释文》的"非如字"注音主要包括"反切""音""某某之某"等形式,这些一般表明在一定的语境中,注音的字不能按照一般读音读。

　　"如字"是《释文》仅次于"反切"和"音"的第三大音切术语,也是陆德明所撰写的《经典释文》等音义书中常用的一个音切术语,我们所作的《释文》数据库显示:《释文》全书标注"如字"2948 次,还有"依字"104 次,"如字""依字"异名同实,合计 3052 次。它主要是用于说解当时通用书面语中有特殊读音的常用字常见的一般读音和意义,兼及字形和用法(即用"如字"或"依字"表示一般读音,以此与特殊读音对照)。

　　一般说来,"如字"是指一个字有两种及以上的读音或写法,音义书指出,就这个字出现的具体语境而言,该字应该选用当时习惯中最常见的那个读音(也就是本文所指的"一般读音")或写法及其相应的意义,而与"如字"相对的各种特殊读音则是"非如字"。"如字"多与"破读"相辅相成,"破读"也叫"读破"或"破字",是主要的非如字。"破读"一般有两种含义:有破借字读为本字的,即破解本有其字的假借(通假);有破解"如字"通过引申而产生新音新义而构成新词的,即常说的音变构词。

　　我们先考察前人对如字的理解:

　　王力《汉语史稿》(中华书局,2004 重排版)页 253:"凡是字用本义,按照本音读出的,叫如字;凡用转化后的意义,按照变化后的声调读出,叫做读破。"

　　方孝岳《论〈经典释文〉的音切和版本》(《中山大学学报》1979.3):"凡《经典释文》如字之读,即为当时习惯之音,为《切韵》所备载;而各家改读之音即不见于《切韵》。"

　　我们应该明确,《经典释文》跟《广韵》不是一个类型的书。

《广韵》是韵书,没有特定的上下文,其注音是这个字的常见读音,可能只有一个读音,也可能有好几个常见读音。而《经典释文》是音义书,随文释义注音,指出一个字在一定的上下文里,应该读什么音,相应的理解为什么意义,一般说来只有一个读音。但是,《释文》中经常出现一个词条里一个字有几个注音,这主要是因为人们对这个字的读音和意义的认识有分歧。或者这个字的读音和意义可以"两通",作者难以定论,罗列出来是为了"广异闻、备多识",或者这个字有"异读",不区别词义。

万献初《〈经典释文〉音切类目研究》页3:"'如字'与'破读'相对,一个字有两个以上区别意义的读音,合乎当时习惯中最常用的那个读音和意义的就是如字,即'像这个字本身那样读',破读就是分化出新音新义。"在该书中,万献初列出专门一章讨论"如字",其结论有辨析字形的如字,显示假借的如字,直接注音的如字,与音变构词破读对应的如字(其中包括与叠音构词对应的如字,与变声构词对应的如字,与变韵构词对应的如字,与变调构词对应的如字),比较全面地分析了"如字"包含的语言现象和语言运用规律。

但是,通过分析本人制作的《经典释文》全文电脑数据库显示的"如字",我们发现"如字"包含的语言现象和语言运用规律不只如此。

本文以《经典释文·周易音义》中的"如字"和与之对应的"非如字"为例,来观察《经典释文》中"如字"的使用情况。《周易音义》使用"如字(依字)"330次,那么与之相应,就有330个及以上的"非如字",占《释文》"如字"总量的11%。其中,《周易音义》中与"如字"对应的"非如字"大体可以分为以下十类:

1.区别多音多义字(破读):共有33字,占总量的10%。多音多义字(破读)的本质是词义引申,是汉语词汇发展的重要途径,通过词义引申可以表示新的相关词义和不同词性。词义词性是词语的内容,改变词义词性这个内容往往需要在词语形式上有所反映,改变读音是其中一个主要的途径(还可以改变字形),汉语大量的多音多义字多数来源于此。当然词义引申和词性改变是不是一定要改变读音(或者字形),也没有一定之规。

《周易·师》:"能以众正,可以王矣。刚中而应,行险而顺,以此毒天下,而民从之,吉又何咎矣!"陆德明《音义》:"以王,如字,物归往也,徐又往况反。"

"王"字,在古书中通常是作名词用,现在读 wáng,是"如字",表"帝王""国王"之义。引申发展为动词,可作谓语,变读为"往况反",是"非如字",表示"统治天下""称王",现在读为 wàng。该字陆德明注为"如字","徐又往况反",表明徐邈认为"王"字应该破读,注音为"如字"或者是"破读",就应该理解为相应的意义。从陆德明的注音来看,该字既可以读作"如字",理解为相应的本义,也可以读作"破读"理解为与之相应的引申义。

《周易·临》:"临,刚浸而长,说而顺,刚中而应,大亨以正,天之道也。"陆德明注:"而长,丁丈反,卦内同,或如字。"

《周易音义》:"而长,丁丈反,除六三注末及象咎不长,皆同一音,此治良反。"

"丁丈反"声母为端母,后分化出知母,韵为上声养韵,折合为现代汉语普通话读音为 zhǎng,由于"丈"的声母为中古"澄"母,为全浊声母,浊声母清化,其声调浊上变去,"丈"今读为去声。"如字"不能直接揭示读音,我们根据《经典释文》的其他注音《礼记音义》:"长临,直良反。"《左传音义》:"长世,直良反,又丁丈反。"《尔雅音义》:"长,谢丁两反,李云万物各发生长也,施直良反。"可以确定其如字音应该是"直良反"①,这个反切的韵为平声阳韵,声母为澄母,根据浊声母清化"平声送气仄声不送气"的原则,折合为现代汉语普通话读 cháng。此例中"长"读 cháng 为形容词,或读 zhǎng 为动词,都可以讲通,因而注"丁丈反"或"如字"。

《群经音辨》:"长,永也,持良切,对短之称;揆长曰长,下持亮切,长几分几寸是也。"作形容词"长短"的读音是"持良切",今读 cháng,引申为动词,意义为"揆长"即度量长短,就变读为"持亮切",该反切的韵为去声漾韵,声母为澄母,根据浊声母清化"平声送气仄声不送气"的原则,折合为今音读 zhàng。这个音义也来源于《经典释文》,《仪礼音义》:"长三,直亮反,凡度长短曰长,直亮反,度广狭曰广,古旷反。他皆仿此。"又"长六,直亮反"。《礼记音义》:"长尺,直亮反,凡度长短曰长,皆同此音。"这个音义在现代汉语普通话里没有保留。现代汉语普通话有 cháng、zhǎng 两个音及相应的意义,继承了《经典释文》三个音义中的两个。

2.辨别文字形体:语言有时代的不同,文字也有古今的差异。汉字在长期演变的过程中,随着字义的分化发展,文字形体发生变化,出现了异体字、古今字,在传抄过程中还可能产生讹误字等歧异现象。在《周易音义》中,用"非如字"辨别文字形体的共有 36字,占总量的 11%。其中可细化为辨析异体字、校读文字形体、区别古今字。改变文字形体也是表示书面语意义内容的重要形式,在这个过程中也会出现读音问题。

---

① 虽然王力先生曾经说:"陆德明在《经典释文》里,凡注音的地方,大概都是读破的地方。"但是也不能一概而论,陆德明是随文注音释义,一般读音在多数情况下注"如字"或不注音,但偶尔也注反切,其注音条例有较大的随意性。

《周易·屯》："六二,屯如邅如,乘马班如。匪寇,婚媾,女子贞不字,十年乃字。"陆德明注:"班如,如字,《子夏传》云相牵不进貌,郑本作般。"

此例是辨别"班"与"般"的文字形体,"班如"描摹"盘桓不进的样子",是个形容词,在这个意义上,陆德明注"班如"为"如字",不是如字音,而是与"般"字对照,也可以写作"般","班"与"般"互相通用,如《汉书·礼乐志》:"灵之来,神哉沛。先以雨,般裔裔。"颜师古注:"般,读与班同。""班"与"般"是异体字关系。

《周易·贲》："六二,贲其须。"陆德明《音义》:"其须,如字,字从彡,作水边,非。"须字从彡是正确的,其意义是胡鬚,但是陆德明可能看见过把"彡"换作"氵"的"非如字",意义不可解,他直斥其非。

《周易·蒙》:"纳妇,吉;子克家。"陆德明《音义》:"纳,如字,本又作内,音同,下如字。"

"内"的本义是外的反面,引申出"使……入内"的动词之义,后来将这个意义和用法写作"纳",字形得到分化,读音也随之分化。"内"与"纳"属于古今字关系。

《周易·贲》:"初九,贲其趾,舍车而徒。"陆德明《音义》:"其趾,如字,苟作止。"

"止"在甲骨文里象脚趾之形,其本义就是"脚趾",引申为"停止",后世为本义再造新字表示脚趾,分化了"止"的意义。陆德明认可今字,但他也承认古字。"止"与"趾"也是古今字关系。

3.反映语音演变或方言差异:《周易音义》中,用于反映语音演变或方言差异的"如字"和非如字有28字,占总量的9%。

《周易·象》:"雷在地中,复;先王以至日闭关,商旅不行,后不省方。"陆德明注:"旅,如字,韦音卢。"

　　"旅"本来也只有一个读音,其音韵地位是"遇摄合口三等上声语韵来母",其韵母在《广韵》206韵中属于"语"韵,是"鱼"韵的上声韵。《广韵》鱼虞模(举平以赅上去)三韵在第八世纪就合流了,然后大概到十六世纪,根据声母的不同条件和韵本身的等呼分化为[u]和[ü],在"来"母后面读作[ü];韦音"卢"的音韵地位是"遇摄合口一等平声模韵来母","模"的韵母在任何条件下拟音都是[u]①,两者读音不一,反映的恐怕是方言差异。

　　4.反映异读:本文所谓异读,是指一个字具有两个或几个不同的读法,它们只涉及字音,不区别字形、词义和用法。《释文》中一些注有"如字"的字,往往也注出其它读音即"非如字",而没有意义、字形、语法作用的不同。这类反映异读的"如字"与"非如字"在《周易音义》中共有93字,占总量的28%。这是比重最大的一类,这可能是人们一般将一个字有几个读音笼统称为"异读"的主要原因。

　　《周易·坎》:"六四,樽酒,簋贰,用缶,纳约自牖,终无咎。"陆德明注曰:"约,如字,又于妙反。""约"只有一个意义,但是在《周易音义》里有两个读音,而不区别意义,是异读字,现代汉语普通话读为"如字"yuē,重庆方言还有读为yāo的。

　　《周易·文言》曰:"君子学以聚之,问以辩之,宽以居之,仁以行之。"陆德明注曰:"以辩,如字,徐扶免反。"

　　5.区别多音多义与文字形体:区别多音多义与文字形体的"如字"与"非如字"主要是收录既反映多音多义的,又区别文字形体的用字和用词现象。《周易音义》中,区别多音多义与文字形体的"如字"共20字,占总量的6%。如:

---

①参见郭锡良《汉字古音手册》(商务印书馆,2014)。

《周易音义》:"位乎,如字,郑音涖。""位"有动词和名词两种词性和相应的意义,动词意义引申为"在上临下",读音为lì,字形分化为"涖",后规范为"莅"。读音、词义、字形、用法都得到分化。

《周易音义》:"体仁,如字,京房、苟爽、董遇本作体信。""体仁"可以理解为"体现仁"或"躬行仁","体信"则可以理解为"体现信"或"躬行信",都是儒家所提倡的美好品德。在原文中,字作"仁"或者"信"都能讲通。陆德明注为"体仁,如字",表明他认为应该写作"仁",但是其他版本写作"信",也能讲通。理解为"如字"或者"非如字",形音义都不相同。

这类"如字"与"非如字"的对立,表明该字在经典流传过程中出现一些不同的文字形体,相应的读音、意义、用法也有差异,陆德明注为"如字",是他认为应该按照"如字"的读音、字形和意义理解,其他字形,如果能讲通,或者是后世所造的区别字,也都记录下来,作为"非如字",以"示传闻见"。

6.表现语法差异:在词汇、语音和语法三大语言要素中,语法相对来说具有很强的稳定性。但并不能因此而忽略古今语法的不同。在古文中,通过改变字的读音(主要是改变字的声调)来区别词性和语法作用的内部屈折造词法是非常丰富的。人们一般把这种现象叫做"变调构词""四声别义",这种词汇、语法现象许多还保存在现代汉语普通话里。在《周易音义》中,通过读音变化表现语法差异的"非如字"有21字,占总量的6%。如:

《周易音义》:"则居,马如字,处也,师音同,郑、王肃音基,辞。"

"居"读为"如字",是一个实义动词,意为"处也",相应的非如字"音基"是个虚词,用作句尾语气词。

《周易·象》:"木上有火,鼎;君子以正位凝命。"陆德明注:"木上,如字,师又时掌反。"

《周易音义》："上下，并如字，王肃上音时掌反。"

《周易音义》："下下，上遐嫁反，下如字，下句同。"

"上"原本只有 shǎng 一读，在语音演变过程中，"浊上变去"，"上"字符合这个条件，因而读为 shàng，为"如字"，又有"时掌反"，为"非如字"，读作 shǎng。《群经音辨》："居高定体曰上，时亮切；自下而升曰上，时掌切。"《群经音辨》："居卑定体曰下，胡贾切；自上而降曰下，胡嫁切。""下"字的"如字"音义与"非如字"音义发展轨迹与"上"基本相同。

"浊上变去"这个语音演变现象一般认为是发生在近代汉语时期，"上、下"两字的如字音与非如字音符合这个演变规律。其发展动因不外乎两个，一是变调构词，即通过读音区别作为方位名词和动词的不同词义和词性；二是语音发展规则的作用，如果我们承认是语音发展规则在起作用，那么是否可以说"浊声母清化"以及相应的声调"浊上变去"从六朝时期就已经开始了？

现代汉语中"上"在一般条件下都读为 shàng，只有在表示声调的时候读为 shǎng，还保留着古音。

7.反映不同注家对音义的不同认识：经典注疏，不同的注家有不同的理解，尽管认识不同，但对于理解经典并不矛盾，亦可"两通"。汉语同义词丰富，一个意义往往能找到很多同义词表达，虽然略有差异，但是基本意思仍然相通，也难以确定哪种理解是唯一的。还有，即便是分歧很大，但是分歧的理解在上下文里也难以确定孰是孰非。另外，陆德明对自己的注解难以把握的，对前人注解不妄下己意，存疑。在《周易音义》中，反映不同注家对音义的不同认识的"如字"与"非如字"有 81 个，占总量的 25％。如：

《周易音义》："枯杨，如字。郑音姑，谓无姑山榆，榆，羊朱反。"

《周易音义》:"险且,如字。古文及郑、向本作检,郑云木在手曰检。"

除《周易音义》以外,《经典释文》的"如字"与"非如字"的对立,还有一些其他情况。

8.区别叶韵音与一般读音:

《诗经音义》:"归说,音税,舍息也,协韵如字。"

《诗经音义》:"令望,如字,协韵音亡。"

《诗经音义》:"于野,如字,协韵羊汝反。沈云协句,宜音时预反,后仿此。"

《诗经音义》:"于南,如字。沈云协句,宜乃林反。今谓古人韵缓,不烦改字。"

《诗经音义》:"我顾,本又作顾,如字。徐音古,此亦协韵也,后仿此。"

《诗经音义》:"肯来,如字,古协思韵多音梨,后皆仿此。"

《诗经音义》:"其居,义如字,协韵音据。"

《诗经音义》:"归说,音税,舍息也,协韵如字。"

《诗经音义》:"莫之,如字,又作漠,同,一本作谟。按《尔雅》漠、谟同训谋,莫协韵为胜。"

《诗经音义》:"议,如字,协句音宜。"

《诗经音义》:"所望,如字,协韵音亡。"

《诗经音义》:"多难,如字,协韵乃旦反。"

《礼记音义》:"且清,旧才性反,一云此诗协韵,宜如字,上先正当音征。"

9.避讳:《诗经音义》:"克昌,如字,或云文王名,此禘于文王之诗也,周人以讳,事神不应犯讳,当音处亮反。"

《春秋左氏音义》:"恒,如字,本或作常,在冀州,按作恒者是也。北岳本名恒山,汉为文帝讳改作常耳。"

　　10.不知所指:由于《经典释文》经过后世篡改(在其流传过程中,很多条目被删掉字义词义训释,只保留读音),作品所处时代与现在相隔久远,词汇、语音和语法发生了较大的变化。汉语词汇的某些读音和意义在后世已经不用了,在其他文献里也找不到依据。有9例的注音在现代汉语中没有读音和意义的差异,在《周易音义》里也看不出有什么不同,找不到与"如字"对立的"非如字",因而,可以归入不知所指,作为存疑,以待以后进一步探讨。

　　通过对《周易音义》"如字"和其他"如字"与"非如字"的分析,我们可以看到,"如字"与"非如字"之间的对立,几乎可以包含《经典释文》特殊读音所涉及的所有类别的语言文字现象。

　　作为中国传统语言学的一个常见术语,"如字"是音义书常用的一个描述音切的术语,一般认为主要是指一个字有两个以上的读音,合乎当时书面语习惯中最常用的那个读音和意义的就是"如字"。通过《经典释文·周易音义》"如字"的研究,我们可以看到"如字"包含了如字读(读音)、如字写(文字形体)、如字义(词义)、如字用(语法作用)等情况。"如字"是全面辨析文字形、音、义、用的一个术语,并不是一般所说的仅与破读相对,只是如字读。当然,读音也对应相应的字形,词义和用法。

　　总之,在《经典释文》中,没有注音的词条和所谓"如字",都是本文所讨论的"一般读音"。不注音表明这个字没有导致理解歧异的"特殊读音",就照常见读音读,常见字形写,常用意义理解,常见用法用,无需注音释义,也就是没有注音的"如字";注"如字"表明这个字有几个读音,在注解的上下文里,这个字可能理解为不同的音义,指出"如字"就意味着应该按照常见读音读,不能读为其他读音,而其他读音就是本文所讨论的"特殊读音"。

三、《经典释文》特殊读音的表述方式

《经典释文》的特殊读音是对汉魏六朝及陆德明当代汉语特殊读音的全面收集和总结,是汉语特殊读音在中古时期的全景表现,体现了汉语丰富复杂的语言发展及运用的事实和规律。

北宋丁度等人修纂的《集韵》继承《经典释文》,保留了汉字大量的旧音异读,集中体现了汉语中古以前特殊读音的情况。黄侃《文字音韵训诂笔记》:"《集韵》以陆德明《经典释文》为蓝本,《经典释文》集群经音义之大成,《集韵》集韵书之大成。"今天所见古书中的特殊读音许多源于此书,我们正是赖此知道当时汉字的读音及其演变的某些信息。

北宋贾昌朝以《经典释文》的特殊读音为研究对象,编定《群经音辨》,将《释文》中出现的有特殊读音的 1126 字分"五门"进行归纳分析,是中古时期人们对特殊读音认识的总结。

根据前面的分析,我们把《经典释文》中不注音读法或注为"如字"的读音确定为"一般读音",把"一般读音"以外的其他读音确定为"特殊读音"。

《经典释文》是用于随文释义训诂的音义书,有特定的上下文语境,因而,其注音释义都是具体的。作为音义著作,与单纯注音记音的韵书在表述语音的方式上有显著差异。根本差异在于音义著作总是注重音与义的结合,如"如字"主要表述的是按照该字常见的读音读,按照常见的意义理解,或者分辨字形,表明某字有没有异体字或其他形体是错误的;还可以分析一个词的语法作用,表明这个词应该按照常见的词性理解,这些情况必须是在特定的上下文才能确定。而韵书虽然也往往解释字义,但是其主要目的还是注音、审音,释义没有特定的上下文语境,义项和相应的读音难以搜罗完备,其注音释义常常只注明一般读音和常用意义。一般说来音义书的特殊读音多于韵书,因而很有必要分析《经典释文》特殊读音的表述方式。

王力《汉语史稿》(中华书局,2004 重排版)页 253:"陆德明在《经典释文》里,凡注音的地方,大概都是读破的地方。可见在中古这种用声调变化来表示形态的方法是很盛行的。"

黄坤尧先生《〈经典释文〉动词异读新探》也指出:"陆德明常为一些最浅显、最常见的字注音,如上、下、远、近、好、恶、见、为等,动辄出现三数百次以上,用意在提醒读者,这些都是两读的字,不可随便读作'如字',以免曲解文意,贻笑大方。"

根据前人的研究,我们大致可以确定《经典释文》中没有注音的以及一些注为"如字"("如字"的情况极为复杂,详见上文有关"如字"的分析)的字词应该就是"一般读音",凡是注音的字词应该都是"特殊读音",尽管其中很多没有保存到现代汉语。

根据万献初先生《〈经典释文〉音切类目研究》统计,《经典释文》共注字音 70803 次,其注音类别分别是:

1.反切注音:48238 次,占所注音切的 68.1%。《经典释文》所注的反切与其他字典、韵书和注疏不同,有的是注音,有的是校勘文字,有的是用注音的方式指出假借字的本字,有的注音是指出异体字、讹误字等等。

2.直音(术语为"音某"):18671 次,占所注音切的 26.4%。《经典释文》所注直音与"反切"类似,并不完全是注出某字的实际读音,甚至也不是注解某字在上下文里意义相应的那个读音。

3.如字:3035 次,占所注音切的 4.3%。如前所述,"如字"是《经典释文》使用的一个重要术语,一般理解"如字"为"读作最常见的读音和理解为相应的意义",这种说法是片面的,本人通过对

《周易音义》里所有"如字"的考察,发现"如字"包含着十分丰富的语言现象,归纳起来,可以理解为"如当前所见的字写、如常见的读音读、如常用的意义理解、如常用的用法运用"四大类。"如字"关涉一个字的形、音、义、用四个方面,与之对应的"非如字"就是我们所讨论的特殊读音,我们应该根据"如字"与对应的"非如字"的具体情况进行分析。

4.某某之某:621次,占所注音切的0.9%。"某某之某"是一个训诂的专门格式,其作用是表示一个字在特定的上下文语境里的读音和意义。这个字一般说来在当时有不同的音义,在特定的语境限制下,这个字只能读作"某某之某",理解为"某某之某"。英国哲学家语言学家维特根斯坦说:"一个词的意义就在于它在语言中的应用。"

5.其他:238次,占所注音切的0.3%。其他注音的情况相对比较散乱,其中注为"协音、叶韵、协句"等是为了诗歌韵文押韵而读音与一般读音有别。还有专门指出"假借""古声与某同"等,是为了破除假借字。一些联绵词,则直接写出这个联绵词的其他写法。联绵词通过声音表示意义,一般说来,只要读音相同、相近就可以表示这个意义。如《周易音义》:"方良"表示"魍魉、蝄蜽、罔两",《诗经音义》:"蜾蠃,蒲卢也,即细腰蜂,俗呼蠮螉是也。"《礼记音义》:"蒲卢,并如字,《尔雅》云,蜾蠃,蒲卢,即今之细腰蜂也,一名蠮螉。"这些不同的写法也是不同的读音。

其中反切、直音是其主要的注音方式,占总数的94.5%,同时也是其他韵书的注音方式。而如字、某某之某、其他注音则是音义书注音释义的专用术语和方式,是韵书绝不使用的,是《经典释文》等音义书专门分析特殊读音的注音术语和方式。而反切、直音则既可以作为纯粹注音的术语,同时也可以分析特殊读音。

第二节　《经典释文》音义材料的来源

《经典释文》在为先秦儒家和道家经典作音义的时候，陆德明"研精六籍，采摭九流，搜访异同，校之《苍》《雅》"，广泛收集前代音义著作达二百八十余家，前人无注或注解不够精审，则根据自己的理解按照"会理合时"的原则注音释义。反映了汉魏六朝汉字的读音情况和人们对汉语音义关系的认识。

我们将《经典释文·序录》所载注解人及其著作移写于下，以便观察陆德明音义的来源：

《周易音义》：

> 子夏易传三卷，孟喜章句十卷，京房章句十二卷，费直章句四卷，马融传十卷，荀爽注十卷，郑玄注十卷，刘表章句五卷，宋衷注九卷，虞翻注十卷，陆绩述十三卷，董遇章句十二卷，王肃注十卷，王弼注七卷，姚信注十卷，王廙注十二卷，张璠集解十二卷（集向秀、钟会、庾运、应贞、荀辉、张辉、王宏、阮咸、阮浑、扬乂、王济、卫瓘、栾肇、邹湛、杜育、杨瓒、张轨、宣舒、邢融、裴藻、许适、杨藻等二十二家注解），干宝注十卷，黄颖注十卷，蜀才注十卷，尹涛注六卷，费元珪注九卷，荀爽九家集注十卷（不知何人，所集称荀爽者，以为主故也，其序有荀爽、京房、马融、郑玄、宋衷、虞翻、陆绩、姚信、翟子玄、张氏、朱氏十一家注解），谢万，韩伯，袁悦之，桓玄，卞伯玉，荀柔之，徐爰，顾懽，明僧绍，刘瓛。为易音者三人（王肃、李轨、徐邈）。褚仲都、周弘正并作《易义》。

共计 70 家，其中注音 3 家。

《尚书音义》：

> 孔安国古文尚书传十三卷，马融注十一卷，郑玄注九卷，王肃

注十卷,谢沈注十五卷,李颙注十卷,范宁集解十卷,姜道盛集解十卷,尚书大传三卷(伏生作)。为尚书音者四人(孔安国、郑玄、李轨、徐邈。按汉人不作音,后人所托),梁国子助教江夏、费𢠢作义疏行于世。

共计 15 家,其中注音 4 家。

《诗经音义》:

毛诗故训传二十卷(郑氏笺),马融注十卷,王肃注二十卷,谢沈注二十卷,江熙注二十卷,郑玄诗谱二卷(徐整畅①、大叔裘隐),孙毓诗同异评十卷,陆玑毛诗草木鸟兽虫鱼疏二卷。为诗音者九人,郑玄、徐邈、蔡氏、孔氏、阮侃、王肃、江惇、干宝、李轨。梁有桂州刺史清河崔灵恩集众解为毛诗集注二十四卷,俗间又有徐爰诗音,近吴兴沈重亦撰诗音义。

共计 20 家,其中注音 9 家。

《周礼音义》:

马融注周官十二卷,郑玄注十二卷,王肃注十二卷,干宝注十三卷。

共计 4 家。

《仪礼音义》:

郑玄注仪礼十七卷,马融、王肃、孔伦、陈铨、裴松之、雷次宗、蔡超、田俊之、刘道拔、周续之。

共计 11 家。

《礼记音义》:

卢植注礼记二十卷,郑玄注二十卷,王肃注三十卷,孙炎注二十九卷,业遵注十二卷,庾蔚之略解十卷。

---

①"徐整畅"当为"徐整","畅"为衍文,见黄焯《〈经典释文〉汇校》页 7。

共计 6 家。

郑玄三礼音各一卷,王肃三礼音各一卷,《七录》唯云撰礼记音,李轨周礼仪礼音各一卷、礼记音二卷,刘昌宗周礼仪礼音各一卷、礼记音五卷,徐邈周礼音一卷,《七录》无,礼记音三卷,射慈礼记音一卷,谢桢礼记音一卷,孙毓礼记音一卷,缪炳礼记音一卷,曹耽礼记音二卷,尹毅礼记音一卷,蔡谟礼记音二卷①,范宣礼记音二卷,徐爰礼记音三卷,王晓作周礼音一卷,云定郑氏音。右作音人,近有戚衮作周礼音,沈重撰周②礼礼记音,梁国子助教皇侃撰礼记义疏五十卷,又传丧服义疏,并行于世。

三礼合注 18 家,其中注音 17 家。

《左氏音义》:

士燮注春秋经十一卷,贾逵左氏解诂三十卷,服虔解谊三十卷,王肃注三十卷,董遇章句三十卷,杜预经传集解三十卷,孙毓注二十八卷,杜预春秋释例十五卷、四十篇,服虔音一卷,魏高贵乡公音三卷,嵇康音三卷,杜预音三卷,李轨音三卷,荀讷音四卷,徐邈音三卷。

共计 15 家,其中注音 7 家。

梁东宫学士沈文何撰春秋义疏,阙下袟,陈东宫学士王元规续成之,元规又撰春秋音。

《公羊音义》:

何休注公羊十二卷,王愆期注十二卷,高龙注十二卷,孔衍集解十四卷,李轨音一卷,江惇音一卷。

共计 6 家,其中注音 2 家。

---

① 原本为"□□音□卷",据黄焯《汇校》补。
② "周"原为"问",据黄焯《汇校》改。

《穀梁音义》：

尹更始穀梁章句十五卷，唐固注十二卷，糜信注十二卷，孔衍集解十四卷，徐邈注十二卷，徐乾注十三卷，范宁集注十二卷，段肃注十二卷，胡讷集解十卷。

共计注 9 家。

《孝经音义》：

孔安国、马融、郑众、郑玄、王肃、苏林、何晏、刘邵、韦昭、徐整、谢万、孙氏、扬泓、袁宏、虞槃佑、庾氏、殷仲文、车胤、荀昶、孔光、何承天、释慧琳、王玄戴、明僧绍。皇侃撰义疏，先儒无为音者。

共计注 25 家。

《论语音义》：

郑玄注十卷、王肃注十卷、虞翻注十卷、何晏集解十卷（集孔安国、包咸、周氏、马融、郑玄、陈群、王肃、周生烈八家之注解）、谯周注十卷、卫瓘注八卷、崔豹注十卷、李充集注十卷、孙绰集注十卷、盈氏注十卷、孟整注十卷、梁觊注十卷、袁乔注十卷、尹毅注十卷、江熙集解十二卷、张冯注十卷、孔澄之注十卷、虞遇注十卷、王弼释疑三卷、栾肇释疑十卷、徐邈音一卷、皇侃撰义疏行于世。

共计 30 家，其中注音 1 家。

《老子音义》：

河上公章句四卷，毌丘望之章句二卷，严遵注二卷，虞翻注二卷，王弼注二卷，钟会注二卷，羊祜解释四卷，范望州注训二卷，王尚述二卷，程韶集解二卷，邯郸氏注二卷，常氏注二卷，盈氏注二卷，孟子（或云孟康）注二卷，巨生内解二卷，袁真注二卷，张嗣注二卷，张凭注二卷，孙登集注二卷，蜀才注二卷，释慧琳注二卷，释慧严注二卷，王玄载注二卷，顾欢堂诰四卷，节解①二卷，刘遗民玄谱一卷，想余注二卷，戴逵音一卷，近代有梁武帝父子及周弘正讲疏，北学有杜弼注世颇行之。

共计 32 家，其中注音 1 家。

《庄子音义》：

崔譔注十卷、二十七篇，向秀注二十卷、二十六篇，司马彪注二十一卷、五十二篇，郭象注三十三卷、三十三篇，李颐集解三十卷、三十篇，孟氏注十八卷、五十二篇，王叔之义疏三卷，李轨音一卷，徐邈音三卷。

共计 9 家，其中注音 2 家。

《尔雅音义》：

犍为文学注三卷，刘歆注三卷，樊光注六卷，李巡注三卷，孙炎注三卷，郭璞注三卷，梁有沈旋集众家之注，陈博士施乾，国子祭酒谢峤，舍人顾野王并撰音。

共计 10 家，其中注音 3 家。

根据我们的统计，把集注中的每一个注家都统计在内，《经典释文》总计采用汉魏以来十四种经典的二百八十家注解，其中明确表明"音"的四十九家。与一般所说二百三十余家注释和《四库全书·经典释文提要》所提二百六十余家有较大出入。如果集注都算一家，则有二百四十一家，也有一些差异。

另外，上面所列还都是各种经典的专书注解，字典、词典类的《尔雅》《方言》《说文》《字林》《释名》《声类》《韵集》《玉篇》等，由于不是专为某部经典所作，陆德明《序录》没有罗列，而在做音义的时候却广泛使用，加上这些著作，引用的数量则更多。

----

①《释文》原文曰"不详作者"，黄焯《汇校》引吴承仕说为"老子为尹喜解"。

由于《释文》特殊读音的数量众多,在短时间里无法一一穷尽性地说明其来源,我们以当时和现代读音、意义都比较复杂的"行"字,来观察陆德明对经典古籍文字音义的分析。

通过本人制作的《经典释文》电脑数据库检索,该书为"行"字注音释义总计 508 次,这些注音来源于汉魏六朝的注家如徐邈、崔恩灵、贾逵、皇侃、聂氏、郑玄、王肃、郭璞等,有反切、如字、直音等几种注音方法。

注首音为"下孟反"388 次,占该字注音的 76%,其中同时注又音、旧音、或音、一音"如字"21 次。

注首音为"户郎反"49 次,其中同时注又音、旧音、或音、一音"如字"3 次,直音"衡"2 次。

注首音为"户刚反"34 次,其中同时注又音、旧音、或音、一音"如字"3 次,"胡孟反"1 次。

注首音为"如字"30 次,其中同时注又音、旧音、或音、一音"下孟反"14 次(还有"遐孟反"1 次,与"下孟反"读音完全相同),"胡郎反"1 次,"户郎反"1 次,"户刚反"1 次。注"如字"同时出现又读的 18 次,占所有首音"如字"注音次数的 60%。

注首音为直音"衡"3 次,其中同时注又音、旧音、或音、一音"衔"1 次,"户刚反"1 次,"下孟反"1 次。

其他还有"胡浪反"1 次(或音户郎反),"户康反"1 次,"下庚反"1 次(或音下孟反),"户庚反"1 次,"户孟反"1 次,"遐孟反"1 次(又如字,胡刚反)。

这些注音十分复杂,其中的反切、直音虽然用字有很多不同,但是读音并没有这样多的差别,造成一个字的读音反切用字和直音字严重分歧的原因,我们认为主要是陆德明采取"多闻阙疑"的态度,对前人的注音,"苟有所取,靡不毕书",其中部分反切、直音

"各题氏姓",而常见的则没有题氏姓。另外,《经典释文》是随文释义的注疏,陆德明见字注音,只要读音确定,其反切上下字或直音字可以随便使用,而不统一反切和直音用字。

就上述注音释义来说,我们大致可以将"行"的读音归纳为四个:

1."户郎反",折合为现代汉语普通话读音为 háng;"户刚反""户康反""胡刚反""胡郎反""户郎反"等反切,虽然反切上下字不同,但是其音韵地位都是平声唐韵匣母,实际读音是相同的。

2."下孟反",折合为现代汉语普通话读音为 xìng;"遐孟反""胡孟反""户孟反",音韵地位都是去声映韵匣母,读音也是一样的。

3.如字,虽然"如字"是古籍注疏中十分常见的注音释义的术语,但是由于缺乏当时的字音字义条件,我们现在往往难以判定如字的实际读音。由于"如字"主要表示的是"按照当时常见的读音读,按照当时常见的意义理解",因而古书注解往往不标明"如字"的反切或直音,也不解释"如字"的意义,这样就造成后人阅读理解的困惑。《经典释文》用"如字"注解古籍,其用法非常复杂,可以用为"如字读、如字形、如字义、如字用"等,但是多数是用于注音,表明一个字有两个或两个以上的读音,跟"非如字"在读音和意义上有对立。通过对《经典释文》给所有"行"字的注音释义,我们可以基本确定其"如字"的意义是"道路",与之对应的如字读音是"衡",虽然《释文》注首音为"如字"的"行"有 30 次,但是注解意义的却只有四次:

《诗经音义》:"行上,并如字,行,道也。"

《诗经音义》:"周行,毛如字,道也,郑胡郎反,列位也。"

《春秋左氏传音义》:"行栗,如字,行,道也,栗,表道树。"

《春秋左氏传音义》：“其行，如字，又下孟反，《尚书》作厥道。”

而与“行”读如字的这四次释义相应的直音有三个：

《诗经音义》：“同行，音衡，道也。”

《诗经音义》：“勿士行，毛音衡，郑音衔，王户刚反。”

《礼记音义》：“其行，皇音衡，又下孟反。”

根据音义契合的原则，“行”的“如字”音、“直音”相对应的意义相同，我们基本可以判定“如字”与“直音衡”读音是相同的。由此确定“行”注为“如字”的实际读音为“衡”，相应的意义为“道路”。《广韵·平声庚韵》“衡”与“行”同音，在同一小韵，都是“户庚反”，音韵地位都是平声庚韵匣母，折合为现代汉语普通话读音是 xíng。《经典释文》还给“行”注音为“下庚反”“户庚反”，也是“如字”音。“衡”与“行”在中古时期是同音字，音韵地位都是平声庚韵匣母，当时的具体音值应该是或者接近读 héng，以后分化，“行”读作 xíng，“衡”读作 héng。

4.“胡浪反”，去声宕韵匣母，折合为现代汉语普通话读音为 hàng。

至于其他读音如“音衔”，则可能反映了郑玄当时的方言读音，或者是讹误，不具有代表性，我们不讨论。

从意义上看，“行”在《经典释文》里大致可以归纳出如下义项：

①行走。

②行列，军行、行伍。

③行为、品行。

④道路，周行。

⑤兼职官员，行司马。

⑥专有名词，太行。

　　⑦形容词,行行,胡浪反,刚貌,或户郎反。

　　⑧行辈、排行,父兄之行,子行。

　　音义对应关系为:

　　1.读音为 xíng,相应的意义为行走、行为、品行,在现代汉语普通话里,"行走、行为"义读为 xíng,"品行、品性"义读为 xìng,《普通话异读词审音表》"行走、品行"义统一读为 xíng。对照《经典释文》,我们会发现"行"读为"下孟反",其意义为"行走、行为、品行",是当时常见的音义,《普通话异读词审音表》统一规范为 xíng,没有保留这个中古时期的通行音义,表现出较大的变化。

　　2.读音为 háng,相应的意义为"行列、行伍、兼职官员、行辈、专有名词太行",现代汉语普通话继承了这个音义。

　　3.读音为 héng,相应的意义为"道路",是《经典释文》所谓的"如字"音。按照人们一般的理解,"如字"表示是当时最常见、最习用的读音和意义,随着语音的演变,这个意义的读音演化为 xíng,现代汉语普通话继承这个音义。"行"的中古音 héng 相应的意义变化为 xíng,后世引申发展出"道行",义为"修行的功夫",比喻技能本领,继承了中古音 héng,这种现象的实质是与 héng 这个语音形式相应的内容(即意义)"道路"被别的形式即 xíng 取代。如"千里之行始于足下",héng 这个语音形式就留下了空缺,在这个空缺的形式中产生新的内容"修行的功夫",这是汉语发展的一个常见的现象。

　　4.读音为 hàng,相应的意义为"刚貌",形容词,现代汉语普通话也没有保留这个音义,跟读音 héng 一样,后世发展出"树行子",义为"树的行列、小树林"。

　　《广韵·平声庚韵》:"行,行步也,适也,往也,去也;又姓,周有大行人之官,其后氏焉,户庚切,又户刚、户浪、下孟三切。"也有四个读音,与《经典释文》基本一致,说明这四个音义在中古时期都是常见的。

"行"字在《经典释文》中的音义与在现代汉语里的音义发生了很多的变化。

《群经音辨》:"行,履也,户庚切;履迹曰行,下孟切,或履而有所察视亦曰行。"继承了《经典释文》的"如字"音"户庚切"和常用义"履也",其通行音义"履迹曰行,下孟切"也得到了继承,其他读音和意义则没有反映。

一些在《经典释文》里有的音义,到现代汉语仍旧保留;一些音义消失(其中有的消失读音,意义被别的读音表示,有的消失了意义,读音发展出新的意义);一些读音和意义是《经典释文》所没有的,是新产生的音义,如"行"读为 xíng,表示许可,表现出复杂的音义变化。

《现代汉语词典》(第七版)"行"有四个注音:háng、hàng、héng、xíng 及其相应的意义,比较忠实地反映了《经典释文》的音义,又在新的语言条件下有所发展。

第三节　《经典释文》特殊读音与一般读音之间的语音关系

王力先生所说的《经典释文》"凡注音的地方,大概都是读破的地方",这是不够细致的。从前面我们分析"行"字的音义,可以看出《经典释文》的音义继承了前代注音释义的复杂情况。陆德明对这些音义采取的是"多闻阙疑"的态度,并没有十分严格的规范。这是因为汉语语音(特别是方言)本身极为复杂,汉语语音研究在当时虽然是语言学研究的重要部门,但是还远远没有形成通行公认的语音规范。与《经典释文》基本同时的《广韵》虽然有比较明确的语音规范意识,但是也还没有得到时间的检验;而且现在一般认为《广韵》代表的是以"洛阳音"为中心的北方音系,而《经典释文》是受南方"金陵音"影响更多的读书音,因此两书在当时都难以成为普遍认可的规范。陆德明广泛搜集众家音义,希望后人"留意焉",因而,我们现在在应用《经典释文》的时候,应该仔细甄别。

《经典释文》特殊读音数量众多,根据王力先生的看法,"如字"在《经典释文》中由于习见、常见,陆德明一般不会注出。但是根据我们研究,《释文》由于随文释义,在解释一些常用字的常见音义的时候,除了注明"如字",也会注出反切或直音,这样的例子数量众多,具有比较大的随意性。由于语言的发展,现实语境的变化,许多"如字"现在我们已经难以直接确定当时的实际读音和意义了,"但知六朝以前之音之有异而已"①。给我们认识"如字"的读音带来了困难。

沈建民先生《〈经典释文〉音切研究》(中华书局,2007)页117—119统计:"《经典释文》首音与又音之间音切有差别的材料共9050条,除去其中重复的、声类相同的,或显然只与字形讹误有关的,涉及声类有关的异读共得3258条。"

其中有4个音切的字330个,5个音切的字有85个,6个音切的字19个,7个音切的字3个。

通过对这些声类有别的异读分析,他得出《释文》异读字之间的声类关系主要有两类:"一是发音部位相同的清声母和浊声母之间的异读;一是发音部位相同的送气和不送气声母之间的交替。"

---

① 黄焯《〈经典释文〉汇校·前言》。

我们主要依据丁声树先生编写的《古今字音对照手册》①（中华书局，1981）来确定《经典释文》所注反切和直音的音韵地位，通过以下十三个字的全部注音来观察《释文》特殊读音之间的语音关系。

辟

《经典释文》全书给"辟"注音共计 354 次：

1."音避"147 次，音韵地位是"开口三等去声寘韵並母"；"毗异反"1 次，音韵地位为"开口三等去声至韵並母"；这两个注音只有"寘韵"和"至韵"的差别。根据王力先生《〈经典释文〉反切考》页 121—128："大量的例子足以证明，支脂之微……实当合为一韵。"寘是支韵去声，至是脂韵去声因而，这两个反切的实际读音是相同的。

2."音譬"8 次，音韵地位是"开口三等去声寘韵滂母"。

3."音璧"31 次，"必亦反"41 次，"补亦反"1 次，"必益反"1 次，音韵地位都是"开口三等入声昔韵帮母"。

4."婢亦反"64 次，"毗赤反"2 次，"毗赤反"1 次，"房益反"1 次，"避亦反"1 次，"婢尺反"1 次，这几个反切的音韵地位都是"开口三等入声昔韵並母"；"扶亦反"5 次，"扶益反"1 次，音韵地位都是"开口三等入声昔韵奉母"；这两类反切音韵地位的差异只有声母"並"和"奉"的差异，根据王力先生《〈经典释文〉反切考》页 103—112："轻唇重唇不分，可以完全肯定。"因而，这两个反切的

---

① 丁声树《古今字音对照手册》"所依据的古音是《广韵》所代表的中古音系"。《经典释文》与《广韵》基本同时，另外，根据周祖谟先生的研究，《广韵》应该是当时的"读书音"，《经典释文》汇集汉魏以来二百八十余家注音，显然也是"读书音"，尽管两书的写作目的不同，材料来源也有差异，但是语音系统应该是一致的，因而通过《古今字音对照手册》来确定《经典释文》注音的音韵地位是恰当的。

实际读音是相同的。

5.“匹亦反”38次，音韵地位为“开口三等入声昔韵滂母”；“芳益反”1次，音韵地位为“开口三等入声昔韵敷母”；“匹壁反”1次，音韵地位为“开口四等入声锡韵滂母”；三个反切声母只有“滂”与“敷”之间的差异，如王力先生所言“轻唇重唇不分”。韵只有“昔韵”和“锡韵”之间的差异，根据王力先生《〈经典释文〉反切考》页153：“入声陌麦昔锡混用。”这两个反切的实际读音也是相同的。

6.“步历反”2次，“蒲历反”1次，音韵地位都是“开口四等入声锡韵并母”。

7.“亡妣反”1次，音韵地位为“开口三等上声旨韵微母”；这是假借字“弭”的读音，《礼记音义》：“辟，依注作弭，亡妣反。”

8.“婢支反”1次，音韵地位为“开口三等平声支韵并母”。

9.“补麦反”1次，音韵地位为“开口二等入声麦韵帮母”。

10.“必领反”1次，音韵地位为“开口三等上声静韵帮母”。

11.“概亦反”1次，音韵地位为“开口三等入声昔韵见母”，《周礼音义》：“而辟，概亦反，刘符益反，一音匹亦反，沈音避，注同，后而辟皆仿此。”根据黄焯《经典释文汇校》页104：“而辟，概亦反。概，宋本何校本同，卢本依孔校改作婢，是也。”“辟”音“概亦反”当属传写之误。

综合《释文》给“辟”字的全部注音释义，我们可以归纳出十一个读音，除去“概亦反”这个传写之误的读音，还有十个。这十个读音涉及的声母有中古的“并（奉）、滂（敷）、帮、微”四个，涉及的“韵”包括“寘（至）、昔（锡）、旨、支、静”五韵，语音关系非常复杂。其声母虽然有四个，但是发音部位相同，都是唇音；五个韵可以分为两类：“旨、支、寘（至）”三韵同属于“止摄”，“旨、至”只有上声和去声的差异，“支、寘”只有平声和去声的差异；“静、昔（锡）”都属于"梗摄","静、昔"有平声和入声的差异,同时韵尾也不相同。

朴

《经典释文》一共给"朴(樸)"注音义 16 次:

1.其中注音为"普角反"8 次,注音为"普剥反"3 次,音韵地位都是"开口二等入声觉韵滂母";注音为"普卜反"1 次,音韵地位是"合口一等入声屋韵滂母"。

2.注直音"音卜"3 次,音韵地位是"合口一等入声屋韵帮母"。

3.又音"符卜反",一音"扶禄反",音韵地位都是"合口一等入声屋韵奉母";注音为"蒲木反"1 次,又"音仆",音韵地位是"合口一等入声屋韵并母",这四个注音只有声母"奉、并"的差别,根据王力先生《〈经典释文〉反切考》页 103—112:"《经典释文》时代,轻唇重唇不分",可以确定它们的读音是相同的。

综合《释文》给"朴(樸)"字的注音,我们可以归纳出三个读音,这三个读音涉及的声母有中古的"帮、滂、并(奉)"三母,涉及的"韵"包括"屋、觉"两韵,涉及的声调只有"入"声。其声母虽然有三个,但是都是唇音;两个韵都属于"通摄"。

傅

《经典释文》给"傅"注音义 38 次:

1.注音为"音附"24 次,注音为"符付反"1 次,音韵地位都是"合口三等去声遇韵奉母"。

2.注音为"音付"7 次,"夫附反"1 次,"音赋"2 次,音韵地位都是"合口三等去声遇韵非母"。

3.注音为"音富"1 次,音韵地位是"开口三等去声宥韵非母"。

4.注音为"音孚"2 次,音韵地位是"合口三等平声虞韵敷母"。

《释文》给"傅"的全部注音可以归纳为上述四个读音,声母涉及"奉(并)、非(帮)、敷(滂)"三个,都属于唇音;"韵"涉及"遇、宥、虞"三个,其中"虞、遇"只有声调"平、去"的差异,"宥"与"虞、遇"相隔较远。

传

《经典释文》给"传"注音义 138 次:

1.注音为"直恋反"4 次,"治恋反"1 次,音韵地位是"合口三等去声线韵澄母"。

2.注音为"丁恋反"1 次,音韵地位是"合口三等去声线韵端母";注音为"张恋反"8 次,"陟恋反"2 次,"中恋反"3 次,音韵地位是"合口三等去声线韵知母";根据王力先生《〈经典释文〉反切考》页 98—103:"《经典释文》时代,舌头舌上不分",可以确定它们的读音是相同的。

3.注音为"直孪反"1 次,音韵地位是"合口三等去声桓韵澄母"。

4.注音为"直专反"79 次,"直宣反"3 次,"丈专反"35 次,直音"音椽"1 次,音韵地位是"合口三等平声仙韵澄母"。

《释文》给"传"的全部注音可以归纳为上述四个读音,声母涉及"澄(定)、端(知)"两个,都属于舌音;"韵"涉及"线、桓、仙"三个,其中"线、仙"只有声调"去、平"的差异,"桓"与"线、仙"同属于"山摄"。

《释文》在给"传"注音的时候,还常常与"傅"混淆,如《礼记音义》:"傅,音附,徐音赋,一音直专反,谓传述。"《庄子音义》:"鱼傅,音附,又音付,本亦作传,直专反。"这是因为两字字形相近而导致混淆,同时"传""傅"两字在意义上也有联系。

调

《经典释文》为"调"注音义 14 次:

1."音条"4 次,音韵地位是"开口四等平声萧韵定母"。

2."徒吊反"6次,音韵地位是"开口四等去声啸韵定母";"直吊反"1次,音韵地位是"开口四等去声啸韵澄母","徒吊反"和"直吊反"只有声母"定"与"澄"之间的差异,根据王力先生《〈经典释文〉反切考》页98—103:"舌头舌上混用……足以证明,在《经典释文》时代,舌音尚未分化为端知两系。"这两个反切的实际读音是相同的。

3."竹留反"1次,"张留反"1次,音韵地位都是"开口三等平声尤韵知母"。

4."如字"1次,原文为《礼记音义》:"调,如字,又徒吊反。"这个音义是为解释《礼记·内则》:"枣、栗、饴、蜜以甘之,堇、荁、枌、榆、免、薧、瀞、滫、瀡以滑之,脂、膏以膏之。"郑玄注"谓用调和饮食也"之"调"而作的,其意义为"调和、调味",根据《群经音辨》:"调,和也,徒遥切。"我们可以确定"如字音"为"徒遥切",其音韵地位是"开口三等平声宵韵定母";尽管《群经音辨》这个注音与《经典释文》的直音"音条"略有差异,但是应该承认贾昌朝是继承了陆德明"音条"的音义。

《释文》给"调"的全部注音可以归纳为上述三个读音:声母涉及"定、知(端)"两个,都属于舌音;"韵"涉及"萧、啸、尤"三个,其中"萧、啸"只有声调"平、去"的差异,属于"效摄","尤"属于"流摄"。

数

《经典释文》全书给"数"注音共计290次:

1.其中注反切"色主反"(包括"所主反",由于"所"与"色"所反映的声母都是《广韵》"生"母,不区别)138次,所反映的音韵地位是"合口三等上声麌韵生母";注音为"色柱反"3次,其音韵地位也是"合口三等上声麌韵生母",因而这141个反切的实际读音是相同的。

2."色(所)住反"6次,"色(所)注反"5次,"色(所)具反"10

次,其音韵地位是"合口三等去声遇韵生母";注音为"色助反"1
次,其音韵地位为"合口三等去声御韵生母"。王力先生《〈经典释
文〉反切考》页 128—130 认为:"御遇暮混用",这些反切的读音是
相同的。

3."色(所)角反"80 次,这个反切的音韵地位是"开口二等入
声觉韵生母",直音"朔"42 次,"朔"字的音韵地位也是"开口二等
入声觉韵生母",因而"色(所)角反"和直音"朔"同音。

4.注音为"色户反"1 次,"所古反"1 次,按照今天的读音,一个
是去声,一个是上声,但是在中古时期它们的音韵地位都是"合口
一等上声姥韵生母",虽然反切用字不同,但是实际读音是相同
的。其变化原因是"色户反"的反切下字为"户",在中古时期为
"上声姥韵匣母"字,"匣"母属于浊声母。演变到现代汉语,其声
调按照"浊上变去"的规律变化,因而造成原来的上声字,到现代
汉语读作去声字,而"所古反"的反切下字"古"属于中古清声母
"见"母字,没有跟随"浊上变去"的规律变化,仍然保持上声。

5.注直音为"音速"1 次,其音韵地位是"合口一等入声屋韵
心母"。

6.注直音为"音促"1 次,其音韵地位是"合口三等入声烛韵清
母",注音为"七欲反"1 次,这个反切的音韵地位也是"合口三等入
声烛韵清母",因而这两个注音的实际读音也是相同的。

综合《释文》给"数"字的注音,我们可以归纳出六个读音,这六
个读音涉及的声母有中古的"生、心、清"三母,涉及的"韵"包括"虞、
遇(御)、姥、屋、烛、觉"六韵,涉及的声调有"上、去、入"三声。体现
出非常复杂的语音关系,其声母虽然有三个,但是都是齿音;六个韵
可以分为两类:阴声韵"虞、遇(御)、姥",属于"遇摄",入声韵"屋、
烛、觉",属于"通摄";汉语声调只有四个,"数"的注音涉及三个。

参

《经典释文》给"参"注音释义 52 次：

1."七南反"24 次,音韵地位是"开口一等平声覃韵清母"。

2."初林反"4 次,"初金反"2 次,音韵地位都是"开口三等平声侵韵初母"。

3."所金反"7 次,"所林反"9 次,"色林反"1 次,音韵地位都是"开口三等平声侵韵生母"。

4."素感反"4 次,音韵地位是"开口一等上声感韵心母"。

5."音三"1 次,音韵地位是"开口一等平声谈韵心母"。

《释文》给"参"的全部注音可以归纳为上述五个读音,声母涉及"清、初、生、心"四个,都属于齿音,有清、浊和送气、不送气的差异;"韵"涉及"覃(谈)、侵、感"三个,其中"覃(谈)、感"只有声调"平、上"的差异,属于"咸摄","侵"属于"侵摄"。

差

《经典释文》给"差"注音释义 80 次：

1."初佳反"29 次,"楚佳反"3 次,音韵地位都是"开口二等平声佳韵初母";"初皆反"1 次,音韵地位是"开口二等平声皆韵初母"。王力先生《〈经典释文〉反切考》页 132—133 认为:"平声佳皆混用",那么这些反切的读音是相同的。

2."初卖反"34 次,"初懈反"1 次,音韵地位都是"开口二等去声卦韵初母"。

3."初宜反"8 次,"所宜反"("所"当为"初"字之误)1 次,音韵地位是"开口三等平声支韵初母"。

4."七何反"2 次,音韵地位是"开口一等平声歌韵清母"。

5."侧加反"1 次,音韵地位是"开口二等平声麻韵庄母"。

《释文》给"差"的全部注音可以归纳为上述五个读音,声母涉及"初、清、庄",都属于齿音,有清、浊和送气、不送气的差异;"韵"涉及"佳(皆)、卦、支、歌、麻"五个,其中"佳(皆)、卦"只有声调"平、去"的差异,属于"蟹摄","支"属于"止摄","歌"韵属于"果摄","麻"属于"假摄"。

齐

《经典释文》为"齐"注音释义 196 次:

1."侧皆反"97 次,音韵地位是"开口二等平声皆韵庄母"。

2."才细反"35 次,"才计反"10 次,"在细反"1 次,音韵地位都是"开口四等去声霁韵从母"。

3."音咨"26 次,"音资"2 次,音韵地位都是"开口三等平声脂韵精母"。

4."如字"18 次,《诗经音义》:"既齐,王、申、毛如字,整齐也,郑音资,减取也,又才细反,谓分齐也。"齐,读为"如字",意义是"整齐",根据《群经音辨》:"齐,等也,徂兮切。"我们可以确定"如字"音为"徂兮切",音韵地位是"开口四等平声齐韵从母";"才兮反"1 次,音韵地位也是"开口四等平声齐韵从母"。

5."子兮反"2 次,"子西反"2 次,音韵地位都是"开口四等平声齐韵精母"。

6."粗兮反"1 次,音韵地位是"开口四等平声齐韵清母"。

7."在私反"1 次,音韵地位是"开口三等平声脂韵从母"。

《释文》给"齐"的全部注音可以归纳为上述七个读音,声母涉及"庄、从、精、清"四个,都属于齿音,有清、浊和送气、不送气的差异;"韵"涉及"皆、霁、脂、齐"四个,其中"齐、霁"只有声调"平、去"的差异,属于"蟹摄","皆"也属于"蟹摄","脂"属于"止摄"。

厌

《经典释文》为"厌"注音释义 122 次:

1."於艳反"54 次,"一艳反"5 次,音韵地位是"开口三等去声艳韵影母"。

2."於盐反"24 次,音韵地位都是"开口三等平声盐韵影母"。

3."於甲反"8 次,"于甲反"2 次,音韵地位都是"开口二等入声狎韵影母"。

4."於涉反"9 次,"一涉反"5 次,"於叶反"4 次,"一叶反"3 次,音韵地位都是"开口三等入声叶韵影母"。

5."于叶反"1 次,音韵地位是"开口三等入声叶韵云母"。

6."於冉反"2 次,"於琰反"3 次,音韵地位都是"开口三等上声琰韵影母"。

7."以冉反"1 次,音韵地位是"开口三等上声琰韵以母"。

8."乌斩反"1 次,音韵地位是"开口二等上声豏韵影母"。

《释文》给"厌"的全部注音可以归纳为上述八个读音,声母涉及"影、云、以"三个,都属于喉音;"韵"涉及艳、盐、狎、叶、琰、豏"六个,其中"盐、琰、艳、叶"只有声调"平、上、去、入"的差异,属于"咸摄","狎"和"豏"也属于"咸摄"。

还

《经典释文》为"还"注音释义 81 次:

1."音旋"53 次,音韵地位是"合口三等平声仙韵邪母"。

2."音环"14 次,"户关反"5 次,"如字"1 次,根据《释文》音义和《群经音辨》:"还,复也,户关切。"我们可以确定《经典释文》的"如字"音是"户关切",这些注音的音韵地位是"合口二等平声删韵匣母"。

3."户串反"4 次,音韵地位是"合口三等去声线韵匣母"。

4."音患"4 次,音韵地位是"合口二等去声谏韵匣母"。

《释文》给"还"的全部注音可以归纳为上述四个读音,声母涉及"邪、匣"两个,"邪"属于齿音,"匣"属于喉音;"韵"涉及"仙、删、线、谏"四个,其中"仙、线"只有声调"平、去"的差异,"删、谏"也只有声调"平、去"的差异,四个韵同属于"山摄"。

解

《经典释文》为"解"注音释义 163 次:

1."音蟹"62 次,"嫌蟹反"1 次,"户买反"8 次,"胡买反"5 次,音韵地位都是"开口二等上声蟹韵匣母"。

2."音懈"8 次,"古卖反"14 次,"佳卖反"25 次,"古邂反"1 次,音韵地位都是"开口二等去声卦韵见母"。

3."古买反"8 次,"佳买反"17 次,"居蟹反"1 次,"革买反"1 次,"如字"5 次,根据《群经音辨》:"解,判也,工买切。"可以确定《释文》注"解"如字音应该是"工买切",音韵地位是"开口二等上声蟹韵见母"。

4."户卖反"3 次,"胡卖反"1 次,音韵地位都是"开口二等去声卦韵匣母"。

5."苦懈反"1 次,音韵地位是"开口二等去声卦韵溪母"。

6."音介"1 次,音韵地位是"开口二等去声怪韵见母"。

7."徒卖反"1 次,根据黄焯《汇校》页 171:"徒,注疏本作佳,是也。"可以确定"徒卖反"当为"佳卖反"。

《释文》给"解"的全部注音除去"徒卖反",可以归纳为上述六个读音,声母涉及"匣、见、溪"三个,"见、溪"属于牙音,"匣"属于喉音;"韵"涉及"蟹、卦、怪"三个,其中"蟹、卦"只有声调"上、去"的差异,"怪"韵与"卦"韵"通用",三个韵同属于"蟹摄"。

句

《经典释文》为"句"注音释义 54 次:

1."古侯反"27 次,"音钩"6 次,"故侯反"1 次,音韵地位是"开口一等平声侯韵见母"。

2."其俱反"7 次,"俱树反"1 次,"俱具反"1 次,音韵地位是"合口三等去声遇韵群母"。

3."音劬"3 次,音韵地位是"合口三等平声虞韵群母"。

4."九具反"2 次,"居具反"2 次,"纪具反"3 次,音韵地位是"合口三等去声遇韵见母"。

5."古豆反"1 次,音韵地位是"开口一等去声候韵见母"。

《释文》给"句"的全部注音可以归纳为上述五个读音,声母涉及"见、群"两个,都属于牙音。

"韵"涉及"侯、遇、虞、候"四个,其中"侯、候"只有声调"平、去"的差异,属于"流摄","虞、遇"也只有声调"平、去"的差异,属于"遇摄"。

我们把上面十三个字的特殊读音情况列表如下,以便直观观察它们的语音关系:

例字	读音数	声母	韵	声调
辟	11	唇音:並(奉)、滂(敷)、帮、微	寘(至)、昔(锡)、旨、支、静	上、去、入
朴	3	唇音:帮、滂、並(奉)	屋、觉	入
傅	4	唇音:奉(並)、非(帮)、敷(滂)	遇、宥、虞	平、去
传	4	舌音:澄(定)、端(知)	线、桓、仙	平、去
调	3	舌音:定、知(端)	萧、啸、尤	平、去
数	6	齿音:生、心、清	麌、遇(御)、姥、屋、烛、觉	上、去、入
参	5	齿音:清、初、生、心	覃(谈)、侵、感	平、上

例字	读音数	声母	韵	声调
差	5	齿音:初、清、庄	佳(皆)、卦、支、歌、麻	平、去
齐	7	齿音:庄、从、精、清	皆、霁、脂、齐	平、去
句	5	牙音:见、群	侯、遇、虞、候	平、去
还	4	喉音:匣;齿音:邪	仙、删、线、谏	平、去
解	6	喉音:匣;牙音:见、溪	蟹、卦、怪	上、去
厌	8	喉音:影、云、以	艳、盐、狎、叶、琰、谦	平、上、去、入

　　我们选择的这十三个字,声母包含唇、舌、牙、齿、喉五音,具有典型性,通过观察这些读音之间的关系,我们可以看到:

　　《经典释文》特殊读音与一般读音在声母方面常表现为同部位清和浊、送气和不送气的差别,一般不会相隔很远。"还"和"解"的声母之间出现了跨发音部位的情况。这些声母在后世的发展表现为在一定的语音条件下合流,我们可以推测,它们在唐代实际读音应该也比较接近。

　　在"韵"方面的表现则十分复杂,但是,还是有一定的规律,主要表现在:

　　1.韵母相同,只在声调上有差异①,这是最多的情况。

　　2.韵母相近,这些相近的韵在《广韵》中往往有"同用"关系。

　　3.韵母相隔很远,这种语音关系在《经典释文》里虽然数量没

①沈兼士《广韵异读字研究序》:"若夫异读字之现象,以声调区别者居其多数。"当出现阴声韵与入声韵对立的时候,它们之间的差异既表现出声调的不同,同时韵尾也不同。

有第一、二类多,但是绝非少数,数量还是十分可观,目前我们还没有找到规律性。

至于声调方面的差异,由于汉语声调数量本身不多,在《经典释文》的特殊读音里缺乏规律性表现,不过往往平声、上声与去声之间的对立表现比较多一些。另外,阴声韵的声调与入声韵的声调之间对立也不在少数。

第三章 《经典释文》特殊读音的类别及其蕴含的语言文字现象

第一节 《经典释文》特殊读音的类别分析

《经典释文》的特殊读音是汉魏六朝以来,人们通过对语音途径衍生词语的语言发展模式认识和实践的总结。由于《经典释文》处于汉语历史发展的中古时期,这一时期,汉语音韵学的形成和发展,使人们对语音有了深入的认识,因而就有条件有能力对语音的表义功能进行分析。

本文所谓特殊读音,是指有异读的文字注音,同时也包含一些没有异读,但是古今语音有显著差异的读音,这些异读和古今语音的明显差异是什么原因造成的? 是本文研究《经典释文》需要重点探索的问题。

《经典释文》在流传过程中,经过后人的删改,已经不是原貌了。黄焯《汇校·前言》考证,后人删减《释文》的情况:"载形义而不载音的注文多加芟薙,其音义兼载的,往往存音去义。"这样看来,删改者基本上是把《经典释文》视为注音书而不是音义书,让后人难以全面观察陆德明对读音与意义、用法之间的关系的认识和分析;更让后人难以观察《经典释文》特殊读音所反映的语言现象和规律,这些删减是对《经典释文》的严重损害。

　　但是,即便如此,毕竟《经典释文》还保留着大量的读音和意义,另外我们还可以通过原文与语言发展演变规律,来确定《经典释文》特殊读音反映的音义关系及语言现象和规律。

　　在东汉语言学注重语音研究的学术背景条件下,人们也开始注意到,一个字的不同读音可以区别不同的词汇意义和语法作用。《经典释文》记录的特殊读音是对东汉以来人们通过读音的方式来区别不同的词汇意义和语法作用的语言运用方式的全面继承。

　　我们在讨论《经典释文》特殊读音的时候,语言和文字难以明确区分,因为文字是记录语言的符号,特殊读音没有文字的记录也就无从谈起。

　　黄坤尧先生在其《音义阐微》(上海古籍出版社,1997,页17—19)中,将《经典释文》的"异读"(即本文所称"特殊读音")也分为五类:一、读音不同,意义相同;二、区别两字、两义或假借;三、区别动词和名词;四、虚词异读;五、动词异读。这是在没有全面深入观察的基础上得出的粗略印象,大致也概括了《经典释文》特殊读音的基本情况。但是《经典释文》的特殊读音远远不止这样五类,利用本人制作的《释文》全文电脑数据库,来探讨《释文》的特殊读音,这些特殊读音概括地说广泛涉及词语的读音、文字、意义、语法作用等语言要素。

　　语音是表现语言的形式,语义(包括语法作用)是语言的意义内容。在书面上,语音语义都要通过文字予以记录。《经典释文》特殊读音的特殊之处在于,它蕴含着丰富复杂的语言文字现象,根据本文对《经典释文》特殊读音的分析,除了前面"《经典释文》的一般读音'如字(依字)'讨论"(38页)所涉及的"如字"和"非如字"所包含的语言文字现象以外,《释文》所汇集的特殊读音还有其他表达方式,综合这些方式,其所包含的语言文字现象大体可以分为语音、文字、词义、语法语用以及不知所指等五大类,共 18 个小类。下面分别讨论。

一、由语音原因造成的特殊读音

1.反映语音演变

语音是语言的物质外壳,语言就是通过一定的语音借助语法规则等等形式来表示一定的意义内容的。随着社会的进步以及人们对自然和社会认识的深入、发展,语言表达的内容越来越丰富复杂;语言内容的丰富复杂推动着语言形式的发展,表达语言内容的方法、手段也越来越完备。在语言的发展过程中会不断出现新的形式,一些旧的形式也会不断退出语言交际和表达。在这些语言形式中,语音是一个十分重要的语言形式。

"时有古今,地有南北,字有更革,音有转移。"随着时间推移,语音也随之发生着变化,《经典释文》在作音义的时候也反映了语音的发展。《经典释文》广泛引用汉魏六朝以来二百八十余家注疏及方言语音来给十四种经典注音释义,其中的注音包含着十分复杂的情况。由于这些注音释义涉及汉代到六朝约六七百年,一些注家"祖述旧音",陆德明对发展变化的语音"亦随世音焉"(《经典释文序录·周易略例》)。这些注音不可避免地反映了汉语语音的发展变化,通过这些材料,我们可以观察语音的发展,丰富汉语语音史的研究。如:

《周易音义》:"比,毗志反,徐扶志反。"

"比"的两个读音反切下字相同,说明这两个读音韵母和声调完全相同,差异在于声母:"毗志反"的声母是重唇音"并母","扶志反"的声母是轻唇音"奉母"。

陆德明给"比"注音,多次将"毗志反"和"扶志反"并列,而没有意义和用法上的差别，说明在他那个时候，重唇音"並母"和轻唇音"奉母"是有差别的；也就表明在陆德明的时期，重唇音"並母"已经分化出轻唇音"奉母"。至于《广韵》声母和守温三十字母都没有轻唇音，则可能是方言语音和通语语音的不同。

对于反映语音演变或方言差异的一些特殊读音，陆德明在《序录》说："世变人移，音讹字替，如徐仙民反'易'为'神石'，郭景纯反'馀'为'羽盐'，刘昌宗用'承'音'乘'，许叔重读'皿'为'猛'，若斯之俦，今亦存之音内，既不敢遗旧，且欲俟之来哲。"表现出一种审慎的态度，同时也反映出他对语音演变认识的局限。

如"徐仙民反'易'为'神石'"，恐怕也反映出徐邈的注音是一个古音或者方音。

在陆德明的时代，人们还没有十分明确的语音发展观念，但是，存在于人们口头和书面上的一些特殊读音客观实际地反映了语音的发展，一些字的几个读音，古今混杂，形成不同层次的语音存留，是今天我们研究语音演变的重要材料。

《诗经音义》："鲐，汤来反，鱼名，一音夷。"

在中古时期（即《切韵》时期），"夷"的音韵地位是"开口三等平声脂韵以母"，"汤来反"的音韵地位是"开口一等平声咍韵定母"。脂韵、咍韵都来源于上古"之部"。其中"之部开口一等"在舌音、齿音、喉音声母的后面演变为"咍韵"；"之部开口三等"在舌音、齿音、喉音声母的后面演变为"之韵"①。"鲐"读为"汤来反"

---

① "鲐"与"夷"的音韵地位根据丁声树等编写的《古今字音对照手册》（中华书局，1981）确定。上古"之部"演变为中古"之韵"和"咍韵"，其音韵地位根据王力《汉语史稿》（中华书局，2004，页 95—96）和向熹《简明汉语史》（高等教育出版社，1993，页 157—158）确定，两者稍有出入。

和"一音夷",反映了汉语韵部的分化。在声母方面,"汤来反"声母为"透母","夷"的声母为"以母","以母"在等韵图里是三十六字母中"喻母"的四等声母,后人简称"喻四"。曾运乾提出"喻四归定",即"喻母"四等声母,在上古读如舌头音"定"母。如此,则"汤来反"和"夷"的读音在上古声母相同、韵母相近(大致也可理解为相同)。在陆德明的时代则成为"一音、又音",展示了该字读音的分化,其中"夷"是古音,"汤来反"则是当时的今音,体现了语音的发展。

《诗经音义》:"寘也,音田,又音珍,一音陈。字书云塞也,大千反,从穴下真。"

《诗经音义》:"寘、填、尘,依字皆是田音,又音珍,亦音尘。郑云古声同。案,陈完奔齐,以国为氏,而《史记》谓之田氏,是古田、陈声同。"

"寘、填、尘"三字"皆是田音,又音珍,亦音尘",反映了汉语声母从"定母"分化出"澄母"的事实。田、定母,珍、知母,尘、澄母,由此,我们可以描述"定母"分化的轨迹:"定母"分化出"澄母","澄母"声转为"知母"。也可以确定三个读音出现的先后:"田"是上古音,"尘、珍"是中古音,"珍"的读音是"尘"字读音的进一步分化。郑玄、陆德明已经意识到古今音的差异,具备了初步的语音发展的观念。

《周易音义》:"车,音居。郑、张本作舆,从汉时始有居音。"

《尚书音义·牧誓》:"戎车,音居。《释名》云古者声如居,所以居人也,今曰车声近舍,车,舍也。韦昭《辩〈释名〉》云,古皆尺遮反,从汉始有音居。"

"车,音居"来源于《释名》:"车,古者曰车,声如居,言行所以居人也;今曰车,声近舍,车,舍也,行者所处若居舍也。"

"车"的两个读音表示的意义没有什么不同,如:

《春秋左氏音义·襄公二十五年》:"伯车,音居。"

《孝经音义·开宗明义章》《论语音义·为政章》:"车,音居。"

《论语音义·先进章》:"之车,音居。"

《老子道德经音义》:"无有车,音居,又去於反。"

《庄子音义》:"五车,尺蛇反,又音居。"

《尔雅音义·释言》:"车,音居。"《尔雅音义·释训》:"车,音居。"《尔雅音义·释宫》:"车,昌蛇反。"《尔雅音义·释器》"车也,尺蛇反。车,音居。"《尔雅音义·释水》:"车,昌蛇反。"《尔雅音义·释草》:"摇车,尺蛇反,又音居。车,音居,本多无此字。居,本亦作车,音同。车,昌遮反。"《尔雅音义·释木》:"车,昌蛇反。"

"车"在这些不同的注音中意义相同。《释名》在解释"车"的音义的时候,已经反映了语音的变化。尽管我们现在难以确定"声如居""声近舍"在当时的实际读音,但是这种读音的不同,主要是反映语音的变化。同时刘熙还分析了"车"两个不同读音的来源和理据,这两个读音一直保存到现代汉语,音义关系得到分化,其中"声如居"主要用于姓氏,在中国象棋里表示战车。"郑、张本作舆",我们应该可以认为"舆"是为"车"造的分化字。

《周易音义》:"何灾,音河,褚河可反,今不用。"在现代汉语普通话里,这个直音和反切是同音字。但是,中古时期,"何"与"河"的音韵地位是"平声歌韵匣母",而"可"的音韵地位是"上声哿韵溪母","何音河,褚河可反"反映的两个读音的差异主要表现在声调上,陆德明指出"褚河可反,今不用",反映了语音发展。这种读音差异不表示意义和用法的不同,也应该是古音和今音的差异造成的异读。

《周易音义》:"小人否,音鄙,注下同,恶也。徐方有反。郑、王肃备鄙反，云塞也。"

在"恶"的意义上，"否"有"音鄙"和"方有反"两个读音，反映了汉语声母由重唇音发展出轻唇音的事实。根据语音史的研究，轻唇音从重唇音分化自初唐就已经开始①，《经典释文》中大量的轻唇音与重唇音混切的特殊读音支持这个结论。而"郑、王肃备鄙反，云塞也"则是在语音分化的条件下，引起词义的发展变化。在"韵"的方面，"音鄙"和"方有反"在上古都属于"之部"，中古时期，分别分化为"上声旨韵"和"上声有韵"。

《周礼音义》："鹿车缠，刘府结反，沈音毕，云刘音非也。案北俗今犹有此语音，如刘音，盖古语乎，刘音未失。"

陆德明意识到"缠"的两个读音"府结反"与"音毕"的差异可能是"古语乎"，表明他有初步的语音发展演变的观念。在论述"协音、叶韵"的时候，他提出"古人韵缓，不烦改字"，也透露出他模糊地认识到语音的变化，但是，这类材料在《经典释文》里并不多见。

《经典释文》所作音义虽然主要是反映前代及当代语言运用的情况，但是以它作为起点，站在今天语言研究的立场上，通过它记录的一些语言现象，我们可以观察这些现象在以后的发展演变，探索语言演变的规律。通过《经典释文》的特殊读音，我们还可以观察唐代及以后汉语语音的发展，如：

《周易音义》："窒，珍栗反，徐得悉反。"

"窒"的两个读音差异在于声母，"珍"的声母是"知母"，属于舌上音，"得"的声母是"端母"，属于舌头音。两个读音韵母和声调完全相同，都是入声质韵字，陆德明的注音表明"珍"与"得"的声母是不同的，即"知"与"端"已经分化。向熹先生《简明汉语史》

---

① 见向熹著《简明汉语史》，高等教育出版社，1993，页136。

页145也认为"上古没有舌上音,到唐代舌上音从舌头音分化出来"。但是在《经典释文》中也还存在舌头音与舌上音混切的注音,如《周易音义》:"齐长,丁丈反。"看来这种分化在陆德明的时代还应该是一个临界状态,还处于分化的过程中。

《周易音义》:"者亨,许庚反。"

《周易音义》:"徽,许韦反。"

"亨"与"徽"在现代汉语普通话里,声母都是[h],中古属于喉音"晓"母;而其反切上字的声母都是[x],中古也属于喉音"晓"母。但是在陆德明的注音里是混切的,而且没有与之对应的其他读音。因而,现代汉语普通话读为[h]的字和读为[x]的字的声母在《经典释文》中是相同的,后世"晓"母分化为[h]和[x]。

《尔雅音义》:"鰓,西才反。"

《尔雅音义》:"狻,先官反。"

"鰓"与"狻"在现代汉语普通话里,声母都是[s],中古属于喉音"心"母;而其反切上字都是[x],中古也属于喉音"心"母。但是在陆德明的注音里是混切的,而且没有与之对应的其他读音。因而,现代汉语普通话读为[s]的字和读为[x]的字的声母在《经典释文》中是相同的,后世"心"母分化为[s]和[x]。

这些注音材料反映了陆德明以后汉语声母的发展变化。

钱大昕研究汉语声母的发展变化,正是通过这类反映语音发展的特殊读音的归纳,在《十驾斋养新录》里提出"古无轻唇音""古无舌上音"的著名论断。其后,他对汉语声母发展演变的研究,基本上是通过这类反映语音演变的特殊读音来归纳总结,体现了汉语特殊读音重要的语音史料价值。

《经典释文》中明确提出"古音、古语"的例子不是太多,许多注音只是罗列一个字的几个读音,有些有意义和用法的差别,有些意义用法没有不同。我们应该认识到，这些读音差异中应该有古今音的不同，这些字的异读应该是反映了语音的发展变化。

2.反映方言差异

中国土地辽阔、人口众多，历来方言差异十分巨大。"文字异形，言语异声"是中国古代语言文字应用的突出现象，众多的语言文字学家和经籍注家都非常重视方言的研究。《释文》搜集众多注家的注音，这些注家"各师成心，制作如面，加以楚夏声异，南北语殊"，不可避免地掺入自己方言的语音。方言语音差异是构成《经典释文》特殊读音的重要原因，是人们阅读古籍的严重障碍，也是陆德明注音释义的重要内容。

方言是语言的存在方式，是活生生的语言，陆德明非常重视方言，对方言的语音差异具有明确的认识。《经典释文》在注音释义时明确引用扬雄《方言》65 次，在更多的情况下，往往指出这个方言词及其音义运用于哪个地区。如：

《周易音义》："羝羊，音低，张云羖羊也。《广雅》云吴羊曰羝。"

"羝羊"即为公羊，张璠解释为"羖羊"，是黑色的公羊，陆德明引用《广雅》云吴羊曰羝，表明在吴地"羝"泛指羊，"羝羊"来源于吴地方言。

《诗经音义》："卖饧，夕清反，蜜也，又音唐。《方言》云张皇反①，即乾饸也，音唐。""饧"在《方言》里读为"张皇反"，陆德明又音"唐"。反映了钱大昕"古无舌上音"所揭示的语音演变规律。

《诗经音义》："蝭，粟居反。许慎、吕忱并先吕反。郭璞才与反。案一名斯螽，《七月》诗云，斯螽动股是也。扬雄、许慎皆云春黍。《草木疏》云，幽州谓之春箕，蝗类也，长而青，长股，股鸣者

也。郭璞注《方言》云江东呼为虺蜓,音竹白反,蜓音猛。"

《庄子音义》:"臧,作郎反,崔云好书曰臧。《方言》云齐之北鄙、燕之北郊,凡民男而壻婢谓之臧,女而妇奴谓之获。张揖云,壻、婢之子谓之臧,妇奴之子谓之获。"

《尔雅音义》:"煨,音毁。李寻云,煨一音火。孙炎云方言有轻重,故谓火为煨。郭云,煨,齐人语。"

"煨"与"火"词义相同,语音有轻重的差异,也是来源于方言。孙炎解释了方言语音不同的原因,郭璞指出"火"在齐地读为"煨"。

《尔雅音义》:"蟺,音埤,又示延反,盖方言也。郭音惮,徒旦反。"

除了引用前人对方言的分析外,陆德明还根据自己对方言的了解,指出"方言"或"某地"予以阐释,如"江东、蜀人"等 10 余次。如:

《诗经音义》:"尸鸠,本又作鸤,音司。《尔雅》云,鸤鸠,鶷鶋也。郭璞云,今布谷也,江东呼获谷。《草木疏》云,一名击谷。案尸鸠有均一之德,飤(今作饲)其子,旦从上而下,暮从下而上,平均如一。扬雄云戴胜也。"

《诗经音义》:"如煨,音毁。齐人谓火曰煨。郭璞又音货。字书作焜,音毁。《说文》同。一音火尾反,或云楚人名火曰燥,齐人曰煨,吴人曰焜,此方俗讹语也。"

《诗经音义》:"其茆,音邜。徐音桺。韦昭萌藻反,凫葵也。干宝云今之鼭蹏草,堪为菹,江东有之。何承天云此菜出东海,堪为菹酱也。郑小同云江南人名之蓴菜,生陂泽中。《草木疏》同,又云或名水葵。一云今之浮菜即猪蓴也。《本草》有凫葵。陶弘景以入有名无用品,解者不同,未详其正。沈以小同及《草木疏》所说为得。"

《庄子音义》:"制河,诸设反,依字应作浙。《汉书音义》音逝,河亦江也,北人名水皆曰河,浙江今在余杭郡,后汉以为吴会分界,司马云浙江今在会稽钱塘。"

《尔雅音义》:"荼,音徒,下同。《埤苍》作榛。案,今蜀人以作饮,音真加反,茗之类。"

《尔雅音义》:"榱,疏追反。《说文》云秦名屋椽也,周谓之榱,齐鲁谓之桷。《字林》云周人名椽曰榱,齐鲁名榱曰桷。"

《尔雅音义》:"芰,巨义反。《字林》云楚人名菱曰芰。"

《尔雅音义》:"蚚,郭音祈。《字林》云齐人名蛭也。《本草》又作蚑。"

《尔雅音义》:"蝘,音偃,蝉属也。《草木疏》云一名蚓蟟,青徐谓之蜻蟧,楚人名之蟪蛄,秦燕谓之蛥蚗,或名之蜓蚞,郭云俗呼为胡蝉,江南谓之唐蜩。"

陆德明有时候明确指出方言差异,这是我们容易了解的,有时候只是注直音或反切,而不指明为方言,但是我们认为其中也应该包含着方言语音的差异。

《周易·象》:"雷在地中,復;先王以至日闭关,商旅不行,后不省方。"

陆德明注:"旅,如字,韦音卢。"

"旅"本来也只有一个读音,其音韵地位是"遇合三上语来",其韵母在《广韵》206韵中属于"语"韵,是"鱼"韵的上声韵。《广韵》鱼虞模三韵在第八世纪就合流了,然后到十六世纪根据声母的不同条件和韵本身的等呼分化为[u]和[ü],在"来"母后面读作[ü];韦音"卢"的音韵地位是"遇合一平模来"[1],"模"的韵母在任

---

[1] 本文音韵地位的分析主要依据丁声树《古今字音对照手册》,中华书局,1981。下同。

何条件下拟音都是［u］①，两者读音不一，反映的恐怕也是方言差异。

　　《经典释文》反映的方言差异，如果作者自己没有明确指出，我们现在是难以了解的，因为汉字记录汉语并不能准确地记录语音；同时，相同的一个字，在不同方言中可能有不同的读法，这种读音差异在文字上不能表现出来，《经典释文》中大量的特殊读音应该有很多方言语音。

　　在其《序录》中陆德明对方言有详细的论述："方言差别，固自不同，河北、江南，最为巨异：或失在浮清，或滞于沉浊。今之去取，冀祛兹弊，亦恐还是彀音，更成无辩。夫质有精粗，谓之好、恶（并如字），心有爱憎，称为好、恶（上呼报反，下乌路反）。当体即云名誉（音预），论情则曰毁誉（音馀）；及夫自败（蒲迈反）、败他（蒲败反）之殊，自坏（呼怪反）、坏撤（音怪）之异。此等或近代始分，或古已为别，相仍积习，有自来矣。余承师说，皆辩析之。比人言者，多为一例。如、而靡异，邪（不定之词）、也（助句之词）弗殊，莫辩复（扶又反，重也）、复（音服，反也），宁论过（古禾反，经过）、过（古卧反，超过）。又以登、升共为一韵，攻、公分作两音，如此之俦，恐非为得，将来君子，幸留心焉。"

　　陆德明分析了汉语方言的情况，对方言语音差异的认识有其不足，其所举例子是方言语音差异的实际情况，语音本身无所谓"得"与"不得"，关键在于操这种语音的人们"约定俗成"；另外，其中一些读音的差异反映的是"变音构词"，不完全属于方言差异，他认为汉语方言难以把握，因而希望"将来君子留心"。

---

①对"旅"和"卢"两字的语音分析，参见王力《汉语史稿》，中华书局，2004，页203。

从上述论述，我们可以看到，陆德明对方言的态度：

(1)方言差异，自古而然。但是，与读书人的读书音（一般是当时的共同语）比较起来，都是有"失"有"滞"的。因而他在注音释义的时候，通过"去取"来革除"兹弊"，反映了陆德明对语音统一的诉求。

(2)方言语音比较共同语，往往有"浮清""沉浊"的差异，一般不起区别意义的作用，陆德明即使是经过"去取"，恐怕也还是"觳音"，只有语音的不同，而没有辨义的功能。

(3)以方言语音差异作为辨义手段，如所举好、恶、败、坏等，是语言形式新的发展，"或近代始分，或古已为别，相仍积习"，反映了语言"约定俗成"的社会性本质。

(4)陆德明对以语音差异区别词性、词义的用法的新现象有矛盾的看法，既认为"相仍积习"，有其产生的依据，但是又认为"莫辩复（扶又反，重也）、復（音服，反也）"，"宁论过（古禾反，经过），过（古卧反，超过）"，"恐非为得"。

(5)陆德明对语言的发展持谨慎的态度，对上述矛盾现象，他不武断地下结论，而是寄托于"将来君子，幸留心焉"。表现出一种审慎的态度，同时也反映出他对语音演变认识的局限。

岳珂《九经三传沿革例·音释》对《释文》注音用方言的情况有如下论述："沈氏、徐氏、陆氏皆吴人，故多用吴音。如以丁丈切长字、丁仲切中字，是切作吴音也。以至蒲之为扶、補之为甫、邦之为方、旁之为房、征之为丁、铺之为孚、步之为布、惕之为饬、领之为冷、茫之为亡、姥之为武、敌之为直，是以吴音为切也。此类不可胜纪，但欲知此只以吴音切之可也。"

方言与古语、通语之间没有严格的界限，通语要吸收古语和方言词（包括音义），方言要受到通语的影响，通语在广泛的地区运用,而其中一些地区方言语音也会进入共同语。方言语音差异的表象是共时的地域不同,但是其实质在于各种方言保存着汉语各个历史时期的语音特点,是历时语音现象的共时反映。在这个意义上说,反映语音演变的特殊读音与反映方言差异的特殊读音没有本质上的不同。

3.联绵词、叠音词、象声词的特殊读音

联绵词、叠音词①、象声词是汉语词汇的一个特殊现象,是用两个或几个音节表示一个语素。由于联绵词、叠音词、象声词只是借字音表示意义,字形与词义多数没有关系,因而在语音上,只要"象"其音,在书写时只要文字读音与语言中的"音"相像,就可以用这些字表示这些表音的词。所以一个联绵词、叠音词、象声词常常可以有很多种"音"和书写形式。理论上说,联绵词、叠音词、象声词所"象"之音只有一个,但是由于书写形式和方言的差异,联绵词、叠音词、象声词所"象"之音,在不同时代、地区、个人必然也会有差异。自然语言中的"音"与文字"读音"也不可能完全一致,如"蜾蠃"可以表示自然事物中球形滚动的声音,由此引申表示球形的事物。清朝程瑶田《蜾蠃转语记》系联 200 余个联绵词,表示 200 多个相关意象,文字和读音只能取近似而已,也会

---

①我们所探讨的叠音词不是一般的名词、形容词、动词等的重叠。名词、形容词、动词等重叠可以分开,重叠则表示不同的词汇和语法意义,如花花、牛牛、羊羊等表示小称或爱称,红红、高高、绿绿等表示程度加深,走走、看看、尝尝表示尝试或建议。这些词可以单用,也可以重叠,单用或重叠,词汇意义基本无别。我们所讨论的叠音词是像"关关雎鸠""逃之夭夭""氓之蚩蚩"中关关、夭夭、蚩蚩等,这些词不可分离,如果单用,其意义与叠音没有关系,可以叫作状态叠音词,其性质跟联绵词一样,是两个音节表示一个语素,叠音词的意义与文字的意义往往也没有关系。

产生特殊读音。再如《周易音义》:"方良"表示魍魉、蝄蜽、罔两,"方"与"良"作为一般词语的读音与作为联绵词的读音不同,形成特殊读音。《经典释文》这类特殊读音数量不少,表现的是汉字具有表音性。

下面再举一些例子:

(1)联绵词

联绵词描摹客观事物的形貌,表示语言中的多音节单纯词,这些词多数是状形貌的形容词,还有一些名词。

其中名词在用文字表示的时候往往造字为形声字,形符往往表示这个名词所属的类别,声符描述这个事物在语言中的语音,因而其字形相对稳定;如:

《诗经音义》:"蜉蝣,上音浮,下音由,蜉蝣,渠略也。"

《诗经音义》:"绵蛮,面延反,下如字,绵蛮,小鸟貌。"

《诗经音义》:"璓玐,音虬,又巨樛反,又旧周反,玉也。沈举彪反,又与彪反,又张畴反。"

《诗经音义》:"鸳鸯,於袁反。沈又音温,下於岗反,又於良反,鸳鸯,匹鸟也,止则为耦,飞则为双。"

《诗经音义》:"昆夷,本又作混,古门反,昆夷,西戎也。"

而状形貌的形容词往往难以确定所属类别,因而字形、读音都比较复杂。

《诗经音义》:"辗转,张辇反,本又作展。"

《诗经音义》:"臂發,音必。《说文》作毕發,音如字。臂發,寒也。"

《诗经音义》:"栗烈,并如字,栗烈,寒气也。《说文》作颲颲。"

《诗经音义》:"黾勉,民允反,本又作僶,同。"

《诗经音义》:"缱绻,上音遣,下起阮反,字或作卷,缱绻,反覆也。"

(2)叠音词

《周易音义》："愬愬，山革反。子夏传云恐惧貌。何休注《公羊传》云惊愕也。马本作虩虩，音许逆反，云恐惧也。《说文》同。《广雅》云惧也。"

《周易音义》："良马逐，如字。郑本作逐逐，云两马走也。姚云逐逐，疾并驱之貌，一音胄。"

《周易音义》："逐逐，如字，敦实也。薛云速也。子夏传作攸攸。《志林》云攸当为逐。苏林音迪。荀作悠悠。刘作跾，云远也。《说文》跾，音式六反。"

《周易音义》："憧憧，昌容反。马云行貌。王肃云往来不绝貌。《广雅》云往来也。刘云意未定也。徐又音童，又音钟。京作僮。《字林》云，憧，迟也，丈冢反。"

《周易音义》："嗃嗃，呼落反，又呼学反。马云悦乐自得貌。郑云苦热之意。荀作确确。刘作熇熇。"

《周易音义》："来徐徐，徐徐，疑惧貌。马云安行貌。子夏作荼荼。翟同。荼音图，云内不定之意。王肃作余余。"

《周易音义》："虩虩，许逆反。马云恐惧貌。郑同。荀作愬愬。"

《周易音义》："索索，桑洛反，注及下同，惧也。马云内不安貌。郑云犹缩缩，足不正也。"

《周易音义》："亹亹，亡伟反。郑云汲汲也。王肃云勉也。"

《诗经音义》："祁祁，巨之反，一音上之反，众多也。"

《诗经音义》："厌厌，於盐反，安也。《韩诗》作愔愔，和悦之貌。"

《诗经音义》："焞焞，吐雷反，又他屯反。本又作啍，同，盛也。"

《诗经音义》："佻佻，徒彫反。徐又徒了反。沈又徒高反，独行貌。《韩诗》作嬥嬥，往来貌，并音挑，本或作窕，非也。"

《诗经音义》："泄泄，徐以世反，犹沓沓也。《尔雅》云宪宪、泄泄，制法则也。《说文》作呭，云多言也。"

《诗经音义》："瀌瀌，符骄反。徐符彪反，又方苗反，雪盛貌。"

《诗经音义》："伾伾，敷悲反，有力也。《说文》同。《字林》作駓，走也，父之反，音丕。"

《诗经音义》："躒躒，本又作砾，音历，又音洛。"

《诗经音义》："掺掺，所衔反，又所感反，徐又息廉反。《说文》作攕，山廉反，云好手貌。"

《诗经音义》："菁菁，本又作青，同，子零反。毛叶盛也。郑希少貌。"

《诗经音义》："睘睘，本亦作煢，又作惸，求营反，无所依也。"

《诗经音义》："悁悁，乌玄反，犹悒悒。"

《尔雅音义》："条条，舍人本作攸攸。沈亦音条。"

上述叠音词的读音和字形表现出丰富的形式，它们都是描摹事物情状的形容词，充分表现了叠音词借音而不靠文字形体表义的特点。

《尚书》："汤汤，音伤。"

《尚书》："呱呱，音孤。"

《诗经音义》："谑谑，虚虐反，喜乐也。"

《诗经音义》："灌灌，古乱反，犹款款也。"

《诗经音义》："蹻蹻，其略反，骄貌。"

《诗经音义》："委委，於危反，行可委曲踪迹也，注同。"

《诗经音义》："佗佗，待何反，德平易也，注同。《韩诗》云德之美貌。"

《诗经音义》："滔滔，吐刀反，流貌。"

《诗经音义》："儦儦，表骄反，众貌。《说文》云行貌。"

上面这些叠音词的读音和字形在文献中也都是统一的，这表明，叠音词的读音、字形也不是一定要有差别，有无差别同样要符合"约定俗成"的原则。

（3）象声词

《周易音义》："其彭，步郎反。子夏作旁。干云，彭、亨，骄满貌。王肃云，壮也。虞作尫。姚云，彭、旁。徐音同。"

《周易音义》："嘻嘻，喜悲反。马云笑声。郑云骄佚喜笑之意。张作嬉嬉。陆作喜喜。"

《周易音义》："喤喤，音横，华彭反。沈又呼彭反，声也。"

上述三条象声词读音和字形都有差异。

《周易音义》："坎坎，苦感反，伐檀声。"

《周易音义》："呦呦，音幽。"

这两条象声词，读音和字形在文献中都是统一的，这表明象声词的读音、字形也不是一定要有差别，有无差别也要符合"约定俗成"的原则。

联绵词、叠音词、象声词在读音上与其他一般的词语有差异，在意义上也有一些特点，表示状态的联绵词、叠音词往往表示一种十分常见而又难以言状的状态。如"窈窕"，表示女子姿态美好，这样的女子是极为常见的，但是姿态怎么美好呢？却难以言状，于是就用"窈窕"表示。其实"窈窕"也并没有表示具体的美好姿态，而是提示人们在头脑中调动过去的经验，把以前看到的"姿态美好的女子"投影到脑海中，就是"那个样子"。再如"夭夭"表示桃花鲜明茂盛的样子，桃花也是人人常见的事物，它的鲜明茂盛虽然常见，但是也难以具体描述。"夭夭"的作用是让人们把所见过的明艳桃花的景象像电影一样在头脑中放映，就是"那个样子"。象声词描摹自然声音，如风嗖嗖、雨哗哗、雷轰轰、鸟喳喳等，也都不能完全真实地呈现原本声音。但是这些声音几乎是人们天天听到的，极为熟悉，这些象声词的作用也是提示人们回忆听到过的"那些声音"。

除了联绵词、叠音词、象声词表示常见而又难以言状的状态外，一些表示状态的派生词也有这样的功能。如"莞尔"表示微笑的样子，"喟然"表示叹息的样子，都很常见，难以描述，这些词就是提示人们调动过去的经验，将那些样子映射到头脑中，形象具体。

4.反映纯粹异读（不区别词义词性等）

本文所谓异读，是指一个字具有两个或几个不同的读法，它们只牵涉字音，不区别字形、词义和用法，是狭义的异读，也可以叫作纯粹的异读。《释文》中一些注有"如字"也注出"非如字"即其它读音，而没有意义、字形、语法作用的不同。这是《释文》特殊读音中最大的一类，可能是人们一般把有不同读音的字统称为"异读"的主要原因。

《周易·蒙》："蒙：亨。匪我求童蒙，童蒙求我。初筮告，再三渎，渎则不告。利贞。"陆德明注曰："再三，息暂反，又如字。"

《周易·履》："上九，视履考祥，其旋元吉。"陆德明注曰："视，如字，徐市至反。"

《周易·说卦传》："兑为泽、为少女、为巫、为口舌、为毁折、为附决，其于地也为刚卤、为妾、为羊。"陆德明注曰："附决，如字，徐音穴。"

《周易·系辞下传》："履以和行，谦以制礼，复以自知，恒以一德，损以远害，益以兴利，困以寡怨，井以辩义，巽以行权。"陆德明注曰："以和，胡卧反，又如字。"

"三、视、决、和"等字，在上文中都只有一个意义，但是陆德明都注了两个读音，没有意义的不同，也是纯粹异读字。

除了用"如字"与其他读音的差异表明纯粹异读外，不同反切和直音也用于注明异读。

《诗经音义》:"自牧,牧养之牧,徐音目,一音茂。"

《诗经音义》:"所怨,纡万反,又纡元反。"

《论语音义》:"自牖,音酉。陆音(通志堂本作'作')诱。"

《诗经音义》:"赵,徒了反,刺也,又如字。沈起了反,又徒少反。"

《周礼音义》:"赤犮氏,赤,如字,一音采昔反。犮,徐音跋,畔末反。刘房末反。"

《周礼音义》:"挧拔,上采昔反。徐呼陌反。下畔末反。刘房末反。或蒲八反。"

《周礼音义》:"蝈氏,古获反,注同。刘音或,又音国。"

这类异读字由于没有区别词义、用法等作用,是语言形式的"羡余"。如果在以后,这些"羡余"没有被赋予新的意义或用法,就是语言多余的成分,是应该规范的对象。在现代汉语里,这些异读绝大多数没有保存下来。

万献初《"二音、三音"与"二反、三反"》(《古汉语研究》,2004.3)利用数据库穷尽性地考察了《经典释文》的"二音、三音、二反、三反"的情况。《经典释文》给一个字并列注音两个以上的有214次,其中"二音"27次,"三音"1次,"二反"179次,"三反"8次。这些读音在当时都是通行读音,读哪个音都可以,即陆德明在释文《序录》中所说的"二理皆通,今并出之。"通过对这些异音材料的研究,他得出几个结论:一、《经典释文》里的二音、三音变音别义的异读少于5%,95%以上都是同义异音。而这些异音不分主次或正误,说明在陆德明的时代,人们对字词的读音具有一定的随意性和模糊度,语音规范性不强。二、尽管一个词在《释文》里注有几个同义异音,但这些异音在声母、韵母上的距离都不远,声调的变化也自然,在听感上差别不大。读音口耳相传时期,这样的差异往往被忽略,只有在反切注音中才能反映出声、韵、调的细微差别(由此我们可以推想,古书中许多同义异音可能反映的是人们对一个字读音的个人差异。如"猫"在《广韵》中的两个读音:《广韵·宵韵》:"武儦切,兽捕鼠。又武交切。"一为宵韵、一为肴韵,声母、声调都相同)。三、通过对《释文》音切的研究可以看到,大量的去声转换和清浊声母转换是变音构词的主要音变方式,而同义异音反而是韵母变化和非去声声调变化更多,这可能说明同义异音比变音别义产生更早,甚至可能同义异音是变音别义构词的前导,体现了两种不同的音变模式。

　　二、由词汇词义引起的特殊读音

　　5.区别多音多义字(破读)

　　"多音多义字"俗称"破音字",是指有两个或更多读音的汉字,而每一读音往往有相应的独立的意义或惯用法。如果以"字形""字音""字义"三个概念来表述,"多音多义字"就是一字多音多义。清钱大昕《潜研堂文集·答问十二》:"古人一字两读,出于转音是固然矣。又有一音而平侧(笔者按:侧即仄)异读。如'观瞻''观示'有平去之分;'好恶''美恶'有去入之别。"

　　在汉语的上古时代,语音是表达语义的主要手段,因而在这个时代出现了"变音别义""变音造词",是汉语词义内容发展推动语音形式发展的最重要的表现方式,是汉语的内在要求,也是汉语特殊读音产生的主要原因。

　　汉语词汇的发展主要表现为:(1)创造新词表示新的事物以及语言新的用法;(2)旧词和词的旧义项和用法消亡;(3)旧词通过引申假借表示新的事物和语言的新用法。

旧词引申在语言形式上大体可以分为四种情况：

（1）读音、字形无变化

如"字"的本义是"乳也"、生孩子，引申为"文字"，字形读音都不变化。

（2）读音无变化、字形变化。

如《周易音义》："趾，音止。""灭止，本亦作趾。"《诗经音义》："麟之止……止本亦作趾，两通。"脚趾的趾原本写作"止"，这个字引申还可以表示"停止、制止"等，为了区别词义，另造今字"趾"表示本义，而古字"止"则用于表示新的引申义，读音相同。

（3）读音变化、字形无变化

如《周礼音义》："正朝，直遥反，注下皆同，后内朝、外朝、朝聘、朝觐、视朝、朝位之类仿此。以意求之。"

"朝"本义是早晨，《说文》："朝，旦也"，《经典释文》为"朝"注音几千次，其中"如字"可视为一般读音，其余读音为特殊读音。根据《礼记音义》："朝夕，如字"，《左传音义》："朝，如字，注同，诘朝，平旦。"和《诗经音义》："之朝，直遥反，下皆同，一读下朝夕字，张遥反。"我们可以确定"如字"读为"张遥反"，意义为"早晨"，由此本义引申为"朝见、朝廷"，读为"直遥反"。两个读音的意义差别通过声母"清、浊"的语音区别特征表现。反切上字"张"为清音"知母"，"直"为浊音"澄母"，"浊声母清化"，"清、浊"的语音区别特征消失，"张"和"直"的声母变得完全一样，这样"朝"的一般读音和特殊读音在声母上没了区别。于是后世通过"送气"与"不送气"予以区别，意义为"早晨"的读为 zhāo，意义为"朝见、朝廷"的读为 cháo，并且在声调上也产生分化，完成了语音区别特征的补偿。但是由于引申义来源于本义，新读音来源于旧读音的"音转"，两者关系紧密，两种音义在《经典释文》中往往可以通用，如：

《左传音义》:"朝夕,直遥反,旧如字。"

《诗经音义》:"卿大夫朝会,此一朝如字,音张遥反。"

《诗经音义》:"朝夕,直遥反,旧张遥反。"

《周礼音义》:"朝朝,如字,下直遥反。"

《周礼音义》:"不朝,如字,又直遥反。"

《周礼音义》:"朝更,此一字张遥反,余皆朝廷之朝。"

《礼记音义》:"朝夕至于,直遥反,旦曰朝,暮曰夕,旧如字。"

《礼记音义》:"朝朝,上如字,下文朝夕之食上同,下直遥反。"

《左传音义》:"朝夕,如字,又张遥反。"

《左传音义》:"绕朝,如字,又张遥反。"

《左传音义》:"朝,如字,注及下朝夕朝食同。"

《左传音义》:"朝而,直遥反,朝日,朝,徐音朝旦之朝。"

(4)读音、字形都变化

如《经典释文·周易音义》:"列陈,直觐反,下之陈、可陈、陈前、徇陈、行陈、巡陈皆同,余以意求之。"

"陈"本义为地名,《说文》:"宛丘,舜后妫满之所封(徐铉认为是太昊之虚)。"用作动词,义为"陈列",《经典释文·尚书音义》:"陈于,上直刃反,注同,徐音尘。"读音为"直刃反"。由"陈列"引申为陈列的"行陈",为名词,读音为"直觐反"。王力先生认为"陆德明在《经典释文》里,凡注音的地方,大概都是读破的地方"①。那么"陈"作为动词,读"直刃反",作为名词,读"直觐反",是属于破读,与之对应的一般读音是"如字",现在难以确定其具体读音,意义为"地名"。"陈"的三个读音表示三个意义,后两个读音"破读"是在原有音义的基础上发展出来的特殊读音,其中"行陈"义

①王力《汉语史稿》,中华书局,2004年重排版,页253。

在后世另外造"阵"予以分化,这些特殊读音和分化字产生的根源是意义和用法的发展。

第一、二种情况不产生特殊读音,第三、四种情况产生特殊读音。

前人在研究汉语特殊读音形成的原因方面,总结出许多规则,如"正音""变音""破读""如字"等等概念,也是对词义发展引起读音区别的概括。这两组概念表现的语言现象在字形和字音上,有的字形不变,只改变读音,如"朝";有的既改变读音又改变字形,如"陈、阵";有的在后世字音不变只改变字形予以区别,如"然、燃",表现出汉字复杂的形音义关系。《经典释文》对由于词义引申引起的特殊读音分析是最勤奋的,如上所述。

词义(字义)的发展是产生特殊读音最为重要的原因,语言形式语音(在书面语里还有字形)是有限的,而所表达的语言内容意义则是无穷的。语言以有限的形式结合各种方式表示无限的意义内容,其中语音是重要方式,特别在上古、中古时期是这样。语音研究是汉语中古时期最重要的部门,因而特殊读音在这个时期的表现最为显著。至于上古汉语,由于语音材料的欠缺,语音在表义方面的特殊作用,现在还难以与中古进行比较。

汉语特殊读音的产生,除了意义的推动以外,我们认为汉字书写繁难和语言文字"约定俗成"原则及经济性要求也是重要原因。具体地说,汉语字词发展出新的引申义后,很多都只在读音上予以区别,而且主要在声母、韵母或声调的某一特点上区别,实际上是对语音区别特征的应用,如:

《周易音义》:"畜众,敕六反,聚也。王肃许六反,养也。"

《左传音义·桓公六年》:"少师,诗照反,注及下同,后皆仿此。"

《公羊音义·桓公元年》："幼少，诗召反。"

上述三例中，"畜、少"由于意义引申而引起读音的区别，在字形上没有区分（在古代文献中也有一些异体字，如畜、蓄、稸等）。

《经典释文》中，这种"区别词义"的特殊读音是最多的，《群经音辨》归纳为"辨同字异音"，一共分析了907个这类多音多义字，占全书分析异读字总数1126个的80％以上。

这类特殊读音由于数量众多，有些在后世造了分化字，如：

《周易音义》："用亨，许庚反，通也，下同。众家并香两反，京云献也。干云，亨，宴也。姚云，亨，祀也。"其中"香两反，京云献也。干云，亨，宴也。姚云，亨，祀也"。其音义在后世另造"享"字表示。

有些字形不变。如：

《周易音义》："否，音鄙，恶也，注同。马、郑、王肃方有反。"

《周易·坎》："行有尚，往有功也。"陆德明注："行有，如字，又下孟反。"

"行"的音义更多，其中"如字"音一般认为是今读 xíng，义为"道路"；由道路引申到"行走、行为"，词性为动词，"行为"展示人的"德行、品行"，又引申出名词意义，今变读为 xìng。此例与上条一样，两种音义都是相通的。

《周易·明夷》："君子于行，三日不食。有攸往，主人有言。"陆德明注："不食，如字，又音嗣。"

"食"字，在古书中通常是作名词、动词用，表示"食物""吃"，今读为 shí。引申发展为表示"给……吃"，今读为 sì。在原文中，两个意义是相通的。

由词义引申引起的特殊读音，由于二者之间意义相关，陆德明在注音释义的时候不厌其烦地提示读者"以意求之"。意思是

根据该词在上下文中的意义去寻求与之相应的读音,不同的读音表示不同的意义,表现出陆德明对语言音义关系的深刻认识,如:

《诗经音义》:"女思,音汝,下同。后可以意求之,疑者更出。"

《诗经音义》:"於穆,音乌,注同,於,叹辞,穆,美也。后发句叹辞皆仿此,以意求之。"

《周礼音义》:"共其,音恭,礼本供字皆作共,可以意求之。"

《周礼音义》:"乡师,音香,下以意求之。"

《周礼音义》:"始难,戚乃多反。刘依杜乃旦反,注以意求之,傩字亦同。"

《周礼音义》:"大祝六祝,之秀反,后除大祝、宗祝诸官皆同,以意求之。"

《周礼音义》:"正朝,直遥反,注下皆同,后内朝、外朝、朝聘、朝觐、视朝、朝位之类仿此、以意求之。"

《周礼音义》:"射甲,食亦反,下以意求之。"

《仪礼音义》:"士冠,古乱反,下以意求之。"

《仪礼音义》:"命使,所吏反,下以意求之。"

《仪礼音义》:"南鄉(向),许亮反,下以意求之。"

《仪礼音义》:"见其,贤遍反,下皆可以意求之。"

《仪礼音义》:"拜食,音嗣,下以意求之。"

《仪礼音义》:"之朝朝服,并直遥反,下以意求之。"

《仪礼音义》:"適子,丁狄反,本又作嫡,后除適人之类可以意求之。"

《仪礼音义》:"奠从,才用反,后以意求之。"

《仪礼音义》:"为有,于伪反,下仿此,以意求之。"

《仪礼音义》:"哭从,才用反,后以意求之。"

《仪礼音义》:"兄弟从,如字,又才用反,后以意求之。"

《礼记音义》："冬夏,此卷内可以意求之。"

《春秋左传音义》："将中军,子匠反,凡将某军者仿此,以意求之。"

《春秋左传音义》："大宰,音泰,官名,大者多同,以意求之。"

《春秋公羊音义》："夏以,户雅反,后仿此,以意求之。"

《论语音义》："诲女,音汝,后可以意求之。"

《论语音义》："於夏,户雅反,余以意求之。"

《庄子音义》："养知,音智,下以意求之。"

《庄子音义》："其分,扶问反,后以意求之。"

上举各例,都是常见的多音多义字,这些多音多义多数是词义引申或词语假借引起的,不同的意义对应不同的读音,都是由于词义或用法的差异造成的。

引申是汉语词汇发展的重要途径,通过词义引申可以表示新的相关词义和不同词性,改变词义词性往往需要在形式上有所反映,改变读音是其中一个主要的途径,汉语大量的多音多义字多数来源于此。

6.分析一个字作为语素在词语中的不同音义

先秦文献,汉语以单音节词为主,在书面语中就表现为一个字,意义、用法的不同常常体现为一个字的形体和读音的不同。这些单音节词往往有多个义项,很多单音词也可以作为语素,组合成为词语。一个语素在不同的词语中,由于受到其他成分的限制或感染,表现出不同的意义,这也是需要区分的。《经典释文》往往用"某某之某"来限制,把语素放到词语的语境里显示意义。

据万献初《〈经典释文〉音切类目研究》统计,《释文》用"某某之某"来显示语素在词语里的音义的次数达 621 次,这个术语在汉魏六朝就广泛使用。陆德明主要用来"根据上下文来确定被释字在句中的特定音义(有时包括字形)",是一个"语境限定式"的音义术语,这种方式一直沿用到今天的口语中。

近,《群经音辨》归纳的音义为:"相邻曰近,巨隐切;相亲曰近,巨刃切。"地理、位置上的"近"与人们心理、情感上的"近"意义不同,但是又有联系,《经典释文》在读音上予以区别,把地理、位置上的"近"组合为"附近"来显示,如:

《周易音义》:"相近,附近之近,下近五同,又如字。"

《周易音义》:"切近,如字,徐巨靳反。郑云,切,急也。"

《周易音义》:"上近,如字,亦附近之近。"

《尚书音义》:"密近,如字,又附近之近。"

《诗经音义》:"莫近,如字。沈音附近之近。"

《孝经音义》:"亲近,附近之近。"

根据万献初的分析①,这些音义中,"巨靳反"应该是"如字"音,相应的意义为"急也",是个形容词;《广韵·上声隐韵》:"近,迫也、幾也,其谨切,又其靳切。""附近之近"不能显示读音,根据《群经音辨》"相邻曰近,巨隐切"和《广韵·去声焮韵》:"近,附也,巨靳切,又巨隐切。"读音当为"巨隐切"。

上述分析,条例混乱,反映了语音没有规范时期读音的不统一。但是陆德明 235 次把"近"放在"附近之近"这个短语中,是通过"附近"这个词来显示"近"的语素义与在其他语境中不同。

閒,《群经音辨》归纳《释文》的一般音义为三个:"閒,中也,古闲切;閒,厕也,古苋切;閒,隙也,胡奸切。"这三个音义有引申发展关系,因而容易理解混淆,其读音也不统一,如:

《诗经音义》:"閒居,閒侧之閒,又音闲。"

---

① 见万献初《〈经典释文〉音切类目研究》,商务印书馆,2004,页 276—277。

《礼记音义》:"乃閒,閒厕之閒,注及下注笟閒、或间音同。"

在表示"参与"义的时候,陆德明往往用"间厕之间"来限制词义,如:

《周礼音义》:"反閒,閒厕之閒。"

《周礼音义》:"若閒,閒厕之閒。"

《周礼音义》:"閒问,閒厕之閒,注同。"

而在其他音义的条件下,往往直接注音,如:

《庄子音义》:"臂於其閒,如字。司马云,閒,里也。崔本作攘臂於其开,云,开,门中也。"

《尔雅音义》:"閒,音谏。"

《尔雅音义》:"閒,古闲反,隙也,旧音闲。"

《诗经音义》:"幽閒,音闲,下同。"

王月婷《变读构词下〈周礼〉"某人"之"某"的读音问题》(《古汉语研究》2008.3)通过分析"染""缝""量""射"等字作为单个动词与在"某人"结构中音义的不同,得出结论:"《周礼》'某人'之'某'的读音与一般动词不同,不在于'某人'这一结构特殊,而是因为该动词的意义已有了微妙的变化:它已不再表示具体的动作,而是取动词的抽象义以指称事件,也就是说已经名词化了。这名词化了的动词具有与名词相当的地位,所以在变读构词系统下会改变读音,会与名词、动作完成体同音"。

在《周礼》里,有大量的官名"某人",在"某"的位置上可以出现名词或动词,表示掌管某物或某事。当"某"为动词的时候,在"某人"这个结构中的读音与"某"作为单个动词的读音往往出现对立。这种对立,我们认为是因为"某人"这个结构限制了动词的用法,一个动词进入这个结构,成为构词语素,受到其他成分的影响,其音义可能会改变。

7.通过注音辨别字形及其相应的音义（词义引申引起区别字、分化音）

《序录》："经籍文字，相承以久，至如'悦'字作'说'，'闲'字为'间'，'智'但作'知'，'汝'止为'女'，若此之类，今并依旧音之。然音书之体，本在假借，或经中过多，或寻文易了，则翻音正字以辩借音，各于经内求之，自然可见。其两音之者，恐人惑故也。"陆德明的这段论述所举字例，包含着比较复杂的语言文字现象。

其中"悦"与"说"应该属于文字假借，《说文》："说，说释、谈说"，其音韵地位是"入声薛韵书母"，《尔雅》："悦，乐也。"《广雅》："悦，喜也。"其音韵地位是"入声薛韵以母"，两字意义不相关，韵和调相同，声母相近，符合假借条件。"悦"借"说"字表示。

"闲"与"间"词义引申，属于古今字、分化字关系，《说文》："閒，隙也，从门从月。""间"与"閒"是一组造字理据不同音义完全相同的异体字：閒从门从月，间从门从日。词义由空间的"空隙"而引申为时间的"空闲"，分化造字为"闲"。

"智"与"知"也是词义引申，属于古今字、分化字关系，《说文通训定声》："知，词也，从口从矢，会意。按：识也，憭于心故疾于口，智则识词。""知"是知识，有知识则为"智"。

"汝"与"女"也应该属于文字假借，《说文》："女，妇人也，象形。"《说文》："汝，水出弘农卢氏，还归山东入淮，从水女声。"意义没有关联，读音相同，符合假借条件。

《周易音义》："由辩，如字。马云别也。荀作变。"

该条出自《易经·坤卦·文言》："积善之家，必有余庆；积不善之家，必有余殃。臣弑其君，子弑其父，非一朝一夕之故，其所由来者渐矣，由辩之不早辩也。"字写作"辩"，意义为"辨别"，荀爽写作"变"，意义为"变化"，在原文中两通，但是陆德明倾向于写作

"辩",所以注为"如字"。

《周易音义》:"阴疑,如字。苟、虞、姚信、蜀才本作凝。"

本条也出自《易经·坤卦·文言》:"阴疑于阳,必战,为其嫌于无阳也,故称'龙'焉。犹未离其类也,故称'血'焉。夫玄黄者,天地之杂也,天玄而地黄。""阴疑"和"阴凝"在原句中虽然意义有一些差异,也都能讲通,由于版本流传,现在难以确定,但是陆德明还是倾向于作"阴疑于阳"。

《周易音义》:"包蒙,如字。郑云苞当作彪,彪,文也。"

这类"如字"与"非如字"的对立,表明该字在经典流传过程中出现一些不同的文字形体,相应的读音、意义、用法也有差异,陆德明注为"如字",是他认为应该按照"如字"的读音、字形和意义理解,其他字形,如果能讲通,或者是后世所造的区别字,也都记录下来,作为"非如字",以"示传闻见"。

汉语是通过语音表达意义的,在书面语中文字也是重要的表义手段。汉语书面语用字极为复杂,在汉字的发展过程中,总体趋势是字数不断增多,但是并不是说这些字都是当时普遍使用的。许多字都是在一定历史时期出现,以后就不再使用了,但是保存在文献中,使汉字总数不断增加。同时也产生了由词义、字形而引起的读音问题。据统计,各个历史时期汉字常用字一般在四五千左右。在这个汉字的发展中出现过非常复杂的情况,产生了许多新字,也死亡了许多旧字。汉字形体产生过复杂的演变,有一词多形,也有一形多词,有一字一音,也有一字多音。

《序录》:"《尚书》之字本为隶古,既是隶写古文,则不全为古字,今宋齐旧本及徐、李等音所有古字盖亦无几,穿凿之徒务欲立异,依傍字部,改变经文,疑惑后生,不可承用。今皆依旧为音,其字有别体,则见之音内,然亦兼采《说文》《字诂》以示同异者也。"

"文字异形、言语异声"是我国古代语言文字生活的概括描写，文字、言语之间相互影响：言语（指有声语言）可以造成文字异形，文字也可以造成言语异声。

文字的形音义是古籍注疏需要特别关注的问题，《经典释文》也不例外。古书中使用的文字由于没有经过规范，又由于古籍流传主要依靠传抄，就造成了古籍文字的复杂局面，成为人们阅读古籍的障碍。

《周易音义》："嫌，户谦反，注同。郑作谦。荀、虞、陆、董作嗛。"

《周易》意义玄虚，人们对其中的语言文字理解分歧极大，《释文》这个注音的原文是："阴疑于阳，必战，为其嫌于无阳也，故称龙焉。"陆德明注为"户谦反"，表明他认为该字为"嫌"，义为"嫌弃"；"郑作谦"表明他认为"嫌"是"谦"的假借字或讹误字，"嫌"表示的是"谦"的意义；"荀、虞、陆、董作嗛"表明四个注家把"嫌"理解为"嗛"，还有的把"嫌"理解为"兼"，义为"兼摄、统领"[①]。文字形体不同，读音随之不同，相应的意义也有不同，体现了不同注家的不同理解。

《周易音义》："磐，本亦作盘，又作槃，步干反。"

"磐"本义是岩石，《周易·坤》："初九，磐桓，利居贞，利建侯。"不是用作本义。"磐桓"是个叠韵联绵词，这个联绵词还可以写作"徘徊"，汉语联绵词以音寄意，跟文字的意义没有关系，因而只要是同音字或者是音近字都可以书写这个联绵词。陆德明注解"本亦作盘"，"盘桓"是这个词的通行写法，"又作槃"，是说"盘桓"也可写作"槃桓"。虽然"磐桓""盘桓""槃桓"表示的是一个联绵词，但是由于字形不同，就可能造成读音差异，形成特殊读音。

[①] 见宋祚胤译注《周易》，岳麓书社，2000，页 23—24。

《周易音义》："疢，久又反。马云病也。陆本作疾。"

"疢"本义为"久病"，《释名·释疾病》："疢，久也，久在体中也。"泛指一般的"疾、病"，引申为"忧虑、不安"，《周易·履》："刚中正，履帝位而不疢，光明也。"陆德明理解为"疢"，读作"久又反"，"陆本作疾"是因为"疢"与"疾"同义，可以通用，但是读音不同。

《周易音义》："跛，波我反，足跛也，依字作破。"

《周易·履》："眇能视，跛能履，履虎尾，咥人凶，武人为于大君。《象》曰：'眇能视'，不足以有明也。'跛能履'，不足以与行也。咥人之凶，位不当也。'武人为于大君'，志刚也。""跛"义为"脚瘸"，"破"义为"石碎"；"跛"的音韵地位是"合口一等上声果韵帮母"，"破"的音韵地位是"合口一等去声过韵滂母"，音义都有差别，该字字形的分歧反映陆德明对意义的不同理解。

《周易音义》："休否，虚虬反，美也，又许求反，息也，注同。"

"休"本义为"休息"，《说文》："休，息止也，从人依木。"与该意义对应的读音是"许求反"，音韵地位是"开口三等平声尤韵晓母"，"休"又有"美、嘉、善、吉、祥"等意义，与之相应的读音为"虚虬反"，音韵地位是"开口三等平声幽韵晓母"。两个读音微别，表示两种不同的意义，即读为什么音就理解为这个音相对应的意义。

《周易音义》："晢，章舌反。王廙作晰，同音。徐、李之世反，又作哲字。郑本作遰，云读如明星晢晢。陆本作逝。虞作折。"

《周易·大有》："《象》曰：'匪其彭无咎'，明辩晢也。""晢"作"晰"，互为异体字，音义完全相同。"徐、李之世反"是异读，异体字、异读字不区别词义、词性，同为"昭晢、明晰"；"又作哲字"，义为"知也"，读音与"晢"相同；"遰"义为"去也"，《广韵》："遰，特计切"，"郑云读如明星哲哲"，"遰"是"哲"的假借字，读音相近；"陆本作逝"，义为"往也"。通过《周礼音义》："噬，音逝"，《春秋左传音义》："噬齐，市制反"，我们可以确定"逝"的读音为"市制反"；"虞作折"义为"断也"①，《春秋左传音义》："折，之设反，注同。"不同注家将"哲"分别写作"哲、遰、逝、折"，反映了古籍用字的复杂情况。同时不同字形的字读音有差异、意义有区别，也反映了人们的不同理解，包含着假借字、古今字、异体字等语言文字现象。

《周易音义》："曰，音越。刘云曰犹言也。郑人实反，云日习车徒。"

"曰"和"日"字形相近，传写容易混同。但是，陆德明并没有直斥其非，而是通过音义分析，说明这个字写作"曰"、音"越"，意义为"言"，为句首语词。如《周易·大畜》："九三，良马逐，利艰贞；曰闲舆卫，利有攸往。"写作"日"，音"人实反"，就理解为"日"的意义，在"日习车徒"中作状语。写作"曰"，就读为"越"，在句中作句首语词。在原文中，两种形音义都能讲通。

《周易音义》："抑锐，於力反，下同，本又作挫，灾卧反。"

今本《周易》原文无"抑锐"，作为"抑"或"挫"，字形不同，音义也相应不同，在理解的时候，作某字形就读某音、理解为某义。

《周易音义》："簪，徐侧林反，子夏传同，疾也。郑云，速也，《埤苍》同。王肃又祖感反，古文作贷。京作撍，马作臧，荀作宗，虞作戠。戠，丛合也，蜀才本依京，义从郑。"《周易·豫》原文为："九四，由豫，大有得。勿疑，朋盍簪。"其中"簪"的字形和音义在《释文》中极为复杂，总之，字形与音义对应，写作什么字形就读为相应读音，理解为相应的意义。

---

① 本条所释哲、哲、遰、逝、折的意义全部出自《说文》。

《周易音义》:"之牙,徐五加反,郑读为互。"

《周易音义》:"枯杨,如字,郑音姑,谓无姑山榆,榆,羊朱反。"

《周易音义》:"拇,茂后反,马、郑、薛云足大指也。子夏作踇,荀作母,云阴位之尊。"

《周易音义》:"脢,武杯反,又音每,心之上口之下也。郑云背脊肉也,《说文》同。王肃又音灰。《广雅》云肿谓之脢,肿音以人反。"

上举"牙"与"互","枯"与"姑","拇"与"踇""母","脢"与"每"都是不同的字形,音义不同,写作什么字,就读作什么音,理解为相应的意义。

8.反映不同注家对词语形音义认识的分歧

儒家、道家经典历经上千年的流传,人们在阅读过程中,对相同的文字、词语、语法结构的理解分歧百出。各个时代、不同注家对经典的理解"不免偏尚,质文详略,互有不同,汉魏迄今,遗文可见,或专出己意,或祖述旧音,各师成心,制作如面"。造成对经典的不同认识,后人在阅读这些文献的时候,难以取舍。

唐朝开国不久,唐太宗以当时儒学多门,章句繁杂,不利于政治大一统以后的思想统一,认为经学也应随国家的一统而统一,便诏孔颖达与马嘉运、颜师古、杨士勋、贾公彦诸儒修五经义疏,由孔颖达总其事,孔颖达等遂编定《五经正义》。同时,唐太宗还令颜师古考订经书文字,编成《五经定本》,使封建社会的统治思想"儒家"经典归于统绪。

陆德明编写《经典释文》与孔颖达、颜师古正定经典文字和意义基本同时,与孔颖达、颜师古一道使封建社会的统治思想"儒家"经典在文字、意义和读音上归于一致。

但是语言文字具有"约定俗成"的社会性,字词的形音义关系并不是唯一的，语言结构、形式表达意义也不是唯一的，因而，在《经典释文》中还存在着不同注家对音义的不同认识，造成特殊读音。

《周易音义》："羸，律悲反，又力追反，下同。马云大索也。徐力皮反。王肃作缧，音螺。郑、虞作纍。蜀才作累。张作虆。"

"羸"读为"律悲反，又力追反"，马融理解为"大索也"；徐邈注音为"力皮反"；王肃写作"缧"，音"螺"；郑玄、虞翻写作"纍"；蜀才写作"累"；张氏写作"虆"。这个字意义是比较统一的，但是读音和文字形体却分歧很大，陆德明引用了五个字形，虽然只注了四个读音，"纍、累、虆"三字没有注音，但是不同的字形可能读音也不统一。陆德明将"羸，律悲反，又力追反"列在首位，表明他认为"羸"是标准字形，意义为"大索"，读音有两个"律悲反，又力追反"。

《周易音义》："于易，以豉反，注下同。郑音亦，谓狡易也。陆作埸，谓疆埸也。"

"易"读为"以豉反"，音韵地位是"开口三等去声寘韵以母"，意义是"狡易"，即狡猾多变；郑玄"音亦"，其音韵地位是"开口三等入声昔韵以母"，其意义也是"狡易"；陆绩写作"埸"，就应该读作"埸"，其音韵地位是"开口三等入声昔韵以母"，意义是"疆埸"，与"亦"同音不同义；该字陆德明认为应该写作"易"，读为"以豉反"，理解为"狡易"。

《周易音义》："庶，如字，众也。郑止奢反，谓蕃遮禽也。"

"庶"，读为"如字"，意义是"众也"，这是陆德明的理解；郑玄读为"止奢反"，意义是"蕃遮禽也"，字形分化为"遮"。形音义显著不同。

《周易音义》："摧如，罪雷反，退也。郑读如南山崔崔之崔。"

"摧"读为"罪雷反"，音韵地位是"合口一等平声灰韵清母"，意义是"退也";郑玄读如"南山崔崔之崔","崔"的音韵地位是"合口一等平声灰韵从母",意义是"崔嵬",即高峻貌。与陆德明理解的形音义均有不同。

《仪礼音义》:"食,音嗣,飤也,下芯食、麦食、食齐皆同。徐如字。"

"食",音"嗣",意义是"飤(饭)也",与"芯食、麦食、食齐"比较起来看,是个名词;徐邈读为"如字",也就是字写作"食",读为最常见的读音,理解为最常见的意义。根据《群经音辨》:"餐谓之食,时力切,凡食物也;饷谓之食,音寺。""食"的如字音为"时力切",如字意为"凡食物也"。也是名词,意义相同,但是读音不同。

《周易音义》:"挛,力专反。马云连也。徐又力转反。子夏传作恋,云思也。"

《周易音义》:"说,王肃如字,解说也。师同。徐吐活反,又始锐反。"

《诗经音义》:"有鱼,如字,字书作鱼。《字林》作瞯,音并同。毛云一目白曰鱼。《尔雅》云一目白,瞯,二目白,瞯。瞯音闲。"

《春秋公羊音义》:"屈银,并如字,二传作厥愁。"

《庄子音义》:"学鸠,如字,一音於角反,本又作鸴,音同。本或作䲕,音预。崔云'学'读为滑,滑鸠,一名滑雕。司马云学鸠,小鸠也。李云鹘鹏也。《毛诗〈草木疏〉》云鹘鸠,班鸠也。简文云《月令》云鸣鸠拂其羽是也。"

《经典释文》所收录的不同注家对词语形音义的不同理解,涉及词语的字形、读音、意义和用法。语言中的词在书面上可以写成不同的字,就形成异体字、古今字、繁简字。在今天语言文字规范的条件下,我们可以确定出多数"文字异形"的规范字。但是,今天的条件与陆德明时期的条件不一样,因而,对《经典释文》中

"文字异形"的情况应该慎重看待。读音不同的字就形成异读字、变音造词、方言词、专有名词的特殊读音等语言现象。在今天语音规范的条件下,我们也可以判断一些读音的"对错"。至于词义和用法,古书中的词义,有时使用的是古义,有些是今义(即引申义),会有"并通、两通"的情况出现。一个词语在古书中的用法也是灵活的,一个词用作名词,但是也可以"名词用作动词、用作状语",动词可以用作"使动",形容词可以用作"意动"等等现象。我们在阅读古籍的时候,要仔细揣摩古文的词气、文意,要玩味古书表达与现代汉语表达的差异,有些是可以对应而替换的,有些是古书有而现代汉语没有的表达方式,不能简单地替换为现代汉语。

9.训诂两通

汉语表达方式多样,同义词众多,这样就形成"一样话百样说"的情况。在古籍训诂的时候,不同的注家有不同的理解。把一个词读成某个音,理解为相应的意义,与读成另一个音,理解为相应的意义,在文意理解上没有差别,即所谓"两得""并通""亦通"。即使基本意思不同,也难以确定哪种理解是唯一的;还有,即便是分歧很大,但是分歧的理解在上下文里都能讲通,也难以取舍。另外,陆德明对自己的注解难以把握的,对前人注解不妄下己意,存疑,也会兼收并蓄。

在《经典释文》中,反映不同注家对音义的不同认识的"两通"音义众多。如:

《周易音义》:"之嗟,如字。王肃又遭哥反。荀作差,下嗟若亦尔。"

《周易音义》:"失得,如字。孟、马、郑、虞、王肃本作矢。马王云离为矢。虞云矢古誓字。"

　　《周易音义》："得中，如字。郑云和也，又张仲反。王肃云，中，适也。解卦象同。"

　　《周易音义》："除戎器，如字，本亦作储，又作治。王肃、姚、陆云除犹修治，师同。郑云除去也。蜀才云除去戎器，修行文德也。荀作虑。"

　　《周易音义》："以顺德，如字，王肃同。本又作慎，师同。姚本德作得。"

　　《周易音义》："爻法，胡孝反。马、韩如字，云仿也。蜀才作效。"

　　《周易音义》："诲，如字，教也。虞作悔，谓悔恨。"

　　《周易音义》："之修，如字。郑云治也。马作循。"

　　《周易音义》："贡，如字，告也。京、陆、虞作工。荀作功。"

　　《周易音义》："多识，如字，又音试。刘作志。"

　　《周易音义》："则否，方有反，又备鄙反。"

　　《周易音义》："量斯，音良，又音亮。"

　　《周易音义》："何难，依象宜如字，一音乃旦反。"

　　《周易音义》："用亨，许庚反，通也。陆许两反，云祭也。"

　　《周易音义》："逆首，本又作逆道，两得。"

　　《周易音义》："而慎礼也，慎或作顺，义亦通。"

　　《周易音义》："险难，如字，亦乃旦反。"

　　《周易音义》："闻乎，闻亦作文，又作交，义并通。"

　　以上均为不同注家对经典字词的不同理解。当然，其中也包含有兼类的现象。如"爻法，胡孝反，马、韩如字，云仿也，蜀才作效"，"诲，如字，教也，虞作悔，谓悔恨"，亦可属于区别多音多义与文字形体。"之修，如字，郑云治也，马作循"，"贡，如字，告也，京、陆、虞作工，荀作功"，亦可属于辨别文字形体。

　　10.专有名词的特殊读音

奥托·叶斯柏森说："不具有任何内涵意义的事物名称就是专有名词,严格地说专有名词没有词义。"专有名词主要包括古国名、地名、族名、人名、姓氏、官名等等,一般是先有其音后借字来记录,得名之由难以确考。专有名词由于没有一般词语的词义,仅仅是借音以表达特定的人名、地名等等,这些人名、地名口耳相传,因而更容易保留古音。

《礼记音义》:"赍父,上音奔,下音甫,人名字皆同。"

《春秋左传音义》:"仪父,音甫,仪父,邾子之字,凡人名字皆仿此。"

《春秋左传音义》:"吾,音鱼,西鉏吾,人名也。"

《春秋公羊音义》:"仪父,音甫,本亦作甫,人名字仿此。"

《春秋公羊音义》:"与夷,如字,又音余。凡人名字及地名之类皆放首音,借假字则时复重出。"

《春秋公羊音义》:"使宛,於阮反,人名也,一音乌卵反,又乌勉反。"

《春秋穀梁音义》:"祭伯,侧界反,下同。凡国名、邑名及人名氏皆於始音,后不复出,若假借之字,时复重音,后仿此。"

《论语音义》:"陈司败,如字。孔云,司败,官名,陈大夫也。郑以司败为人名,齐大夫。"

《尚书音义》:"牧,如字,徐一音茂。《说文》作坶,云,地名,在朝歌南七十里。《字林》音母。"

《诗经音义》:"柏,音百,字又作栢。郑云,邶、鄘、卫者,殷纣畿内地名,属古冀州,自纣城而北曰邶,南曰鄘,东曰卫,卫在汲郡朝歌县,时康叔正封於卫,其末子孙稍并兼彼二国,混其地而名之,作者各有所伤,从其本国而异之,故有邶、鄘、卫之诗,王肃同,从此讫《豳·七月》,十三国并变风也。"

《春秋左传音义》:"武父,音甫,地名有父字者皆同甫音。"

《春秋左传音义》:"邬臧,旧乌户反,又音偃。案,地名在周者,乌户反,隐十一年王取邬刘是也。在郑者音偃,成十六年战于鄢陵是也。在楚者音於建反,又音偃,昭十三年王沿夏将入鄢是也。在晋者音於庶反,《字林》乙袪反,郭璞《三苍解诂》音瘀,於庶反,阚骃音厌饫之饫,重言之大原有邬县,唯周地者从乌,余皆从焉。《字林》亦作鄢,音同。传云分祁氏之田以为七县,司马弥牟为邬大夫,即大原县也,邬臧宜以邑为氏,音於庶反,旧音误。"

《论语音义》:"叶公,舒涉反,注同。叶,地名,楚县尹僭称公。"

《庄子音义》:"华,胡化反,又胡花反。司马云地名也。"

《诗经音义》:"趣马,七走反,注同,趣马,官名,掌王马之政。"

《春秋左传音义》:"大宰,音泰。官名,大者多同,以意求之。"

《庄子音义》:"共工,音恭。共工,官名,即穷奇也。"

《尚书音义》:"三苗,马、王云,三苗,国名也,缙云氏之后,为诸侯,盖饕餮也。《左传》缙云氏有不才子,贪于饮食,冒于货贿,侵欲崇侈,不可盈厌,聚敛积实,不知纪极,不念孤寡,不恤穷匮,天下之民以比三凶,谓之饕餮。杜预云,缙云,黄帝时官名,非帝子孙,故以比二凶也,贪财曰饕,贪食曰餮。"

《诗经音义》:"扬之水封沃,乌毒反,邑名,即曲沃。"

《诗经音义》:"于向,式亮反,邑名,下及注同。"

《春秋左传音义》:"郧公,本亦作员,音云,邑名。"

《春秋左传音义》:"费,音秘,邑名。"

《诗经音义》:"封燕,乌贤反,国名在《周礼》幽州之域,今涿郡蓟县是也。"

《诗经音义》:"徂共,音恭,注同。毛云,徂,往也,共,国名。郑云徂、共皆国名。"

《春秋左传音义》:"入郮,音禹。许慎、郭璞皆音矩,国名。"

《春秋左传音义》:"有过,古禾反,国名,注及下同。"

《春秋穀梁音义》:"燕人,音烟,国名。"

《春秋穀梁音义》:"鄑,音吾,邢、鄑、鄑三字为国名。"

《尔雅音义》:"沛,音贝,国名。"

《春秋左传音义》:"共叔,音恭,共,地名。凡国名、地名、人名字、氏族皆不重音,疑者复出,后仿此。"

《春秋左传音义》:"王子朝,如字,凡人名字皆张遥反,或云朝错是王子朝之后,此音朝。案,错姓亦有两音。"

《经典释文·序录》:"《春秋》人名字、氏族及地名,或前后互出,或经传更见,如此之类,不可具举。若国异名同,及假借之字,兼相去辽远,不容疏略,皆斟酌折衷,务使得宜。"对今天的专有名词的特殊读音的处理有很好的借鉴作用。

专有名词的特殊读音由于主要存活在人们口头,它较为顽强地保持了汉字早期的读音,成为语音强势。语音演变类推作用不能克服,于是代代口耳相传,久久持续不变,为汉语的历史音变研究保存了较古的读音资料,因而这些专名的读音资料就显得十分珍贵。作为一般名词,其读音在历史发展中可能产生音变,而作为专有名词读音却不容易改变。专有名词的特殊读音之特殊就在于,专名读音未变而原字一般意义的读音产生了合乎语音发展规律的演变,专有名词的特殊读音往往保留着一些古音信息。

三、由语法、语用造成的特殊读音

11.表现语法差异(分析词性、语法作用)

中国古代没有专门的语法学和语法学著作,但是语言的组织规则是客观存在的,是语言重要的构成要素。古籍注疏家在注解古籍的时候,对一些语法现象特别是词法问题给予了高度的关注。汉语虚词主要来源于实词,但是虚实之辨在词汇意义和语法意义上差异极大,实词虚解、虚词实解都是严重的理解错误。因而,从两汉以来,经籍注疏往往用"辞、词、语词、语助"等术语指出虚词,陆德明继承前代注疏家注解古书的传统,也十分重视词语的词性和语法作用,词性和语法作用不同,往往在字音上也予以区分。

如"夫",在先秦及中古文献里,既可以作实词,也可以作虚词(古文中代词也视为虚词),其词汇意义和语法作用都不相同,由此引起语音差异,如:

《周易音义》:"夫能,音符,发句皆然,下非夫同。"

《周易音义》:"老夫,如字,下同。"

《周易音义》:"则夫,音符。"

《周易音义》:"失夫,音符。"

《周易音义》:"夫大人,音符,发端之辞皆仿此。"

《礼记音义》:"由夫,音扶,下皆同。"

"夫"在不同的词义和语法条件下,读音不同。《说文》:"夫,丈夫",是一个名词,读为"如字"。根据《礼记音义》:"若夫,方于反,丈夫也","如字"应该读为"方于反";作为"发端之辞""发句",则"音符""音扶";作为代词,也读"符",尽管直音"符"与"扶"字形不相同,但是在中古时期读音完全相同,音韵地位都是"平声虞韵奉母"。"如字"与"非如字"之间表现出词义、词性以及由此而造成的语法作用的差异。《群经音辨·辨字同音异》归纳为两个读音和词性:"夫,丈夫也,甫无切;夫,语辞也,防无切。"

《经典释文》以"食"为字头的注音释义228次,其中不注音、不释义的有 55 次,注为"如字"和"又音嗣(寺)"的 23 次,注"音嗣(寺)"的 150 次。

"不注音、不释义"表明这个字在上下文里为常见的音义,也就是所谓"如字",即本文所谓的"一般读音"。根据其他注音和释义对比《群经音辨·辨彼此异音》:"餐谓之食,时力切,凡食物也;饲谓之食,音寺。"我们可以确定"食"的如字音为"时力切",其如字义为"食物",引申义"吃",也读"如字音"。"馈食、箪食、食粥"在《经典释文》中都没有注音和释义。

注为"如字"又音嗣(寺),表明"食"在上下文中,有两种读音和与之相应的两个词义和词性,两种读音、词义、词性都能讲通,如:

《礼记音义》:"食食,上如字,下音嗣。"

《春秋左氏音义》:"干食,如字,一音嗣,本或作干饭。"

《春秋左氏音义》:"无食,如字,又音嗣。"

《老子音义》:"食,如字,谓菜食也,一音嗣,饭也。"

《老子音义》:"疏食,音嗣,又如字。"

《庄子音义》:"天食,音嗣,亦如字。"

《庄子音义》:"受食,如字,又音嗣。"

《周易音义》:"之食,音嗣,饭也。"

注"音嗣(寺)",则指出该字在文中只有一个读音、词义、词性,是"破读"。陆德明不厌其烦地注音 150 次,是提示读者只能按照"饲"去理解词义,是个动词,而不能以"如字"读音和相应的名词意义去误解文意。

《仪礼音义》:"室与堂与,并音余,下远者与同,本作室与堂也,与则如字读。"

《周易音义》:"相与,如字。郑云与犹亲也。"

"与"在文句中作为句末语词，"音余"；如果作为连词，则"如字读"；作为动词"亲"也读为"如字"。由于其音义复杂，《释文》也为之注音释义数百次。《群经音辨·辨字同音异》归纳为三个音义："与，授也，以吕切；与，及也，余倨切；与，辞也，羊诸切。"作为动词、连词、语词，其读音有别。

《周易音义》："而不宁，而，辞也。郑读而曰能，能犹安也。"

"而"一般用作连词，《释文》往往不注音、不释义，是"如字"，"郑读而曰能"表明他认为"而"用作假借，读为"能"，则用作动词，音义不同，体现了词性和语法差异。

《周易音义》："君子幾，徐音祈，辞也，注同。又音机，近也、速也。郑作机，云弩牙也。"

《释文》为"幾"注音释义达数百次，"幾"作为"辞"，音祈；作为形容词"近""速"，音机；作为名词"弩牙"，郑作机，意谓读作"机"写作"机"，意义也为"机"，体现了读音区别词义词性的作用。《群经音辨·辨字同音异》将"幾"的音义归纳为三个："幾，微也，居依切，《易》幾者，动之微；幾，及也，音冀，《春秋传》庸可幾乎；幾，近也，渠希切。"

《周易·益·象》曰："益，损上益下，民说无疆；自上下下，其道大光。"陆德明注曰："下下，上遐嫁反，下如字，下句同。"其中，上"下"为动词，下"下"为方位名词。

"下"是一个指事字，《说文》："下，底也。"是一个方位名词，一般作定语和宾语，这是其如字义和如字用，引申为动词"由上到下"，则破读为"遐嫁反"，在句子中一般作谓语。《群经音辨·辨字音清浊》："居卑定体曰下，胡贾切；自上而降曰下，胡嫁切。"体现了读音区别词性和语法作用的功能。

《春秋公羊音义》："恶恶，并如字，一读上乌路反。"

"恶恶"的结构与"下下"一样,所体现的语言现象和规律也是相同的。但是在《释文》中可读为"并如字",又有"一读上乌路反",《群经音辨·辨字音清浊》将"恶"的音义归纳为两个:"恶,否也,乌各切;心所否谓之恶,乌路切。"反映了当时人们对这种语音、语义破读的不同认识。这种现象在文献中是很常见的,相同的条件,语音演变不一定相同,主要还是"约定俗成"的语言社会性本质在起作用。《仪礼音义》:"好恶,上呼报反,下乌路反,又并如字,后好恶二字相连者皆仿此。"也是这样。

《春秋左传音义》:"将中军,子匠反,凡将某军者仿此,以意求之。"

"将"在《释文》中音义十分复杂,按照今天的语言观念来观察,可以作为名词、动词、形容词、副词、象声词等,其读音相应也有差异:

（1）作名词

《周易音义》:"将士,子匠反,下篇注同。"

《诗经音义》:"文仲将,子亮反,注将者同。"

《诗经音义》:"命将率,子亮反,下所类反,本亦作帅,同,注及后篇将率皆同。"

《诗经音义》:"将帅,子亮反,下大将同,后篇将帅仿此。"

《诗经音义》:"军将,子匠反,下同。"

《周礼音义》:"军将,子匠反,凡军将将帅之类仿此。"

《周礼音义》:"将军,如字,本或作军将。"

《礼记音义》:"诸将,子匠反,下同。"

《春秋左传音义》:"将帅,上子匠反,下色类反。"

《春秋左传音义》:"帅将,如字,又子匠反。"

"将"作为名词,意义为"将领、将帅",读音为"子匠反""子亮反",两个反切尽管反切下字有所不同,但是读音相同,"匠"和"亮"都是上声漾韵字,其中还有两个注音为"如字",这是因为不同注家有不同理解。

(2)作动词

《诗经音义》:"将之,如字,送也,沈七羊反。"

《诗经音义》:"将徒役,一本作将师旅。"

"将"作为动词,意义为"送""带领、率领",读音为"如字",仅仅根据"如字",我们难以确定实际读音。根据《群经音辨·卷二·辨字同音异》:"将,领也,子良切。"可以确定"如字"的读音为"子良切",对应到现代汉语普通话,读为 jiāng。"将军"一词本义为"带领军队",是一个述宾结构的短语,逐渐凝固为一个词,词义引申为"带领军队的人",由动词性短语演变为名词。

(3)作能愿动词

《诗经音义》:"将子,七羊反,毛愿也,郑请也。"

《诗经音义》:"将仲子,七羊反,请也,下及注皆同。"

《诗经音义》:"将叔,七羊反,请也。"

《诗经音义》:"将伯,七羊反,注将请也,皆同。"

"将"作为能愿动词,意义是"愿、请",读音为"七羊反",对应到现代汉语普通话,读为 qiāng。这个音义没有保存在普通话里,从音义关系的角度观察,应该是被"请"字的音义取代。

(4)作象声词

《诗经音义》:"将将,七羊反,玉佩声。"

《诗经音义》:"鼓钟将将,七羊反,声也,注同。"

《诗经音义》:"将将,七羊反,本或作锵,注同。"

《诗经音义》:"将将,七羊反,本亦作锵,同。"

《春秋左传音义》:"将将,七羊反,本又作锵。"

作为象声词，"将"一般不能单独运用，必须构成叠音词才能象"钟鼓""佩玉"之声，读音为"七羊反"，对应到现代汉语普通话，读为 qiāng。这个音义也没有保存到普通话里，现代汉语表示"声"的"将"已经规范为"锵"。

（5）作表示"将来"的时间副词

《诗经音义》："将战，此如字，余并子匠反。"

《诗经音义》："将久雨，一本作天将雨。"

《仪礼音义》："将饮，於鸩反，下相饮同。"

《春秋左传音义》："将饥，居疑反，又音机。"

《春秋左传音义》："将降，户江反，下文注同。"

《春秋左传音义》："将去，起吕反，下及注同。"

《春秋左传音义》："将遁，徒困反。"

作为表示"将来"的时间副词，"将"读"如字"，由于"如字"是当时最常见的音义，因而一般注家都不明确注音。上面所举8例，只有第一例注音为"如字"，这还是要与"其余"读为"子匠反"的对比，其他7例都没有注音。表明这个音义最为常见，不用注音，该字作为动词，也读"如字"，具体读音为"子良切"，现代汉语普通话读为 jiāng，古今一致。

（6）叠音词，作形容词

《诗经音义》："将将，七羊反，注同，严正也。"

《诗经音义》："将将，七羊反，集也，注同。《说文》作蹡蹡，行貌。"

"将将"可以作为象声词，象声词也属于形容词，还可以作为表示状貌的叠音形容词，表示"严正貌""行貌"，读音为"七羊反"，与象声词的读音相同，在意义上也有相通的关系，这个音义没有保存在普通话里。

（7）作形容词

《诗经音义》："我将，如字。毛云，将，大也。郑云，将，奉也。"

《仪礼音义》："将指，子匠反，中指也。"

"将"作为形容词，还可以表示"大"。上举第一条，陆德明认为是"如字"，根据上面的分析，如字一般是作为动词、副词；而毛亨理解为"大"，陆德明没有指出相应的读音差异，表明意义为"大"也可读如字；郑玄理解为"奉"，是动词，与"将"作为动词意义的"送"同义，陆德明也没有指出读音差异，应该也可以读为"如字"。第二个例子中"将指"义为"中指"，"中指"也是"大指"，《左传·宣公四年》："子公之食指动。"孔颖达疏："手之五指之名曰：巨指、食指、将指、无名指、小指也……足以大指为将指，手以中指为将指。"作为"将指"之"将"，读为"子匠反"，与"将领、将帅"的意义存在着某种联系。

（8）假借为"牂"

《春秋左传音义》："若将，依注音牂，子郎反，牝羊也。"

"将"假借为"牂"是因为两字在当时读音相近，其假借的语音条件是"将"读为"如字"音"子良切"，"子郎反"与"子良切"反切上字都是"子"，声母相同，反切下字"郎"为"开口一等平声唐韵"字，"良"为"开口三等平声阳韵"字，读音相近。

（9）作名词

《周礼音义》："伯用将，如字。刘音阳。"

《群经音辨》："将，杂也，音阳，《礼》伯用将，郑众读，又如字。""将"读"阳"，义为"杂"，是一个特殊的罕见的音义，在其他文献中，我们没有看到用例，在现代汉语普通话里也没有痕迹，另外，这个意义也可以读"如字"。

《群经音辨·卷二·辨字同音异》归纳"将"的音义为五个：

"将，领也，子良切；将，帅也，子匠切；将，请也，七羊切，《诗》将仲子兮；将，牝羊也，音牂，《礼》取羊若将；将，杂也，音阳，《礼》伯用将，郑众读，又如字。"

在《序录》中，陆德明对通过不同读音区别词义、词性作如此论述："夫质有精粗，谓之好、恶（并如字），心有爱憎，称为好、恶（上呼报反，下乌路反）。当体即云名誉（音预），论情则曰毁誉（音余）；及夫自败（蒲迈反）、败他（蒲败反）之殊，自坏（呼怪反）、坏撤（音怪）之异。此等或近代始分，或古已为别，相仍积习，有自来矣。余承师说，皆辩析之。"

《经典释文》中区别词性和语法作用的特殊读音，在宋贾昌朝的《群经音辨》和元刘鉴的《经史动静字音》里得到了集中的总结。《群经音辨卷·辨字音清浊》主要通过分析一个词读音不同，从而分辨不同词性和语法作用的功能。贾昌朝把这种现象归纳为通过"字音清浊"表示不同词性和语法作用；而在前面五卷《辨字同音异》中，则着重分析字音不同以区别词义的现象。但是这两者是难以截然分开的，因为词义不同也可能引起词性的不同，如前面所举"幾""夫""与"；反过来说词性不同，则词义一定有差异，如"恶""下"。因而《群经音辨》将区别词义的归入《辨字同音异》，把区别词性和语法作用的归入《辨字音清浊》就不够显豁。不过在贾昌朝的时期，人们对词性的认识没有达到现在的程度，他们一般只在今天所谓的实词中区分词性，而今天所谓虚词则是另一大类，一般不参与词性的区别。

岳珂《九经三传沿革例·音释》对一个词用作名词和动词在语音上的区分有如下论述："有的然之音不待释者。在上之上，时亮反。在下之下，户雅反。此指高卑定体而言。若自下而上，时掌反。自上而下，遐嫁反，此指升降而言……又如先后二字，指在先在后之定体,则先平声,后上声。若当后而先之,当先而后之,则皆去声。又如左右二字,指定体而言,则左右皆上声。指其用者而言,则皆去声。亦已随音圈发。"

《经史动静字音》收集动静异读的字共 207 个,其中通过改读声调的 166 字,改变声母的 14 字,改变韵母的 13 字,既改变声母又改变韵母的 14 字。这些有动静差别的词全部来自《经典释文》。其中所谓的"静字"主要是指今天的名词、形容词等,所谓"动字"则主要是动词。另外"自动"与"他动","主动"与"被动"也被区别为动静字,而区别这些不同词性和词类的语言形式则主要是声调,这就是人们将这一类型的变音别义称为"变调构词"的主要原因。

明吕维祺《音韵日月灯》归纳变音构词的形式有变调构词、变声构词、变韵构词,提出了比较系统的通过语音要素(声调、声母、韵母)区别词义和语法意义的语音转变理论,是对以颜之推、陆德明、张守节、贾昌朝、刘鉴等人为代表的特殊读音研究的进一步发展。

清钱大昕《十驾斋养新录》"论易卦之观字、论长深高广":"古人训诂,寓于声音,字各有义,初无虚实动静之分。好恶异义,起于葛洪《字苑》,汉以前无此分别也。观有平去两音,亦是后人强分。《易》观卦之观,相传读去声,《象传》'大观在上,中正以观天下',《象传》'风行地上观',并同此音,其余皆如字,其说本于陆氏《释文》。然陆于'观国之光',兼收平去两音,于'中正以观天下'云:徐唯此一字作官音,是童观……观国之光,徐仙民并读去声矣。六爻皆以卦名取义。平则皆平,去则皆去,岂有两读之理?而学者因循不悟,所谓是末师而非往古者也。""深、长、高、广皆有去音。陆德明云:凡度长短曰长,直亮反;度深浅曰深,尸鸠反;度广狭曰广,光旷反;度高下曰高,古到反;相承用此音,或皆依字读。又《周礼》'前期'之'前',徐音昨见反,是前亦有去声也。此类皆出乎六朝经师强生分别,不合于古音。"

通过特殊读音分辨词性和语法作用的内容我们将在下一章《〈经典释文〉特殊读音的历时演变》进一步详细讨论。

通过上面对《经典释文》中区别词性、语法作用的特殊读音的分析,我们可以看到,通过语音的不同表示不同的词性和语法作用是一个趋势,但是,并不表示词性、语法作用不同读音就一定不同。如"将"用作名词可以读"子匠反",也可以读"如字";作动词可以读"如字",也可以读"七羊反";作形容词可以读"七羊反";作象声词也可以读"七羊反"。这种读音和词性、语法作用并不是一一对应的关系,改不改变读音似乎并没有一定之规,恐怕还是"约定俗成"在起作用。

在词汇、语音和语法三大语言要素中,语法相对来说具有很强的稳定性。但并不能因此而忽略古今语法的不同。在古文中,通过改变字的读音(主要是改变字的声调)来区别词性和语法作用的内部曲折造词法是非常丰富的,这种词汇语法现象许多还保存在现代汉语普通话里。

《经典释文》还通过"如字"和"非如字"来反映读音变化,表现语法差异。

《周易·节·象》曰:"泽上有水,节;君子以制数度,议德行。初九,不出户庭,无咎。"陆德明注曰:"度,旧音待洛反,恐误。注云,作册书法度,音宜如字。""度"今读为 duó,意义是"度量、审度",词性为动词,"如字"意义为"册书法度",读音的不同反映了词性和语法作用的差异。

《周易·既济》:"六四,繻有衣袽,终日戒。"陆德明注曰:"衣,如字。徐於既反。"其中:"衣"字,通常情况下是作名词,表示衣服,今读为 yī;在句中用如动词,表示"穿(衣)"的意思,今读为 yì,读音的不同反映了词义、词性和语法作用的差异。

《周易音义》:"则居,马如字,处也,师音同。郑、王肃音基,辞。"

"居"作为"如字"是个实词,可以作为名词,也可以用作动词,其"非如字"音"基",则没有词汇意义,是"辞"。"辞"是古籍注疏和古代字典词典常用的一个术语,表示这个词是虚词,主要是语气词、感叹词;与之对应的实词古人一般称为"名"或"实",体现了古人对汉语词类的初步认识。但是也不能简单地把古人的"名、实"理解为今天的实词,把"辞"理解为今天的虚词,只是一个大概的对应。古人在区别词性及其语法差异的时候,主要还是通过读音差异和句法说明,如上举"度、衣"等。

12.区别叶韵音与一般读音

(1)《经典释文》的协(叶)韵、协句

从现存文献看,最早提出诗歌押韵字读音问题的是东晋徐邈,其《毛诗音》已经开始改读谐韵,如《诗经·行露》:"虽速我讼,亦不女从。"《经典释文》:"讼,徐(邈)取韵音才容反","取韵"即"叶韵"。六朝梁沈重在《毛诗音》(徐、沈二书已失,部分保留在陆德明《经典释文》的引文中)里提出"协句"的主张,如《诗经·邶风·燕燕》第三章:"燕燕于飞,上下其音,之子于归,远送于南,瞻望弗及,实劳我心。"本章"音、南、心"是押韵字,在沈重的时代,这三个字的主要元音就已经不相同了,因而在诗歌中押韵就不和谐。沈重在《毛诗音》中提出了对"南"字读音的主张:"协句,宜乃林反。"

以后"协句"亦称"协韵、叶韵",《诗经·关雎》:"窈窕淑女,钟鼓乐之。"陆德明《释文》:"乐,或云协韵,宜五教反。"这些所谓"取韵""协句""协韵"都认为"古今音韵相去不远,凡今音读之不协而古人反取以协韵者,乃因古人取韵较宽,或不作本读,而协作他音耳。"(周祖谟《塞公楚辞音之协韵说与楚音》,见《问学集》,中华书局,1966)其主张的实质是临时改读诗歌中某些押韵字的读音,以使这个字与其他押韵字和谐。

陆德明不赞成"协韵",他认为古代人押韵不严格,没有必要改读《诗经》的读音。他在引用沈重"协句"以后指出:"沈云协句,宜乃林反,今谓古人韵缓,不烦改字。"这又走到了事实的反面,没有认识到语音是发展演变的,以今音读古诗,自然会出现押韵不和谐的情况。

《经典释文》明确指出"叶韵"的读音共 43 次,其术语有"协韵、取韵、与某协、协句、叶某韵"等,主要是继承前人对诗歌押韵改字相协的注音。这些"叶韵"音主要出现在《诗经音义》,《春秋左传音义》及《尔雅音义》也有少量"叶韵"音,也都是在引用古诗时押韵需要改读。我们将《释文》指出的"叶韵"43 个注音胪列如下,以便全面观察陆德明对"叶韵"的认识,以及"叶韵"音与一般读音之间的语音关系。

《诗经音义》:"莫止,音暮,本或作暮,协韵武博反。"

《诗经音义》:"莫之,如字,又作漠,同,一本作谟,案《尔雅》漠、谟同训谋,莫协韵为胜(即莫协韵比较好)。"

《诗经音义》:"号,户报反,召也,协韵户刀反。"

《诗经音义》:"令望,如字,协韵音亡。"

《诗经音义》:"悔怒,协韵乃路反。"

《诗经音义》:"多难,如字,协韵乃旦反。"

《诗经音义》:"归说,音税,舍息也,协韵如字。"

《诗经音义》:"乐之,音洛,又音岳,或云协韵,宜五教反。"

《诗经音义》："下,如字,协韵则音户,后皆仿此。"

《诗经音义》："之车,协韵尺奢反,又音居,或云古读华为敷,与居为韵,后仿此。"

《诗经音义》："之怒,协韵乃路反。"

《诗经音义》："于野,如字,协韵羊汝反。沈云协句,宜音时预反,后仿此。"

《诗经音义》："我顧,本又作顾,如字。徐音古,此亦协韵也,后仿此。"

《诗经音义》："贻我,又作诒,音怡,遗也,下同,下句协韵,亦音以志反。"

《诗经音义》："载驱,字亦作驱,如字,协韵亦音丘。"

《诗经音义》："叹矣,本亦作叹,吐丹反,协韵也。"

《诗经音义》："其居,义如字,协韵音据。"

《诗经音义》："所望,如字,协韵音亡。"

《诗经音义》："归说,音税,舍息也,协韵如字。"

《诗经音义》："讼,徐取韵,音才容反。"

《诗经音义》："束蒲,如字,毛云草也,郑云蒲柳也,孙毓云蒲草之声不与戍、许相协,笺义为长,今则二蒲之音未详其异耳。"

《诗经音义》："于南,如字,沈云协句,宜乃林反,今谓古人韵缓,不烦改字。"

《诗经音义》："不远,于万反,注同,协句如字。"

《诗经音义》："著,直居反,又直据反,又音於,诗内协句,宜音直据反。"

《诗经音义》："议,如字,协句音宜。"

《诗经音义》："良翰,协句音寒。"

《诗经音义》："燕誉,於遍反,又於显反,安也,誉协句音余。"

《诗经音义》:"以乐,音洛,协句五教反,得贤致酒,欢情怡畅,故乐。"

《诗经音义》:"巧言曰父母且,徐七余反,协句应尔,观笺意宜七也反。"

《诗经音义》:"来为,于伪反,助也,注同,协句如字。"

《诗经音义》:"我听,依义吐定反,协句吐丁反。"

《诗经音义》:"有椒,子消反。徐子料反。毛云犹柣也。沈作俶,尺叔反,云作椒者,误也。此论酿酒芬香,无取椒气之芳也。案,《唐风·椒聊》笺云,椒之性芬芳,王注云,椒,芬芳之物,此传云,椒犹柣,柣,芬香,椒是芬芳之物,此正相协,无故改字为俶,俶,始也,非芬香。"

《诗经音义》:"永叹,吐丹反,又吐且反,以协上韵。"

《诗经音义》:"肯来,如字,古协思韵多音梨,后皆仿此。"

《诗经音义》:"庞,莫邦反,厚也。徐云郑音武讲反,是叶拱及宠韵也。"

《诗经音义》:"芒芒,音亡,依韵音忙。"

《周礼音义》:"脃之脃,七岁反,旧作脺,误。刘清劣反,或仓没反,字书无此字,但有膪字,音千劣反,今注本或有作膪字者,则与刘音为协。沈云《字林》有脺,音卒,脺者,牛羊脂膪者,奭易破,恐字误。案,如沈解,义则可通,声恐未协,脺已(以)下皆非郑义。"

《礼记音义》:"且清,旧才性反,一云此诗协韵,宜如字,上先正当音征。"

《春秋左传音义》:"来,力知反,又如字,以协上韵。"

《春秋左传音义》:"殖之,时力反。徐是吏反,此协下韵。"

《春秋左传音义》:"有酒如淮,旧如字,四渎水也,学者皆以淮、坻之韵不叶(通志堂本作切),云淮当为潍,潍,齐地水名,下称潍,亦是齐国水也。案,潍是齐水,齐侯称之,荀、吴既非齐人,不应远举潍水,古韵缓,作淮足得,无劳改也。"

《尔雅》:"斯,本多无此字。案,斯是诗人协句之言,后人因将添此字也,而俗本遂斯旁作乌,谬甚。"

(2)从《经典释文》的协(叶)韵、协句看陆德明对叶韵的基本认识:

①基本接受前人对叶韵的注音,但是又认为"古韵缓""古人韵缓",而"无劳改也""不烦改字",对这种变音叶韵的态度有一些矛盾。

②"叶韵"与意义无关,只关涉读音,要求入韵字上下相谐,所以出现有些读音"依义音某""叶韵音某","义如字""协句音某"的差异,而前人的一些注释"义则可通,声恐未协",导致音义不谐、字无定音。

③认为某些叶韵音出自"古音",如《诗经音义》:"之车,协韵尺奢反,又音居,或云古读华为敷,与居为韵,后仿此。"

由于叶韵要求入韵字上下相谐,因而可能导致字无定音的情况,但是从上举叶韵来看,多数叶韵音与该字的本来读音还是相近或者相通(也就是两字之间有古今音或声转、韵转关系,有些叶韵音与本音之间只有声调的差异),有一定的客观的语音限制,因而不能简单地说叶韵是主观的"随意改读",就会"字无定音"。这种情况至少在陆德明及以前是这样,至于后来滥用叶韵、协音而随意改读,是违背叶韵本意的。

13.避讳和敬指

汉语汉字避讳的目的主要是避免粗俗、不敬,使语言表达文雅、符合礼仪。避讳和敬指在"礼仪之邦"的中国成为一种语言文字使用的重要文化现象。我国历史上出现的避讳现象,情况非常复杂,著名史学家陈垣对这一文化现象作过专门的研究,写出《史讳举例》专著,总结避讳所用之方法:避讳改字、避讳空字、避讳缺笔、避讳改音四种主要方式,除了"空字""缺笔","改字""改音"都可能产生特殊读音。

《经典释文》在为十四种经典作音义的时候,也涉及到古书中的避讳问题,这些避讳,主要有"改字""改音"两种方式:

《诗经音义》:"克昌,如字,或云文王名,此禘于文王之诗也,周人以讳,事神不应犯讳,当音处亮反。"

《礼记音义》:"丘与区,并去求反,一读区音羌虬反,又丘于反。按,汉和帝名肇,不改京兆郡,魏武帝名操,陈思王诗云修阪造云日,是不讳嫌名。"

《春秋左传音义》:"番县,本又作蕃。应劭作皮,一音方袁反,白褒《鲁国记》云陈子游为鲁相,番子也,国人为讳改曰皮。"

《周易音义》:"正邦,荀、陆本作正国,为汉朝讳。"

《尚书音义》:"虞舜,虞氏,舜名也。马云,舜,谥也,舜死后,贤臣录之,臣子为讳,故变名言谥。"

《春秋左传音义》:"恒,如字,本或作常,在冀州。案,作恒者是也,北岳本名恒山,汉为文帝讳改作常耳。"

《春秋左传音义》:"孝惠娶于商,商,宋也,定公名宋,是哀公之父,故欒夏为讳而称商也。"

《春秋公羊音义》:"严公,音庄,本亦作庄。案,后汉讳庄改为严。"

《春秋公羊音义》:"开阳,左氏作启阳,开者,为汉景帝讳也。"

《尔雅义》:"恒山,在并州界,汉在常山上曲阳县,以犯汉文帝讳,改为常山。"

与避讳相应,汉语里的敬指也可以通过"改字""改音"得以实现。如：

《礼记音义》："愿见，贤遍反。凡卑于尊曰见，敌而曰见，谦敬之辞也，下以意求之，他皆仿此。"

周祖谟《四声别义释例》（载《问学集》中华书局，1966）认为《经典释文》中有两读的字意义有上下之分，他以"风、告、养、仰"为例说明："风，教化也，上化下曰风，方戎切，平声。下刺上曰风，方凤切，去声……告，示也，语也。下白上曰告，古禄切。入声。上布下曰告，古报切。去声……养，育也。上育下曰养，余两切。上声。下奉上曰养，余亮切。去声……仰，向也。上委下曰仰，鱼亮切。去声。下瞻上曰仰，语两切。上声。"这些不同读音体现了表示敬指和一般用法的差异。

14.注音示义和释义注音

黄焯先生《〈经典释文〉汇校·前言》："《释文》为群书作音，因古代文字多以声寄义，注音即等于注义。如《序录》里举好、恶、败、坏等字，读者看到所注的音，即知道每字的词性、词义各随音变而有不同。"注音示义和释义注音是古书注音释义的一种重要方式。

"注音示义""训义注音"是音、义结合的训诂方式，即在古籍注解或文字解说中，其注解形式看似注音或训释词义，而实际上则兼注字义和字音。《说文》用"二合音"标明汉字意义和读音，如"铃，令丁也"。"令丁"表示"铃"发出的声音，这是通过比况的方式训释词义；"令丁"二字作为反切，切出"铃"的读音。又如"鸠，鹘鹪也"。鹘鹪，鸟名，即斑鸠，这是训义；"鹘鹪"二字切"鸠"，兼标读音。

《庄子·渔父》："被发揄袂。"《经典释文·庄子音义》："揄，音摇，又音俞，又褚由反，谓垂手衣内而行也。李音投，投，挥也，又士由反。"

　　一个"揄"字,各家给出了五个不同的读音,这种复杂分歧的读音现象反映了当时语音的不确定性。汉字注音在《切韵》出现以前是不固定的,没有语音规范,不同师承,不同方言可能读音不同。人们在注音的时候也往往选同义又同音的字,这样,在注音的同时也就解释了字义。其中"音摇""音投"体现了"注音训义"的音义关系。

　　汉魏音注的复杂情况,大都保留在《经典释文》中,但陆德明并不认为一字多音都是正确的,"或出于浅近",但记录以"传示闻见"。他把比较规范通行的读音选作"首音",显示出一定的规范意识①。

　　《切韵》"捃选精切,除削舒缓",其余读音则均被舍去。再如上文所举"揄"字,《经典释文》收集了五个读音,而《广韵》仅收"羊朱切"一音。

　　下面再举一些《释文》注音释义和释义注音的例子:

　　《周易音义》:"阒,孟作窒,并通。"

　　"阒","孟作窒",即读为"窒",意义也是"窒",陆德明认为字写为"阒"或"窒"音义兼通。

　　《周易音义》:"如舍,式夜反,止也,注下同,徐音捨。"

　　《周易音义》:"舍逆,音捨。"

　　《周易音义》:"可舍,音捨。"

　　"舍"本义是房舍,房舍是止息之地,引申为"止";"徐音捨"即为"捨弃"义,体现了不同的理解,但是都是通过注音来反映意义的。

————————————

①陆德明的"首音"情况也很复杂,有的是他心目中的规范读音,有的是通过读音确定意义。

《周易音义》:"需,音须,字从两重而者,非饮食之道也,训养。郑读为秀,解云阳气秀而不直。"

"需"郑读为"秀",意义为"秀"。

《周易音义》:"以左,音佐,注同。"

《周易音义》:"右民,音佑,注同,左右,助也。"

"左右"本义为"左右手",引申为"帮助、辅佐",字也分化为"佐佑","音佐、音佑"则义为"佐、佑"。

《周易音义》:"说随,音悦。"

《周易音义》:"而说,音悦,注同。"

《诗经音义》:"能说,如字,郑志问曰,山川能说何谓也?答曰,两读,或言说,说者,说其形势也;或曰述,述者,述其故事也,述读如遂事不谏之遂。"

"说"本义为"说释、谈说","悦"本义为"喜、乐","说"音悦,则意义也为"悦"。

《周礼音义》:"试其,音考,出注。"

"试音考",通过注音解释词义,《周礼·夏官司马》:"槁人……乘其事,试其弓弩,以下上其食而诛赏。乃入功于司弓矢及缮人。"郑玄注:"郑司农云,乘,计也,计其事之成功也,故书试为考。"贾公彦疏:"故书试为考,后郑亦从考为义也。"陆德明将"试"注音为"音考",实际上是继承郑玄,将"试"解释为"考",是以注音的方式来解释词义,"试"并无"考"音。

《周礼音义》:"傅众,音附。"

《周礼·冬官考工记》:"凡沟防,必一日先深之以为式,里为式然后可以傅众力。"其中"傅音附"既是注音,也是释义,"傅众力"义为"使众力依附"。

《庄子音义》:"顾指,如字。向云,顾指者,言指麾顾盼而治也。或音颐，本亦作颐，以之反，谓举颐指麾也。"

"顾"本义为"还视也"，即回头看，"颐"本义为"颔也"，即下颔。"顾"读为"如字"，"顾指"义为"指麾顾盼而治也"，"顾"音"颐"，"颐指"则为"举颐指麾也"。

在古籍注解中，这种兼注字义字音的方法，就是前人所提出的"义同换读"。"以注音方式表示两字义通，可以换读。"

"义同换读"是指人们不管某两个字的形体与读音，而只看两个字的意义是否相同或有联系，将两个字互相替代使用或互相解释。互相替代使用或解释以后，某个字的读音就取得了另一个字的读音。现代学者首先注意到这一现象的是沈兼士，他在《吴注〈经籍旧音辨证〉发墨》《汉字义读法之一例——〈说文〉重文之新定义》和《汉魏注音中"义同换读"例发凡》（见《沈兼士学术论文集》，中华书局，1986 年 12 月第一版）中对这种现象反复推阐，称为"义同换读"或"异音同用"。他在《汉字义读法之一例》中分析《说文》"重文"所包含的三种体例："《说文》'重文'于音义相雠、形体变易外，复有'同音假借'及'义同换用'二例，一为音同而义异，一为义同而音异，皆非字之别构，而为用字之法式。缘许君取材，字书而外，多采自经传解诂，其中古今异文、师传别说，悉加甄录，取其奇异或可疑者，别为重文，此同音通借、义通换用二例之所由来也。"

由于我国汉魏六朝时期，汉字的读音字形都不统一，因而同音音近的字可以通假，这是立足于"音"的借用，我们可以称之为"音借"。同样，义同义近的字也可以通用，这是立足于"义"的借用，我们可以称之为"义借"。

"义同换读"是两个字有相同义项的条件下的换用，是因为义同而产生的词的替换（包括字形、字音、字义）。后来由于语音文字规范，这些"义同换读"的训诂方式和同音替代的"通假"方式逐渐退出了人们的视线。

颜师古《匡谬正俗卷七·贳》："贳字训贷，《声类》及《字林》并音埶，古读皆然。而近代学者用刘昌宗《周礼音》，则读贳字为时夜反，不知昌宗何以凭据。其鄙俚之俗又读为赊，皆非正也。案《说文解字》云：'赊，賖；贳，贷也。'此则二字本来不同，断可知矣。又陆士衡《大暮赋》云：'抚崇途而难停，视危轨而将逝。年弥去而渐逍，知兹辟之无贳。竞争晖以鼓缶，滔他人而自励。'以此言之，故知贳字为势音矣。训诂、小学及前贤文章皆相附会，可以无惑。说者又云，《汉书》射阳侯刘缠，《功臣》谓为贳阳侯，所以为贳、射同音耳。余难之曰：县邑地名，或有时代讹转，或有方俗语异，何得一之，令其别字同读？譬犹御宿之苑，《百官公卿表》作御羞字，《扬雄传》作籞宿字，解御羞者即云御膳珍羞所出，释籞宿者则曰池籞止宿之所。此非《汉书》乎？何以乖别如此。今岂得便谓御、籞同音，羞、宿一读？斯不然矣。"《匡谬正俗卷八·仇》中又说："怨偶曰仇，义与雠同，尝试之字，义与曾同，邀迎之字，义与要同，而音读各异，不相假借。今之流俗，径读仇为雠，读尝为曾，读邀为要，殊为爽失。若然者，初字训始，宏字训大，淑字训善，亦可读初为始，读宏为大，读淑为善邪？"

其后，吕叔湘在《语文常谈》中也论述到这一现象，指出"义同换读"的性质相当于日本人所说的"训读"，即借用汉字代表日语的字眼，不取汉字的音而用原有日语字眼的音来读。李荣先生在《语音演变规律的例外》(《中国语文》1965.2)和《汉字演变的几个趋势》(《中国语文》1980.1)中分别称为"同义字互相替代"和"同义替代"。

四、由文字原因造成的特殊读音

15.辨别文字形体、反映文字发展

文字与语言之间的不平衡、不对等也是产生特殊读音的重要原因。异体字、繁体字、古今字等文字现象也反映了语言发展的一些情况。汉语词汇的发展在上古时期可以通过"衍声"和"衍形"两个主要途径得以实现。

由于汉字是表意体系的文字，文字字形在记录语言发展的过程中具有举足轻重的重要作用。我国古代重视书面语言而轻视口语，语言中的词，人们总是习惯于找一个字来表示。一个词意义发生变化，这也就是词语的内容发展了，词语的形式相应地也应该有所反映。词语的形式就是语音，而书面语的形式还有字形。仅仅利用语音形式是不够的，词语的书面形式即字形也是重要的手段。在人们利用字形手段的过程中，排除非语言因素，剩下的就主要是"衍形"造词的语言发展模式。在这个过程中，许多情况是只改变字形而不改变字音，如"昏、婚""原、源"等古今字、区别字，这些字原本一词，后来分化，改变了字的形体而读音没有变化。

在书面语中，文字的形体跟语音一样，也是表现语义内容的重要形式。语义内容的发展推动语音形式的变化，已如上所述。文字是伴随语言发展的，由于语言的发展，相应的文字形式承担过多的词义和语法职能，从而引起理解和运用的困难。如《经典释文》中"说"除了"说话、论说"，还承担后世"悦、脱、税"等字的音义，"悦、脱、税"作为今字分化了古字"说"的一些音义，形成古今字。古今字是今字分化承担古字的部分音义，有些读音相同，如《周易音义》："用取，七住反，本又作娶，下及注同。"有些读音有别,如《周易音义》:"则辟,音避。"在没有分化以前,古字包含几个音义,分化以后,今字分担古字的部分音义,这样就形成了今字与古字的一般读音之间的读音差异,文字的发展和假借也是《经典释文》特殊读音形成的重要原因。

语言有古今的不同,文字也有古今的差异。在《经典释文》中,校读文字形体虽然实际上不是为文字注音,但是陆德明采用了注音的方式;另外,不同字形在后世可能发展出新的分化音,因此我们也视为特殊读音。其中可细化为异体字、校读文字形体、区别古今字等。

在《经典释文》中,分析异体字、古今字、繁简字的语音、语义差异,是一个重要内容。

(1)异体字

异体字是读音和意义完全相同,可以通用的形体不同的字。又称"重文""或体"。

如《周易·颐》:"六四,颠颐,吉;虎视耽耽,其欲逐逐,无咎。"陆德明注:"欲,如字,孟作浴。"陆德明既然指出是"如字",就表明他认为字形应该写成"欲",但是其他版本有不同的写法,也予以指出,让读者"以相甄识"。

《周易音义》:"险厄,於革反,又作戹。"

"厄"与"戹"是一组异体字,其音义完全相同,只是字形不同。

《周易音义》:"隍,音皇,城堑也。子夏作堭。姚作湟。"

《老子道德经音义》:"豫,如字,本或作懊。简文与此同也。"

《庄子音义》:"遥,如字,亦作摇。"

《周易音义》:"以嚮,本又作向,许亮反。王肃本作鄉,音同。"

《春秋穀梁音义》:"是鄉,许亮反,本又作向,注同。""以鄉,香亮反,本又作向,注同。"

"嚮、向、鄉"三字在先秦文献里都可以表示"方向",是几个意义来源不同的字。"向"本义为"北出牖",即向北开的窗子,引申出"方向"的意义;"鄉"字象"两人相向而食",由义素"食"引申出"饗",由义素"两人相向"引申出"方向"。由于"向、鄉"意义众多,在"方向"的含义上再造"嚮"字予以分化,但是古书中常常混用。"嚮、鄉"与"向"形成繁简字的关系,其中"鄉"又假借为"封邑"。《说文》:"鄉,国离邑,民所封鄉也,嗇夫别治。封圻之内六鄉,六卿治之。"由此引申为"鄉镇、鄉党",现代汉字字形简化为"乡",读音也随之改变。

《仪礼音义》:"適子,丁狄反,本又作嫡。后除適人之类,可以意求之。"

《礼记音义》:"嫡妾,本亦作適,同,丁历反。"

"適"和"嫡"在《释文》及其他文献里,在"嫡子、嫡系"等意义上是异体字关系,可以互相换用。以后读音和意义分化,"適"表示合适、适当等,"嫡"表示嫡子、嫡亲等。

异体字是音义相同而字形不同的可以通用的几个形体,原本表示一个词。这些不同形体有的只是临时通用,如《周易音义》:"篇篇,如字,子夏传作翩翩。向本同,云轻举貌,古文作偏偏。"有的不同字形只表示一个词,如《周易音义》:"有它,敕多反,本亦作他。"但是后来分化表示不同的词,音义也随之分化,还有一些作为纯粹的异体字被规范,退出语言表达,如《庄子音义》:"游,如字,亦作遊,逍遥遊者,篇名,义取闲放不拘,怡适自得。"

(2)校读文字形体

先秦古籍流传,主要靠传抄,这样就留下了文字传写错误的巨大空间。儒家、道家经典经过上千年的传抄,到陆德明的时期,文字分歧非常严重。《释文·序录》论述经典的文字情况:"《尔雅》本释坟典,字读须逐《五经》,而近代学徒好生异见,改音易字,皆采杂书,唯止信其所闻,不复考其本末;且六文八体各有其义,形声会意宁拘一揆?岂必飞禽即须安鸟,水族便应著鱼,虫属要作虫旁,草类皆从两中,如此之类,实不可依。今并校量,不从流俗。"

"《五经》字体,乖替者多,至如鼋、鼍从龟,乱、辞从舌,席下为带,恶上安西,析旁著片,离边作禹,直是字讹,不乱余读;如寵(丑陇反)字为寵(力孔反),錫(思历反)字为錫(音肠),用攴(普卜反)《字林》普角反)带文(武云反),将无(音无)混旡(音既),若斯之流,便成两失。又来旁作力,俗以为约勒字,《说文》以为劳倈之字;水旁作曷,俗以为饥渴字,字书以为水竭之字。如此之类,改便惊俗,止不可不知耳。"

古籍经典经过长期传抄,文字讹误或者歧异的现象是十分常见的,古籍音义著作往往把文字校勘作为一项重要的任务。古书典册里,由于历经刻写传抄,文字讹误难免,王引之《经义述闻》卷三十二"形讹"条指出:"经典之文,往往形似而讹,仍之则不可通,改之则怡然理顺。"

这类文字应用的错误,在《释文》中往往用"如字"与"非如字"的对立来表达。例如:

《周易·需》:"需,须也,险在前也,刚健而不陷,其义不困穷矣。需有孚,光亨贞吉,位乎天位,以正中也。利涉大川,往有功也。"

陆德明注:"固穷,如字,或作困穷,非。"其中"如字"是指文字应该是"固穷",有些写作"困穷",是错误的,大概是形近而误。此条"如字"仅仅分析文字形体,文字确定,相应的意义就得以确定,与读音没有关系。

《周易·随》:"随有获,其义凶也。"

陆德明《音义》:"为获,如字,或作穫,非。"考《随卦》"随有获"原意为"追逐了就有收获",义为猎获,字当为"获",写作"穫",义为收获庄稼,与原意不符。此条"如字"与"非如字"完全是分析文字形体与意义之间的对应关系。

《周易·复》:"出入无疾,朋来无咎。"

陆德明《音义》:"朋来,如字,京作崩。""朋来"义谓"像朋友一样往来",字当为"朋",此条"如字"与"非如字"也完全是分析文字形义。

《周易·大过》:"栋桡,本末弱也。"

陆德明《音义》:"弱,本亦作溺,并依字读,下救其弱、拯弱皆同。""依字读"即按照所写的这个字形理解和运用,也是"如字",其他字形、读音、意义、用法是"非如字",都是不恰当的,陆德明认为,此条"弱"不当写为"溺"。

《周易音义》:"言天下之至动而不可乱也,众家本并然,郑本作至赜,云赜当为动,九家亦作册。"

"动""赜""册"三个字形音义不同,陆德明列出三家版本的不同,并没有提出自己的主张,体现了"多闻阙疑之义",读者可以比较参照,一般认为该句当为"天下之至赜而不可乱也",《说文序》即是这样。

上举各例,陆德明用"如字"来指出正确的文字形体,与之相应的"非如字"是错误的形体。下面还有一些文字形体问题,在陆德明看来恐怕是属于"两通",因而没有明确指出正误,只是将"非如字"的形体与"如字"并列,但是标明"如字"也反映了陆德明的态度。

　　岳珂《九经三传沿革例·音释》分析了这一现象:"有点画微不同、而音义甚易辨者。如母字,牡后反,中从两点,与从一直者不同。毋字,音无,中从一直下,与从两点者不同。《释文》于《曲礼》'毋不敬'之毋详言之矣。如毋追、淳毋、春秋宁毋之类,则音之。如锡予之锡,星历反,旁从易。镂锡之锡,余章反,旁从易。又如戌之与戍,音恤者系作一小画,音春遇反者从人,谓人荷戈曰戍。神祇之祇,从示而无画。祗敬之祗,从示而有画。底音抵者,上有点。底音止者,无点。又如己之与已与巳,皆可考识。如此类甚多,初不假借,本不必音而间亦音矣。"

　　《周易音义》:"于沙,如字。郑作沚。"

　　《周易音义》:"致冠,如字。郑、王肃本作戎。"

　　《周易音义》:"险且,如字。古文及郑、向本作检,郑云木在手曰检。"

　　《周礼音义》:"车人谓之宣,如字。本或作寡,亦作宣。"

　　《周易音义》:"经论,音伦。郑如字,谓论撰书礼乐施政事,黄颖云经论,匡济也,本亦作纶。"

　　《周易音义》:"地卑,如字,又音婢,本又作坤,同。"

　　《周易音义》:"磐,本亦作盘,又作槃,步干反。"

　　《周易音义》:"血,如字。马云当作恤,忧也。"

　　《周易音义》:"篇篇,如字。子夏传作翩翩。向本同,云轻举貌。古文作偏偏。"

　　《周易音义》:"简能,如字。姚云能当为从。"

　　《周易音义》:"诲,如字,教也。虞作悔,谓悔恨。"

　　《周易音义》:"冶容,音也。郑、陆、虞、姚、王肃作野,言妖野容仪,教诲滔洗也。王肃云作野,音也。"①

　　《周易音义》:"豫怠,如字。姚同。京作治。虞作怡。"

　　《周易音义》:"多识,如字,又音试。刘作志。"

　　《周易音义》:"口说,如字,注同。徐音脱,又始锐反。"

　　《周易音义》:"天际,如字。郑云当为瘵,瘵,病也。"

　　《周易音义》:"则食,如字。或作蚀,非。"

　　《周易音义》:"施慎,并如字。慎,谨也,象词同,本或作顺,非。"

　　《周易音义》:"频復,如字,本又作嚬,嚬眉也。郑作颦,音同。马云,忧频也。"

　　《周易音义》:"面权,如字。字书作颧。"

　　《周易音义》:"除戎器,如字,本亦作储,又作治。王肃、姚、陆云除犹修治,师同。郑云除去也。蜀才云除去戎器,修行文德也。荀作虑。"

　　《周易音义》:"以顺德,如字。王肃同,本又作慎,师同,姚本德作得。"

　　《周易音义》:"虽旬,如字,均也。王肃尚纯反,或音脣,荀作均,刘昞作钧。"

　　《周易音义》:"道济,如字。郑云道当作导。"

　　《周易音义》:"不流,如字。京作留。"

　　《周易音义》:"也专,如字。陆作塼,音同。"

　　《周易音义》:"幾也,如字。本或作机,郑云机当作幾,幾,微也。"

　　《周易音义》:"贡,如字,告也。京、陆、虞作工,荀作功。"

———————

① 黄焯《〈经典释文〉汇校》:"'王肃云作野,音也。'衍文。"

　　除了《周易音义》中用来校勘文字的"如字"和"非如字"以外，我们再举几个其他音义中的例子：

　　《诗经音义》："弗鼓，如字，本或作击，非。"

　　《诗经音义》："不吴，旧如字，哗也。《说文》作吴，吴，大言也。何承天云吴字误，当为吴，从口下大，故鱼之大口者名吴，胡化反。此音恐惊俗也，音话。"

　　《诗经音义》："不吴，郑如字，欢也。又王音误，作吴①，音话，同。"

　　《诗经音义》："遇犬，如字，世读作愚，非也。"

　　《论语音义》："孝于，如字，一本作孝乎。"

　　《论语音义》："闻一，如字，本或作问字，非。"

　　《仪礼音义》："庶孙之中殇，依注中音下。"按郑玄注："此当为下殇。言'中殇'者，字之误。"

　　《礼记音义》："履无，如字。《毛诗》作体。"

　　《春秋左传音义》："攸家，如字，本或作攸处。"

　　《周礼音义》："穜，直龙反，本或作重，音同，先种后熟曰穜。案，如字书禾旁作重是種稑之字，作童是穜殖之字，今俗则反之。"这条校勘与前面所举不同，陆德明没有直接明确指出用字错误，而是分别说明两个字的意义来源。但是两字混用是因为"俗反之"，习非成是，他也采取接受的态度，体现了陆德明对语言文字"约定俗成"的社会性本质的认可。

　　(3)区别古今字

　　所谓古今字主要是指同一个词在古书中先后所用的不同的字。古今字中的古和今，只是相对而言的。清段玉裁在《说文解

---

① 黄焯《〈经典释文〉汇校》："吴当作吴。"

字注》里曾明确指出："古今无定时。周为古则汉为今,汉为古则晋宋为今。随时异用者,谓之古今字。"

人们容易把古今字看成本有其字的通假关系,这是不对的。今字在某一音义上可以代替古字,但这不是通假关系。因为在今字产生以前,人们只用古字,当时无所谓通假。今字产生以后,古字本可不再使用,可是由于人们用字习惯不同,有的人还在使用,这也不是通假,而是用了古字。而本有其字的通假,本字与通假字都早已存在,无所谓谁古谁今,只是临时用了同音字,这与古今字的关系迥然不同。古今字中的今字往往是分化古字的一个(类)义项和读音用法,也叫区别字。

《周易·临》:"六五,知临,大君之宜,吉。"陆德明注:"知临,音智,注同。又如字。"

"知"作为名词、动词,今读为 zhī,意思是知识、知道。引申表示有知识、见多识广、智慧的,作为形容词,就变读为去声,今读为 zhì,后世为了区别,另造"智"予以分化。陆德明注"音智,又如字",反映了他认为"知"读为"智",也可以写作"知",读作平声。

《周易音义》:"右民,音佑,注同,左右,助也。"

"左、右"本义为左右手,引申发展出辅佐、护佑等意义,在字形上予以区别,另造"佐、佑"。

《周易音义》:"用取,七住反,本又作娶,下及注同。"

《周易音义》:"则辟,音避,下同。"

《周易音义》:"则舍,音赦,又音捨。"

《周易音义》:"以左,音佐,注同。"

《周易音义》:"用冯,音凭,注同。"

《周易音义》:"辟难,上音避,下乃且反。"

《周易音义》:"可舍,音捨。"

《周易音义》："以钁，本又作向，许亮反。王肃本作鄉，音同。"

《周易音义》："弱，本亦作溺，并依字读，下救其弱、拯弱皆同。"

《周易音义》："方命，如字，马云，方，放也。徐云郑、王音放。"

《周易音义》："生华，如字。徐音花。"

《仪礼音义》："弟弟，上音悌，下如字。"

《诗经音义》："取妻，七喻反，本亦作娶。"

上述各例，陆德明虽然是注音"音某"，但是这些字（除"舍，音赦"以外）实际上也可以写作"某"，也就是后来的区别字，不是纯粹的注音。根据《经典释文》的注音条例，古字与今字之间读音多数是有差别的，形成特殊读音。古字与今字的这种形体和读音差异共同反映词义和用法的不同，是综合运用语音和字形两个语言文字形式来表现语言意义内容的发展。

《周易音义》："说，吐活反，注及下同。马云解也。"

《周易音义》："车说，吐活反，下文并注并同。《说文》云解也。"

"说"的这个音义后来写作"脱"。

古今字也是汉语词汇发展的重要线索，词义词性增多，为了区别，在字形上增加或改换义符，造成古今字。

以上所举《释文》条目都反映了汉字古今字、区别字的产生发展情况。这些例子与我们在"注音示义与释义注音"中的例子多数相同，这是因为《释文》的音义条目包含的语言文字现象并不是单一的。从释义注音的角度看，这些条目注音等于释义，从文字发展角度看，又体现了文字形体的演变和发展。

更多的则是一个词的意义发展以后，其外部形式语音和字形都产生了变化。经过汉字简化、文字和语音规范，这样的词在现代汉语普通话里没有产生特殊的读音和字形的问题。但是在古籍中没有产生分化字以前则会产生特殊读音，如现代汉语里的"大、太""辟、避、譬、僻"等字，在古籍中经常用古字表示，古字包含今字的读音和意义。

当然还有许多词在词汇意义和语法意义都发生变化以后，其读音、字形都没有改变，而是在相同的语言形式即相同的读音和字形的条件下表示发展以后的意义，形成一词多义和一词多用。在汉语词汇发展过程中，词语的意义发展了，是改变词语的读音还是字形，或者两者都改变，还是两者都不改变，就目前来看，我们还没有发现其中的规律。变不变、怎样变，没有规律可寻，看来最终的决定因素还是社会成员的"约定俗成"。

文字发展造成的特殊读音，归根结底还是在意义发展的推动下而产生的语音变化，这种语音变化在书面语里，又反映为文字形体的变化，将文字形体的演变与语音演变联系在一起。

16.破解假借字（通假字）

"通假""本字"等语音现象也是造成特殊读音的重要原因。在通用之初，语音是基本一致的（由于在上古中古时期没有明确的语音标准，即使是语音相近，也可以视为语音相同）。由于语音的演变，通假字与本字之间往往发生分歧，在后世表现为语音相近甚至不同。语音规律跟其他规律一样，也不是一成不变的。在语言运用中，旧的语言规律逐渐失去作用，而新的语言规律也会不断出现。

《序录》："然音书之体，本在假借，或经中过多，或寻文易了，则翻音正字以辩借音，各于经内求之，自然可见。其两音之者，恐人惑故也。"

《周礼音义》："苦盐，音鹽，工户反，出注。"

"苦"音"鹽"，不是说"苦"的读音就是"鹽""工户反"，而是《释文》通过注音明确假借，陆德明指出这条注音"出注"，是说出自郑玄的注解。《周礼·天官冢宰》："盐人：掌盐之政令，以共百事之盐。祭祀，共其苦盐、散盐。"郑玄注："杜子春读苦为盐。谓出盐直用，不涷治。"由于"苦"是一个假借字，本字写作"盬"，因而就临时获得了"盬"的读音，也就是"工户反"；"盬"是本字，"工户反"是为"盬"字注音，而不是为"苦"字注音，是陆德明"翻音正字以辩借音"。

《周礼音义》："方良，上音网，下音两，注同，又并如字。"

"方、良"作为一般词语，音义极为常见，陆德明一般不注音释义，如"鬼方、多方、东方、四方、良马、良翰、良耜"等，《周礼·夏官司马》："方相氏：……大丧，先柩；及墓，入圹，以戈击四隅，驱方良。"郑玄注："方良，罔两也。"这里注音为"网（罔）两"，不是说"方、良"本身读音为"网（罔）、两"，而是指出"方良"是一个联绵词的假借字。贾公彦疏："必破方良为罔两者，入圹无取于方良之义故也……按《国语》：'木石之怪曰夔、蝄蜽，水之怪曰龙、罔象。'""方良"是"罔两""蝄蜽"的假借字，《说文》写作"蝄蜽"，字又写作"魍魉"。联绵词借音表义，其用字原理与假借相同，词（字）义往往与字形无关，因而联绵词的字形无定，较之假借字用字具有更大的随意性。

《周礼音义》："为甸，绳证反，出注，注同。"

"甸，绳证反"，是声训，《周礼·地官司徒》："小司徒……乃经土地而井牧其田野：九夫为井，四井为邑，四邑为丘，四丘为甸，四甸为县，四县为都，以任地事而令贡赋，凡税敛之事。"郑玄注："甸之言乘也，读如衷甸之甸。"陆德明注音为"绳证反"，不是给"甸"的注音，而是为郑玄注"甸之言乘"中的声训字"乘"注音。

《周礼音义》："大甸，音田，出注，下甸役同。"

"甸,音田"是通过注音的方式破除假借字。《周礼·春官宗伯》:"小宗伯……若大甸,则帅有司而馌兽于郊,遂颁禽。"郑玄注:"甸读曰田。"贾公彦疏:"言大甸者,天子四时田猎也。"陆德明是为"甸"的本字"田"注音,也是指出本字。

《周礼音义》:"至荼,刘、沈音余,李音舒,又音徒。案,《尔雅》正月为陬,即《离骚》所云摄提贞于孟陬,皆侧留反,又子侯反,《尔雅》又云十二月为涂,音徒,今注作娵、荼二字是假借耳,当依《尔雅》读。"

《仪礼音义》:"聘于,于音为,羽危反,出注。"

"于音为,羽危反",是破除假借字,"羽危反"是为本字注音。《仪礼注疏·聘礼》:"幣美,则没礼。贿,在聘于贿。凡执玉,无藉者袭。"郑玄注:"于,读曰为,言主国礼宾当视宾之聘礼而为之财也。"

《经典释文》在引用前人注疏的时候,为了说明假借字或者讹误字,往往用注音的形式进行,这样就让人容易误解为注音,这是我们在读《经典释文》时需要特别注意的。其中明确指出"出注"的往往不是真正的注音,而是通过注音明"通假"或者"校勘文字"。对于用注音方式明"假借",《序录》指出:"翻音正字以辩借音,各于经内求之,自然可见。"但是,通过注音的方式"校勘文字"则没有说明。

下面再举一些陆德明引用前人注疏明确标注"出注"的例子,这些例子都不是真正的注音,我们应该结合原"注",明确其注音的实质。

《仪礼音义》:"牢中,牢音楼,出注。"郑玄注:"牢读为楼。"阮元校勘记:"作楼,非,当从手……搂,曳聚也。"搂义为用手抓住。

《礼记音义》:"其封,彼剑反,出注。"郑玄注:"封当为窆。"

《礼记音义·文王世子音义》:"承,音赠,出注。"郑玄注:"承读为赠,声之误也。"

《礼记音义》:"之仁,音民,出注。"郑玄注:"仁亦当言民,声之误。"

《礼记音义》:"其正,音匹,下同,出注。"郑玄注:"正当为匹字之误也,匹谓知识朋友。"

《礼记音义》:"寡言,寡音顾,出注。"郑玄注:"寡当为顾,声之误也。"

17.注音校勘

李荣《语音演变规律的例外》(见《音韵存稿》,商务印书馆,1982):"《经典释文》有以注音方式表异文或误字者,不下数十百处,此亦承汉人'读为''当为'之例(段玉裁《周礼汉读考》云:"读为者,易其字;当为者,定为字之误、声之误而改其字")。如《周礼音义》一'公叔木'条云'音戍'(据敦煌写本,音下有戍字),式树反(11卷16叶10行),此谓公叔木即公叔戍,非谓木有戍音。或见《广韵》《集韵》皆无式树之音,以为此为《释文》所独有,实则《释文》非以木与戍为同音也。"后人不察,误以为音,进入字典词典,或者用于音注,造成讹误,成为特殊读音。

"注音校勘"虽然与"校读文字形体"都是文字校勘,但是"注音校勘"方式特殊,是以注音来指出应该写的那个字,而校勘的那个字实际上常常不写出正确的字形,具有很大的迷惑性,容易引起误解,因而,我们把它独立为一个条目,以引起特别注意。

先秦古籍由于传授传抄的原因,造成版本、文字的巨大差异。陆德明在《序录》里阐述了古籍文字驳乱的原因:"战国交争,儒术用息,秦皇灭学,加以坑焚,先圣之风,扫地尽矣。汉兴,改秦之弊,广收篇籍,孝武之后,经术大隆,然承秦焚书,口相传授,一经之学,数家兢爽,章句既异,踳驳非一。后汉党人既诛,儒者多坐流废,后遂私行金货,定兰台漆书经字以合其私文,灵帝乃诏诸儒正定《五经》于石碑之上,为古文、篆、隶三体书法,以相参检,树之学门,使天下取则。未盈一纪,寻复废焉。班固云:'后世经传既已乖离,传学者又不思多闻阙疑之义,而务碎义逃难,便辞巧说,安其所习,毁所不见,终以自弊,此学者之大患也。'诚哉是言!余既撰音,须定纰缪。若两本俱用,二理兼通,今并出之,以明同异;其泾渭相乱,朱紫可分,亦悉书之,随加刊正;复有他经别本,词反义乖,而又存之者,示博异闻耳。"

由于经典文字"踳驳非一",前代已经经过"三体石经"等手段予以勘定。但是经传流传主要靠传抄,石经也难以保存,文字讹误仍然是一个严重问题。陆德明"研精六籍,采摭九流,搜访异同,校之苍雅",对经典文字进行校勘。

《经典释文》虽是给十四种经典注音释义,但是文字的差异也是造成理解失误的重要原因,因而文字校勘也是《经典释文》的主要工作之一。但是《经典释文》进行文字校勘有别于别的注疏,往往采用注音的方式来校勘文字。用一个反切或直音来指出这个文字应该读什么音,相应地指出这个字应该是哪个字,即"字有别体,则见之音内"。有时候并不指出该字的文字形体,如《诗经音义》:"母,音无,本亦作无。""音无"应该是指出"母"字应该写作"无",《诗经音义》:"大山,音泰,本又作泰,下注大室皆同。"先秦古文,大、太为古今字,泰山可以写作太山,也可以写作大山。但是在文字分化的条件下,唐代大、太、泰三字分工比较明确。陆德明指出"音泰"即指出该字应该写作"泰",都用注音的形式指出校勘出的文字形体,这体现了陆德明先进的语言文字学思想——通过语音表示语义。

　　由于通过注音的方式来校读文字形体是比较特殊的文字校勘方式,不同于直接指出讹误字对应的"如字"或"当作""当为"等,我们把这类文字校勘专列一类。虽然实质相同,但是表达的方式不同,容易产生误解。

　　黄焯《〈经典释文〉汇校·前言》:"《经典释文》有以注音方式表异文或误字者,不下数十百处,此盖承汉人读为当为之例①。"

　　《经典释文》以注音方式来区别异体字、纠正讹误字的方式比较多,黄焯在《〈经典释文〉汇校·前言》里举出:"如《仪礼音义》'庶孙之中殇'条云,依注中音下。案郑注云:'此当为下殇,言中殇者,字之误尔。'是知陆云中音下者,犹云中当为下,非谓中有下音也;又《尔雅音义·释草》'苨,亡符反,读者或常制反,又户耕反。'案其读常制反者,以形近误认作筮,读户耕反者,以形近误认作茎也。此皆以注音方式表异文或误字之证。"

　　黄焯先生所举以注音方式表异文或误字,具有很强的迷惑性,不进行校勘或者查对原文,很容易认为是纯粹注音,导致误解文意。《经典释文》中更多的是明确指出异文或误字。

　　《周易音义》:"恶也,於嫁反。苟作亚,亚,次也,又乌路反。马、郑乌洛反,亚通。"

　　"恶"与"亚"读音意义显然不同,但是,陆德明注"恶"音为"於嫁反",不是说"恶"的读音就是"於嫁反",而是说"恶"应该写作"亚",理解为"亚"。"恶"字又读"乌路反",即是说该字在上下文里也可读作"恶",理解为"恶"。另外,"马、郑乌洛反"是"恶"字的另一音义,其"亚通"根据黄焯《〈经典释文〉汇校》应为"并通",形

---

① 见段玉裁《周礼汉读考》:"读为者,易其字;当为者,定为字之误、声之误而改其字。"

近而误。在陆德明的理解中,"亚,次也",与"恶"义近,也可通用,但是他比较倾向于"亚"的形音义。

《尚书音义》:"曰勤,上人实反,一音曰。"

"日"与"曰",字形相近,两字容易混淆。在《诗经音义》:"日戒,音越,又人栗反。"这个例子中,"日"写作"曰"读为"越",文意差别不大,写作"日",可以作为状语,写作"曰"是一个词头。"日"字作为一个常用字,音义非常明确,但是陆德明不厌其烦地为之注音,如《尚书音义》:"日思,上人实反。"《诗经音义》:"曰杀,音越,或人实反,非。"《诗经音义》:"日见,而乙反。"《诗经音义》:"日号,上而乙反,下户刀反。"《礼记音义》:"是日,人一反。"《礼记音义》:"疾日,人一反。"《礼记音义》:"十日,人一反。"《礼记音义》:"日,人实反。"《礼记音义》:"而日,而一反,下同。"《礼记音义》:"日强,上人实反,下同,下其良反。"《礼记音义》:"并日,必政反,注同,下而一反。"《春秋左传音义》:"且日,人逸反。"《春秋公羊音义》:"不日,人实反,此传皆以日月为例,后仿此。"《庄子音义》:"吾日,人实反。"《尔雅音义》:"为日,人逸反。"《尔雅音义》:"日,而一反。"目的是要说明该字为"日",而不能误解为"曰",是典型的注音校勘。

《周礼音义》:"九京,音原。"

《礼记音义》:"九京,依注音原,下同,下亦作原字。"

"京"字"音原",不是"京"读作"原",而是应该写作"原"。

《周礼音义》:"良,音古,出注。"

"良"音"古",并不是说"良"读作"古"音,而是《释文》通过注音进行校勘,陆德明指出这条校勘"出注",是说出自郑玄的注解。《周礼·天官冢宰》:"典丝:及献功,则受良功而藏之,辨其物而书其数,以待有司之政令、上之赐予。"郑玄注:"良当为苦字之误。"

由于"良"是一个误字,应该写作"苦",因而《释文》就注音为"古",
"古"是为"苦"字注音,而不是为"良"字注音。

《周礼音义》:"豆脯,豆音羞,出注。"

"豆音羞",不是"豆"的读音是"羞",《周礼·天官冢宰》:"腊
人……凡祭祀,共豆脯、荐脯、膴、胖,凡腊物。"郑玄注:"脯非豆
实,豆当为羞,声之误也。"陆德明注"豆音羞",意谓根据郑玄注
"豆"应当写作"羞"。

《周礼音义》:"而用,而音若,出注。"

"而音若",注音校勘,《周礼·地官司徒》:"旅师:掌聚野之锄
粟、屋粟、间粟而用之。"郑玄注:"而读为若,声之误也,若用之
谓。"陆德明以注音的方式校勘文字。

《周礼音义》:"各书,音畫,出注。"

"书,音畫",形近而误。《周礼·夏官司马》:"中秋教治兵,如
振旅之阵。辨旗物之用:王载大常,诸侯载旂,军吏载旗,师都载
旜,乡家载物,郊野载旐,百官载旗,各书其事与其号焉。"郑玄注:
"凡旌旗有军旅者,画异物,无者,帛而已。书当为畫。"陆德明以
注音的方式校勘文字。

《周礼音义》:"里为式,里读为已,音以,出注。"

"里读为已,音以",《周礼·冬官考工记》:"凡沟防,必一日先
深之以为式,里为式然后可以傅众力。"郑玄注:"里读为已,声之
误也。"通过注音校勘纠正文字错误。

《仪礼音义》:"豫则,音榭,出注。"

该条注解"豫"的读音,用于校勘。《仪礼注疏·乡射礼》:"豫
则钩楹内,堂则由楹外。"郑玄注:"今言豫者,谓州学也,读如成周
宣谢灾之谢,《周礼》作序,凡屋无室曰谢。"阮元《仪礼注疏校勘
记》:"谢,宜从榭也。"陆德明注"豫音榭",即指出"豫"当为"榭"。

《仪礼音义》:"壶献,素河反,出注,下注献并同。"

"献,素河反",是为郑玄注的校勘字注音,不是"献"字本身读为"素河反"。《仪礼注疏·大射》:"又尊于大侯之乏东北,两壶献酒。"郑玄注:"献读为沙。"陆德明注音"素河反"是为"沙"注音。

《礼记音义》:"百姓则君,则音明,出注。"

"则音明",指明误字。《礼记注疏·礼运》:"故百姓则君以自治也,养君以自安也,事君以自显也。"郑玄注:"则当为明人之道,身治居安名显则不苟生也。"

《礼记音义》:"旦明,旦音神,出注。"

《礼记注疏·郊特牲》:"不敢用亵味而贵多品,所以交于旦明之义也。"郑玄注:"旦当为神,篆字之误也。""旦音神"即为"旦"应当写为"神",而不是"旦"的读音为"神",是用注音的方式校勘文字。

《礼记音义》:"曰养,音义,出注。"

《礼记注疏·礼运》:"夫礼必本於天,动而之地,列而之事,变而从时,协於分艺,其居人也曰养。"郑玄注:"养当为义字之误也。"

下面再举一些注音校勘的例子:

《诗经音义》:"有洒,七罪反,高峻也。《韩诗》作漼,音同,云鲜貌。"

《诗经音义》:"揄,音遥,字又作褕。"

《诗经音义》:"母,音无,本亦作无。"

《春秋左传音义》:"杀君,音试,本又作弑,同。"

《诗经音义》:"且湛,都南反,字又作耽。"

《诗经音义》:"关弓,乌环反,下同,本亦作弯。"

《诗经音义》:"有勺,音的,质也,本亦作的,同。"

《周礼音义》："曰合,音含,本亦作含。"

《周礼音义》："设斗,音主,注同。"

《周礼音义》："不蚤,依注音爪,谓除爪也。"

《孝经音义》："米,字或作采,音同。"

《孝经音义》："政不烦苛,音何。自政至苛本今无。"

《庄子音义》："綮,苦挺反。崔、向、徐并音启。李乌系反,又一音磬,司马云犹结处也。"

《庄子音义》："疵,士卖反,又齐计反,上若作疣,此则才知反。"

《庄子音义》："食於,音饮,邑锦反,注同。旧如字,简文同。"

《庄子音义》："瓦,危委反。向同崔,如字,一云瓦当作丸。"

《庄子音义》："缪说,音谬。"

《经典释文》对文字校勘十分重视,在其《序录》中,陆德明重点论述了经典的文字问题:"《尔雅》本释坟典,字读须逐《五经》,而近代学徒好生异见,改音易字,皆采杂书,唯止信其所闻,不复考其本末;且六文八体各有其义,形声会意宁拘一揆?岂必飞禽即须安鸟,水族便应着鱼,虫属要作虫旁,草类皆从两中,如此之类,实不可依。今并校量,不从流俗。"

《经典释文》对文字的校勘,多数是指出"某当作某、本又作某",这是容易了解的。但是其通过"音某"或者直接注出该写的那个字的反切,就容易让读者误解为注音而不是校勘,这是我们学习和运用《经典释文》需要特别注意的。

《序录》："筌蹄所寄,唯在文言,差若毫厘,谬便千里。"表明陆德明非常重视语言文字形式,形式是表达内容的手段,语音、字形"差若毫厘",其所表达的意义、内容"谬便千里",《释文》通过多种方式来纠正语音与字形讹误。

五、其他

18.不知所指

由于《经典释文》经过后世篡改（在其流传过程中，很多条目被删掉字义词义训释，只保留读音），作品所处时代与现在相隔久远，词汇、语音和语法发生了较大的变化。汉语字词的某些读音和意义在后世已经不用了，在其他文献里也找不到依据，如：

《周易音义》："言顺，如字。"

《周易音义》："临，如字，序卦云大也，坤宫二世卦。"

《周易音义》："闲，如字，阂也。马、郑云习。"

《周易音义》："恒，如字，久也，震宫三世卦。"

《周易音义》："咸，如字，象云感也，兑宫三世卦。"

《周易音义》："肥遁，如字。子夏传云，肥，饶裕。"

《周易音义》："利宾，如字。"

《周易音义》："雉膏，如字。郑云，雉膏，食之美者。"

《周易音义》："秩，如字。"

上述九例，其中的注音在现代汉语没有读音和意义的差异，在《周易音义》里也看不出有什么不同，找不到与"如字"对立的"破读"或非如字音，因而，可以归入不知所指，作为存疑，以待以后进一步探讨。

虽然我们将《经典释文》展示的汉语特殊读音产生的原因和类别机械地分为上述五个方面18个类型，这是为了表述、分析的方便。但是语言是一个有机的系统，语音、文字、语义、语法等语言要素的综合作用，才能表达一定的意义内容。许多类型并不是说只表现一种语言现象或规律，很多类别并不是孤立的，而是多种现象或规律集中体现在一个字的注音释义上面，不能截然分开。后文将要阐述的《释文》特殊读音与普通话语音规范所分析的特殊读音产生或消失的原因也往往不是唯一的，可能是多个原因共同作用的结果。但是为了叙述方便，我们将这些现象归纳为某个类别，并不表示只有这个类别。如"如字（依字）"与所对应的"非如字"之间关系就十分复杂，这是需要特别说明的。

第二节　《经典释文》特殊读音的语言学分析

一、上古中古汉语单音节词衍生的主要途径：衍声、衍形

上古汉语词汇，单音节词占优势。在口语里，语音直接表示语义。词语意义（包括词汇意义和语法作用）发展了，如果还用原来的语音形式表示就容易产生交际的障碍，这样就需要对语音形式加以区别，即所谓"音随义转""变音别义""四声别义""音变造词""变调构词"等等；在书面语中，除了读音别义以外，还可以采取"字形别义"的方式，这就是后起的区别字、孳生字。如果字形没有区别而读音分化了，就形成多音字。读音、字形分化与否，最终还需要社会"约定俗成"决定。

上古汉语口语以单音节词为主，书面语单字词占优势，要以此表示词语意义的发展主要只能靠读音、字形的变化，因而古汉语多音字比较多，字形分化剧烈。中古以后，汉语词汇逐渐走上双音化道路，通过复合法造词，这样不变读音、不变字形，主要通过词素组合这样的语法手段来表示新的概念和意义，语音和字形就相对稳定了。

汉语产生新词在形式上的标志是读音分化、字形分化或者读音字形都分化（不考虑不别义的异读词和异体字）。由于古汉语

用相同字形表示多音字的几个读音，意义、用法又有密切联系，因而人们对这种现象的认识产生了严重分歧，也是人们学习和使用汉语的一个难点。

我们认为语言有音有义，文字记录语言形成书面语，则有形有音有义。语言文字的作用是要通过语音、字形、语法等语言形式反映纷繁复杂的自然和社会现象等语言内容。语言和文字的读音、字形形式是有限的，而其所反映的自然和社会现象等语言内容则是无限的。在语言文字的发展过程中，语言文字本身也发展起适合自身本质的发展规律。其中语言文字经济性原则即是一条重要的语言规律，它要求用尽可能少的语言文字形式准确地表示尽可能多的语言内容（自然和社会），以减轻人的记忆和使用负担，要求简单性和区别性并重，二者平衡。在已有的语言文字形式的基础上稍加变化以表示与原事物有关的新的意义、新的用法，符合语言文字既要用尽可能少的形式又需尽可能区别的经济性原则。

上古汉语单音节词占优势，词汇发展主要靠"衍形""衍声"。复合构词不够发达，仅仅依靠增加新的字形来反映语言中的词语显然是不够的，通过改变字的读音来表示新的意义和用法符合语言发展规律。在上古汉语里，存在着大量的孳生词、同源词，就是这一现象的客观反映。

用新的读音来分担原字（词）的意义、用法，对于本音来说就是变音别义，可以区别词义和词性，是一种内部屈折的变音构词法。这是世界许多语言都具有的构词方法。

中古时期（特别是六朝以后），汉语复合构词开始发达，汉语多音节词逐渐丰富起来。上古时期需要用变音构词和形变构词方法造的词，在中古时期就可以用复合词的形式表达，因此其后变音别义、变音构词方法逐渐成为陈迹（汉语规范工作审定异读词，许多多音字被定为单音字，许多原本用语音区别的词已经被其他词取代，一字多音多义现象趋于减少）。因而，在这个时期，人们正是在比较上古和中古构词的差异的基础上，特别注意到了上古变音造词这一语言现象，并且作出了初步的探讨，这跟当时的学术背景也密切关联。汉魏六朝是我国音韵学形成和发展的时期，人们开始了对汉语语音的深入分析，这些学术成果运用到文学创作中，产生了一代之文学——唐诗，运用于文字、词汇领域，自然会产生新的语言文字理论。

东汉何休"长言、短言"、高诱"急言、缓言"还只是对个别字词的感性认识，发展到六朝以后，人们就开始对变音构词现象作出理性的分析了。虽然他们做得还不够深入全面，但是他们发现了汉语运用的一个重要现象。清儒重视朴学，提倡名物、训诂、考据之学，忽视口语和语言的实际发展，对这种变音构词采取否定态度，反映了他们的局限性。语言传统不可割裂，经过汉语规范化的洗礼，现代汉语里仍然还存留着很多这样的词，还具有旺盛的生命力。

周祖谟《问学集·四声别义例释》："凡由同一语根孳生之语词，虽形有增变，义有转移，而音则每借声调变换以区分之。追溯其始，盖古人一字兼备数用，尔后增益偏旁，分别之字乃多。或变其声韵，或变其字调，卒然观之，似别为一字，实由一意义相关之语词而来。如内之与入，位之与立，姓之与生，威之与畏，鉴之与监，教之与学，俱之与具，皆其类也。学者执此义以推寻文字语词日益蕃衍之轨辙。惜乎言音韵者，多不注意训诂；言训诂者，则又略去声音。研求古韵者，汉魏且自当得其鳃理不屑道，遑论晋宋。是皆偏于一隅者也。夫以声别义之事，乃汉语之特色，与文法训诂音韵,皆息息相关。事虽不古,自汉已然;旧日两声各义之说虽不行于近代,而其意义不可不明。一字两音(多音)各义。如英语之内部屈折造词法。"

汉语有内部屈折的变音造词法,这是汉语声训的学理基础。声训是传统训诂学最重要的训诂方法之一,正是由于汉语字词衍生有声音的线索,这是汉语词汇"衍声"规律的外化,历代经籍注疏和字典辞书在训诂实践中都十分重视声训。人们在训诂实践中还不断地提炼声训理论,宋代王圣美的"右文说"以及宋元之际戴侗的"因声求义"对声训理论做出了可贵的探索。由于当时古音学学术水平低下,没有产生重大影响。有清一代,经过顾炎武、戴震、段玉裁、高邮王氏父子、钱大昕等一大批古音学家、训诂学家的努力,声训理论"大畅厥旨"。这样一来,汉语造词、用词与解词就被置于同一的音义关系的现实基础之上,使汉语言文字学走上科学的道路。

王力《汉语史稿》(中华书局,2004)页247—248:"单就屈折作用来说,由于单音词在上古汉语里占优势,所以屈折作用只能在一个音节范围内发生,换句话说,它不像西洋语言那样一般地在最后一个音节发生变化,而是在韵母部分发生屈折作用(双声),或在声母部分发生屈折作用(叠韵)……就动词来看,声调的变化引起词性的变化,情况最明显。凡名词和形容词转化为动词,则动词念去声;凡动词转化为名词,则名词念去声。总之,转化出来的一般都变为去声。这种情况一般是古书中的破读。"

《同源字典》(商务印书馆,1982)页46:"汉语滋生词和欧洲语言的滋生词不同。欧洲语言的滋生词,一般是原始词加后缀,往往是增加一个音节。汉字都是单音节的,因此,汉语滋生词不可能是原始词加后缀,只能在音节本身发生变化,或者仅仅在声调上发生变化，甚至只有字形不同。这是汉语滋生词的特点。"

上古汉语词汇通过"衍声"发展，反映出汉字在早期有向表音化发展的趋势。长期以来人们普遍认为汉字是表意体系的文字，因而对汉字表音倾向重视不够。汉语书面语词汇通过两个途径即"衍声"和"衍形"发展（"六书"理论是这两个途径的具体化，象形、指事、会意三书的实质在于通过字形表示语言中的词，而形声、假借则是通过声音的扩展来适应词汇发展的需要，转注一书争议极大，不论转注是什么，它必然属于"衍声"或者"衍形"），符合汉语汉字的特点。

上古汉语词汇通过"衍声"发展，其推动的力量就是词语的意义（包括词汇意义和语法意义）发展，而词语意义发展则是反映了社会的发展和人们认识水平的提高。

人们发现汉字变音可以别义，语音是表现意义和用法的重要手段。在人们应用这一手段的早期，不排除一些变音别义的字没有现实的语言基础。而是读书人在读书注书的时候以语言类推的方式将变音别义用于类似的情况，所谓"自为凡例"（《颜氏家训·音辞》）。但是我们不能因此而否定这一现象，语言跟其他任何事物一样，总会不断有新的现象出现、旧的现象消亡。部分"变音别义"即便开始没有现实的语言基础，某些经师根据类推原则"自为凡例"的创造，后世人们接受了这种语言形式，得到了社会的"约定俗成"，它就是语言文字中的合法成分，所谓"世上本没有路，走的人多了就成了路"。

汉语汉字通过"衍声"这个途径发展，是在汉语发展史早期词汇发展的一个主要模式，读音有时而穷，不可能无限制地增加。中古以后这种方式逐渐居于次要地位，原来通过语音区别的意义和用法，在后世被其他形式代替，因而一些读音在现代汉语里没有保留，如"春风风人，夏雨雨人"中第二个风、雨读作"fèng、yù"。以复合构词成为汉语造词和区别意义、用法的主要方式，词的主要形式也一变而为多音节的复合词。它利用了语法的因素来造词，复合构词较之"衍声"造词具有无穷的能产性，因而是更科学的构词法，使汉语造词法进入了新的历史阶段，从而推动汉语也进入了新的历史时期。

在语流中，音节是一个个连续发出来的，因而某个音可能会因为前后音素的影响或者处于非常重要（也可能非常不重要）的地位而产生同化、异化、弱化、换位等等变化。这种变化开始是一种共时性的变化，但是，如果这种变化在长期的历史发展中得以固定下来而成为人们必须掌握的模式，那就转化为历时音变了。根据青年语法学派"语音规律无例外"的观点，语音的变化不是杂乱无章的，必须遵循一定的规律。因为音变不是一个音节孤立的变化，而是一种发音习惯的改变，一种发音习惯支配着一个系列音位的发音表现。发音习惯的改变自然会影响这一个系列的音位的变化，也就是相同的条件引起相同的变化，这样的变化得到社会"约定俗成"的固定，保留在文献和人们的口语中，也会形成特殊读音。

其他文化现象如人名、地名、官名、敬称、避讳、押韵、修辞等语用问题反映到语音中，运用语音形式，也是形成特殊读音的重要原因。

汉语共同语语音系统和特殊读音的总体发展趋势是简化（据王力《汉语史稿》）：

声母系统由上古 32 个声母到中古 35 个，到近代汉语《中原音韵》20 个，再到现代汉语普通话声母 22 个。

韵部、韵母由上古 30 部 152 个韵母到中古 95 部 142 个韵母，再到《中原音韵》19个韵部46个韵母,现代汉语普通话韵部18部韵母39个。

声调上古分两类:平入,再各分长短,及长平、短平、长入、短入共四个调类,中古声调四个:平上去入,近现代汉语声调四个:阴阳上去。

词汇双音化是汉语特殊读音减少的基本原因,同时也是汉语语音系统简化的动因。这是通过语法和词汇的手段对语音简化的一种补偿。

汉字形体的分化是特殊读音减少的又一重要原因,如莫、暮,辟、避、譬,亨、享、烹等等,今字分化了古字的音义。

汉字大规模简化(《简化字总表》发布)又产生了一些新的特殊读音,如發、髪简化为发,"发"就承担了發、髪的音义,幹(树幹)、乾(乾湿)、干(干戈)简化为"干","干"就承担了幹、乾、干的音义,也造成一些新的特殊读音。

二、《经典释文》特殊读音体现的汉语字词"感染—替换"
　　演变模式

汉语字词数量众多、历史悠久,在发展和使用过程中,汉语字词的音、义产生了极为繁复的变化,学者在研究中总结出"假借""引申""孳乳""变异"等等发展演变模式,为汉语言文字研究提供了有力的理论武器。但是,汉语言文字的演变发展是极端复杂的,在发展过程中还存在着不同于上述发展模式的"感染—替换",也是应该引起语言文字工作者关注的。

《经典释文》由于广泛引用近一千年来二百八十余家经籍注疏来给儒道经典注音释义,也体现了汉语字词"感染—替换"的演变模式。

　　汉语字词感染以后的结果主要是趋同,由于语言文字的别义作用,这种感染作用也可能出现别异的现象。下面举例申说之。

龟、皲

　　汉字(词语)意义相同(相近)是产生"感染—替换"的重要原因。如"龟",本义为象乌龟之形,《说文》:"龟,外骨内肉者也。"《礼记·礼运》:"麟、凤、龟、龙,谓之四灵。"引申为与乌龟有关的事物。龟,在古文中是一个常用字,读作 guī(《广韵》:"居追切")。《经典释文》一般不注音、不释义,只在《尔雅音义》和《庄子音义》里注音释义两次:《尔雅音义》:"龟,《字林》古追反",《庄子音义》:"龟手,愧悲反,徐举伦反,李居危反,向云拘坼也,司马云文坼如龟文也,又云如龟挛缩也。"

　　"龟"读作 qiū(《广韵》:"居求切"),是外族"龟兹"的译音,本文不讨论。

　　"皲",《广韵》:"举云切,足坼。"《集韵》:"区伦切,皱也。"折合为现代普通话读作 jūn,《广韵》:"居运切,足坼,又居云切(《广韵·文韵》作'举云切',这里作'又居云切',反切上字不同,但是代表的声母都是'见'母)。"《集韵》:"俱运切,手足坼裂也。"折合为现代普通话读作 jùn,意义均为皮肤受冻而坼裂。《集韵》除了给"皲"注音这两个以外,还有两个注音,意义也都相同。《说文》:"足坼也,从皮、军声。""皲"的两个读音表示的意义没有不同,属于不区别词义词性的异读,后世只继承了 jūn 的读音。

　　《庄子音义》:"龟,愧悲反。徐举伦反;李居危反;向云拘坼也;司马云文坼如龟文也,又云如龟挛缩也。"郭庆藩《庄子集释》引李桢曰:"龟手,《释文》云:'徐举伦反',盖以龟为皲之假借。"龟,平声脂韵见母;皲,平声文韵见母。

　　"龟"字原本没有"皲"字音,也没有"皲裂"义,但是龟背就像皲裂的手背或土地,在这个形象上两者有了联系,产生了联想。在"龟裂、皲裂、龟手、皲手"这样的语言文字环境里受到了感染,"同义相因",产生了新的读音和意义,因而"龟"就获得了"皴"的音义。

沈兼士《汉魏注音义同换读例发凡》认为"龟"之为"皲"是"义同换读",原理是"中国文字的孳乳,虽为衍形,而语言运用,仍轻形重音。故同一字体,不妨有时用以表示同意义之两语词,大抵以恒言换读异语者为多"。产生这种情况的原因在于:"初期注音,多含有不固定性,随义之便而设,所注之音,往往示义;释义之训,亦往往示音。后世纂辑字书者别裁去取,然后音义之界始严。"①"龟"字音"皲"这个读音进入古书音注和《集韵》,字典、辞书相承,造成了这个字今天的异读。《普通话异读词审音表》将"龟裂"作为规范字,而"皲裂"作为异形词。

沈兼士提出的"义同换读"是"替换"的一种方式,主要立足于"义同"而"换读",是因为意义相同或相关而使一些字词读音发生感染,从而在以后的使用中产生替换。但是在语言文字的使用和发展过程中,并不仅仅只有这种形式,"形同""音同"或者"形、音、义部分同②",甚至两个字(词)在使用中位置邻近等原因也可能感染而产生替换,因而,我们用"感染—替换"这个术语来概括。

频(俛)、俯

《说文》:"频,低头也。从页,逃省。太史卜书频仰字如此。扬雄曰:人面频。俛,频或从人、免。"《文选·上林赋》李善注引李

---

① 见沈兼士《汉魏注音义同换读例发凡》[J],《沈兼士学术论文集》[M],页311—314。

② 这里所说的"同"是指部分相同,而不是完全相等,就跟同义词和等义词一样。

登《声类》："頫，古文俯字。"唐颜元孙《干禄字书》以"俯""俛""并俯仰字，俗以俛音免，非也。"徐铉曰："頫首者，逃亡之貌，故从逃省。今俗作俯，非是。"徐锴《说文系传》："俗頫字从人免。"頫、俛在《说文》时期就是一对异体字，頫的本义是"低头"。

《经典释文》为"俛"注音 8 次：《春秋左传音义》："俛定，音勉，俯也。"《周礼音义》："上俛，音免。"《仪礼音义》："俛而，音俯。"《仪礼音义》："小俛，音免。"《仪礼音义》："俛而，音俯。"《礼记音义》："小俛，音免。"《礼记音义》："俛，音免。"《论语音义》："一俛，音免。"

为"頫"注音 3 次：《春秋左传音义》："享頫，他吊反，徐又他彫反。"《春秋穀梁音义》："殷頫，他吊反。""殷頫，吐吊反，本或作见。"

其中《春秋左传音义》："享頫，他吊反，徐又他彫反。"根据李维琦等注《左传》，"頫"为"覜"①，《春秋穀梁音义》："殷頫，他吊反。"根据黄焯《〈经典释文〉汇校》："殷頫，卢本覜误頫。""殷頫，吐吊反，本或作见。"不是"頫"作"见"，而是"頫"之部首"页"作"见"，即是"頫"字当作"覜"。因而《经典释文》没有给"頫"字注音释义，而是"頫"与"覜"形近而混用，如《春秋左传音义》："頫见，贤遍反，下同。"都应该理解为"覜"的音义。《经典释文》还在其他部分为"覜"注音释义 7 次：《周礼音义》："殷覜，他吊反，一音他尧反。"《周礼音义》："以覜，他吊反。"《周礼音义》："殷覜，通吊反。"《周礼音义》："以覜，吐吊反视也。"《礼记音义》："以覜，他吊反。"《礼记音义》："覜聘，吐吊反。"《尔雅音义》："覜，他吊反。"

为"俯"注音 6 次：《周易音义》："俯以，音甫。"《礼记音义》：

①见李维琦等注《左传》，岳麓书社，2001 年第一版，页 537。

"俯，音甫。"《礼记音义》："可俯，音府。"《礼记音义》："进俯，本又作府。"《孝经音义》："而及之贤者俯，音甫。"《尔雅音义》："俯，音甫。"

在《经典释文》中，"俛"与"俯"开始出现了换读的迹象，如《春秋左传音义》："俛定，音勉，俯也。"《仪礼音义》："俛而，音俯。"《仪礼音义》："俛而，音俯。""頫（頪）"与"俛"和"俯"绝不混同，因为音义完全没有关系。

其他文献里，頫（俛）、俯两字可交换使用，《国语·晋语》："籧篨不可使俯，戚施不可使仰。"俯、仰对举，俯义为"低头"。《吕氏春秋·季秋纪》："蛰虫咸俯在穴，皆墐其户。"俯为"俯伏"义。《左传·成公二年》："韩厥俛定其右。"杜预注："俛，俯也。"《礼记·表记》："《诗》之好仁如此；乡道而行，中道而废，忘身之老也，不知年数之不足，俛焉日有孳孳，毙而后已。"俛与毙连用，义为"俯伏"。《礼记·礼运》："其余鸟兽之卵胎，皆可俯而窥也。"孔颖达疏："俯，下头也。"《文选·上林赋》李善注引李登《声类》："頫，古文俯字。"唐颜元孙《干禄字书》以"俯""俛"，"并俯仰字，俗以俛音免，非也"。

段玉裁《说文解字注》"俛"字条："俯由音误而制，用府为声，字之俗而谬者，故许书不录。俛，旧音无辨切，《玉篇》音靡卷切……大徐云方矩切者，俗音也。""俛"应该与"免"同音，今读为 miǎn。"俛"与"俯"是读音完全不同的两个字，只是由于意义相近而换用，"俛"也取得了"俯"的读音，今读为 fǔ。黄生《字诂》认为"俛、頫、俯"三字原来都同义不同音，"頫"当音"眺"，"后人以其义同"，遂读为同音，是一组义同换读的字。

"俛""頫""俯"三字由于意义相同（近）而产生音义感染，造成它们音义无别，《第一批异体字整理表》将"俛""頫"都作为异体字并入"俯"字。这样，"俯"由原来的"俗字"替换了"正字"，成为现代汉语的规范字。

义同换读与假借不同,其形式虽然像古字假借,但实际上很不相同。《说文·序》:"假借者,本无其字,依声托事。"元戴侗《六书通释》:"所谓假借者,义无所因,特借其声,然后谓之假借。"古字虽有所谓"本无其字"和"本有其字"两种假借,但假借一般是意义没有联系而读音必须相同或相近。上举"龟"之读为"皲"等等"义同换读"正与假借条例相反:意义相同或相通,而读音不同,声类和韵类相差很大,没有声转和韵转关系。这类用法,字义本同,不分本借,不得谓之假借。沈兼士认为是"汉人义同换读之特例",是古人注书的一种特别方式,目的是为解读文句,进行文字训诂,也就是用一个跟要训释的字读音不同而意义相同或相通的较常用的字来替换罕见字,达到训释目的。

义同换读与假借一样,也是一种文字借用现象。假借是因为两个或几个字读音相同或相近而借用,义同换读则是因为意义相同而借用;另外汉字还有可能因为两个或几个字都适合表示一个词而产生借用,如一些交叉异体字"粘"与"黏"之间的借用(裘锡圭《文字学概要》,商务印书馆,1988)。

我们可以根据这些不同依据的借用分别称为"音借""义借""形借",于此也可以看到汉字在使用过程中,互相借用的复杂情况。但是这种复杂情况在汉字三个要素形、音、义之间都能找到根据,是汉字借用的主要线索。"音借""义借""形借"三者之间关系也十分密切,有时候难以完全分辨清楚。

"音借""义借""形借",我们认为就是汉语字词因为音同音近、义同义近、形近而产生感染,进而产生替换的具体表述。

沈兼士解释这种现象的原因是:"汉人注音,不仅言同音通用,且以明异音同用,非如后世反切之但识读音而已。通用者,义异而音通，即假借之一种，人习知之；同用者，辞异而义同，音虽各别，亦可换读"。

在汉语没有语音规范以前，汉字读音是不固定的，其中一个重要原因就在于古人在注音的时候往往兼释词义，在释义的时候兼注读音。当此之时，两者之间是可以相通的，有一定的语言联系。语音发展以后，这些读音与词义之间的关系逐渐分化，形成特殊读音。《方言》《说文》《释名》以及后来的《经典释文》都有这样的例子。

这种因训诂而产生的特殊读音在《经典释文》中保存的比较多，因为《经典释文》的音义材料主要来源于汉魏六朝，作者广泛，"六朝以上之人作音义，其例固自有异于隋唐之韵书"（《吴注〈经籍旧音辨证〉发墨》）。缘于训诂的"义同换读"与同音替代的假借有联系也有区别，不可混为一谈。

十、什

"十"本是数词，九加一所得，《易·系辞上》："十有八变而成卦。"《论语·公冶长》："回也闻一以知十，赐也闻一以知二。"《商君书·来民》："王行此，十年之内，诸侯将无异民。"

"什"则是古代兵制，五人为伍，两伍为什，《左传·昭公元年》："崇卒也，将战。魏舒曰：'彼徒我车，所遇又阨，以什共车，必克。'"孔颖达疏："《周礼》：'十人为什。'以一什之人，共一车之地，故必克也。"又为古代户籍编制，十家为"什"，《管子·立政》："分国以为五乡，乡为之师；分乡以为五州，州为之长；分州以为十里，里为之尉；分里以为十游，游为之宗；十家为什，五家为伍。"

颜师古《匡谬正俗卷六·什器》："或问曰：生生之具谓之什器，什是何物？答曰：此名原起军戎，遂为天下通称。军法，五人为伍，二五为什。一什之内，共有器物若干，皆是人之所须，不可造次而废者，或称什物，犹今军行戍役工匠之属，十人为火，一火内共畜器物谓之火幕调度耳。"

由于字形相近、意义相关而感染，两个字可以通用。《礼记音义》："什越，音十。"《礼记音义》："什一，音十。"《左传音义》："什吏，音十。"《左传音义》："以什，音十。"《春秋穀梁传音义》："什一，十而税一。"《春秋穀梁传音义》："什一，音十，十税一也。"《孝经音义》："什，音十。"《春秋左传音义》："什吏，音十。"《春秋左传音义》："以什，音十。"

1.用作数字"十"，《诗经音义》："鹿鸣之什第十六，音十，什者，若五等之君有诗，各系其国，举《周南》即题《关雎》，至于王者施教，统有四海，歌诗之作，非止一人，篇数既多，故以十篇编为一卷，名之为什。"《商君书·更法》："利不百，不变法；功不十，不易器。"《汉书·韩安国传》："臣闻利不十者不易业，功不百者不变常。"《墨子·尚贤中》："夫不能治千人者，使处乎万人之官，则此官什倍也。"《史记·淮南衡山列传》："什事九成，公独以为有祸无福，何也？"

2.用作"十分、十倍"，《商君书·去强》："国以难攻者，起一得十；国以易攻者，出十亡百。"汉枚乘《上书重谏吴王》："此其与秦地相什而民相百。"汉桓宽《盐铁论·水旱》："器便与不便，其功相什而倍也。"《周书·文帝纪下》："齐神武攻围六旬不能下，其士卒死者什二三。"

3.用作"十分之一"，《礼记音义》："什一，音十。"《春秋穀梁传音义》："什一，十而税一。"《春秋穀梁传音义》："什一，音十，十税一也。"《周礼·地官·载师》："凡任地，国宅无征，园廛二十而一，近郊十一。"贾公彦疏："云'近郊十一'者，即上经宅田、士田、贾田任在近郊者，同十一而税也。"《庄子·达生》："五六月累丸二而不坠,则失者锱铢;累三而不坠,则失者十一;累五而不坠,犹掇之也。"《商君书·算地》:"故为国任地者,山林居什一,薮泽居什一,溪谷流水居什一,都邑蹊道居什一,恶田居什二,良田居什四,此先王之正律也。"《史记·魏世家》:"魏成子以食禄千钟,什九在外,什一在内。"《管子·治国》:"关市之租,府库之征,粟什一。"《穀梁传·哀公十二年》:"古者公田什一。用田赋,非正也。"范宁注:"私得其什而官税其一,故曰什一。"宋苏轼《策别十五》:"三代之赋,以什一为轻。今之法本不至于什一而取。"另,"什锦"也写作"十锦"。

现代汉语确定表示"数字"用"十","什"则一般不再表示数字,"十"字替换了"什"字表示数字的功能。类似的还有叁、参、五、伍等。

像、相、象

像,《周易音义》:"像比,音象。"《广韵》:"徐两切"(上声养韵邪母),xiàng;

相,《诗经音义》:"其相,如字,一云郑息亮反。"《广韵》:"息亮切"(去声漾韵心母),xiàng;

象,《周易音义》:"象,翔丈反,精象、拟象也。"《广韵》:"徐两切"(上声养韵邪母),xiàng。

像、相、象双声兼叠韵,读音基本相同。它们在"形象、形状,相似、类似,肖像、模样"等意义上也由此感染而产生混同。

1.形象、形状,《易·系辞下》:"是故易者,象也。象也者,像也。"《楚辞·天问》:"冯翼惟像,何以识之?"三国魏曹植《洛神赋》:"奇服旷世,骨像应图。"唐封演《封氏闻见记·碑碣》:"古碑上往往有孔,是贯缚索之像。"

南朝梁沈约《佛记序》:"降胎求道,宁止一相。"明李贽《书决疑论前》："苟知凡所有相皆是虚妄,则愿力慈悲尤相之大者。"清曹寅《题姚后陶比丘小像》诗:"伽黎不挂原无相,惭愧诸龙乞裹头。"

《易·系辞下》:"爻也者,效此者也;象也者,像此者也。"孔颖达疏:"言象此物之形状也。"《周易音义》:"象也者像也,众本并云,像,拟也,孟京、虞、董、姚还作象。"《书·说命上》:"梦帝赉予良弼,其代予言,乃审厥象,俾以形旁求于天下。"孔传:"审所梦之人,刻其形象,以四方旁求之于民间。"《素问·五藏生成论》:"五藏之象,可以类推。"南朝梁刘勰《文心雕龙·养气》:"纷哉万象,劳矣千想。"汉武帝《贤良诏》:"朕闻昔在唐虞,画象而民不犯。"宋郑樵《〈通志〉总序》:"夫祭器尚象者,古之道也。"《二刻拍案惊奇》卷十九:"是日天气大寒,席中放下此盆,洒水在内,须臾凝结成象,却是一块石上坐着一个老人。"鲁迅《华盖集续编·纪念刘和珍君》:"惨象,已使我目不忍视了;流言,尤使我耳不忍闻。"

2.相似、类似,南朝宋谢灵运《初去郡》诗:"无庸妨周任,有疾像长卿;毕娶类尚子,薄游似邴生。"清李渔《闲情偶寄·词曲·词采》:"以情乃一人之情,说张三要像张三,难通融于李四。"老舍《黑白李》:"脸上处处像他哥哥,可是那神气又完全不像他的哥哥。"

《左传·桓公六年》:"以名生为信,以德命为义,以类命为象,取于物为假,取于父为类。"杜预注:"象,类。若孔子首象'尼丘'。"汉司马相如《长门赋》:"雷殷殷而响起兮,声象君之车音。"晋陆机《招隐》诗:"轻条象云构,密叶成翠幄。"清刘大櫆《雷说》:"雷之为形,非走非翔,象彼鹰隼,两翼怒张。"

3.肖像,《楚辞·招魂》:"天地四方,多贼奸些,像设君室,静闲安些。"朱熹集注:"像,盖楚俗,人死则设其形貌于室而祠之也。"

蒋骥注："若今人写真之类，固有生而为之者，不必专指死后也。"《后汉书·赵岐传》："图季札、子产、晏婴、叔向四像，居宾位。"唐韩愈《处州孔子庙碑》："像图孔肖，咸在斯堂，以瞻以仪，俾不惑忘。"鲁迅《书信集·致赵家璧》："前面可以插一作者像，此像我有，可以借照。"

《荀子·非相》："术正而心顺之，则形相虽恶而心术善，无害为君子也。"《史记·李将军列传》："岂吾相不当侯邪？"《警世通言·拗相公饮恨半山堂》："惟李承之见安石双眼多白，谓是奸邪之相。"高云览《小城春秋》第十一章："人长得并不好看……宽而大的脸庞很明显地露出一种忠厚相。"鲁迅《书信集·致山本初枝》："我只因合照了张相，也沾光被骂了一通。"鲁迅《致母亲》："这张相照得很好。"

像、相、象由于音同、音近而意义交叉感染，呈现出你中有我、我中有你的复杂情况，在现代汉语使用中仍然比较混乱，没有完成替换。

再如，望羊、望洋、望佯、望阳，这是一组联绵词，表示仰视貌、远视貌。《孔子家语·辩乐》："近黮而黑，顾然长，旷如望羊，奄有四方。"王肃注："望羊，远视也。"《释名·释姿容》："望羊。羊，阳也。言阳气在上，望之然也。"毕沅疏证："望羊，本皆作'望佯'，非也。"《庄子·秋水》："河伯始旋其面目，望洋向若而叹。"陆德明《释文》作"盳洋"，引崔譔曰："犹望羊，仰视貌。"汉王充《论衡·骨相》作"武王望阳"。

联绵词往往义寄于音，而与字形关联不紧密，因而在古籍中多数有不同的字形，如逶迤、逶蛇、委蛇等等。这类联绵词在现代汉语里逐渐得到规范，一般以"望洋""逶迤"为规范形体和读音，完成了替换。

产生汉语字词历时感染—替换,除了语言本身的要素以外,人们的心理、习惯也是重要原因。如"马蜂"的"马"原来是大的意思,因受"蜂"的感染,后来也加上"虫"旁,于是"马蜂"和"蚂蜂"成为一对异形词。同样道理,"凤皇"和"凤凰","曲蟮"和"蛐蟮","火伴"和"伙伴"都是异形词。又如"丁当",因为是象声词,人们习惯于加上"口"旁、"玉"旁等,于是形成了"丁当""叮当""玎珰"等一组异形词,这类感染还有如"虎魄""琥珀"、"老老""姥姥"、"亭亭""婷婷"等等。在语言使用过程中,人们趋同、辨异、类推等复杂的心理活动也起到十分重要的作用。

感染—替换是汉语汉字发展演变中出现异常情况的重要原因。由于替换的几个字词之间读音、意义线索中断或模糊,人们对这一现象往往"各师成心",主观臆断,造成对语言文字的误解。感染—替换产生的条件是两个或几个音义之间有某些相同相似的因素,如上述例子。由于这些因素使几个字(词)产生了相互感染,从而出现历时的"替换"现象,也正因为有这些相同相似的因素干扰,人们往往将这种现象混同于"假借"或"引申"。语言文字学上所谓的"滥用通假",主要原因就在于人们一时找不到文字音义感染—替换的线索,于是就简单地将难以找到发展演变线索的——可能没有通假、引申、孳乳、变异等关系——几个字词说成"通假"或"引申"。建立汉语字词的历时"感染—替换"模式,有利于我们了解字词形音义发展演变的线索,更好地理解语言文字现象,是解释异体字、繁简字、古今字、多音字、异读字、异形词等等复杂语言现象的一个新的重要途径。

感染—替换是汉语言文字发展演变的重要现象,在汉语言文字的发展中,汉字、词汇、语言结构、语法规则等语言要素以及方言和通语间都出现过感染—替换过程。前人对汉字、词汇等历时替换曾经作过很多探索，但是往往局限于单个字、词的历时替换，或者单就词义而谈感染，或者谈感染而不管替换，谈替换不管感染等等，没有看到其他语言要素也会产生感染—替换的现象。我们这里探讨历时感染—替换，不在于零散地了解单个字词的历时替换，目的在于建立起汉语言文字发展演变的感染—替换模式，以此考察汉语字词的历史发展线索，解释语言文字发展过程中的某些语言现象。

我们将感染—替换作为一个完整的过程来看待，感染是替换出现的原因，替换是感染的结果。汉语字词的感染—替换作用是一个历时的过程，完成了这个过程，就体现为替换。如：

《说文》："笨，竹里也。"竹里即竹子中空里面的薄膜，过去可以用于蒙笛，这是"笨"的本义。"笨"字还有粗笨、粗陋、愚笨等意义，如"笨车、笨伯、笨鸟先飞"等。《广韵》："笨，蒲本切。"属于上声混韵并母，语音发展，"浊上变去"，笨字今读 bèn。

《广韵》："体，蒲本切。粗貌，又劣也。"《资治通鉴》有"体夫"，是从事笨重体力劳动的人。

从造字原理看，"笨"的意义范围在竹子以及跟竹子有关的事物，"体"跟人有关，原本应该不搭界。但是两字声符相同，在《广韵》里，"笨"与"体"完全同音，同音可以通用，同时声符兼义，笨、体相互感染，意义也有了相同之处，在古文中可以互换使用。发展到现代汉语普通话，"体"成为"體"的简化字，同时也得到了"體"的音义，读为 tǐ，就不再读为 bèn，意义也表示"身体、物体"等。完成了替换，不再通用。

《说文》："默，犬暂（突然）逐人也。"经典常用作静默、不语。《尚书·说命》："恭默思道，梦帝赉予良弼。"《周易·系辞》："君子之道，或出或处，或默或语。"《广韵》："默，莫北切。"今读为 mò。

《广韵》："嘿,莫北切。"今读为 mò。《荀子·不苟》："君子至德,嘿然而喻。"《晏子春秋》："臣闻之,近臣嘿,远臣瘖,众口铄金。"《文选·卜居》："吁嗟嘿嘿兮,谁知吾之廉贞?"唐刘良注:"嘿嘿,不言貌。"《楚辞·卜居》作"默默"。

"默"与"嘿"原本有不同的来源,但是两字声符相同,在《广韵》里完全同音,文句使用中意义也有相同的义项,在古籍中相互感染,可以互相换用。现代汉语普通话"默"表示静默不语,读作mò,"嘿"主要用作象声词、叹词,读作"hēi",完成了替换,不再通用。

汉语字词的感染—替换作用更多的是过程的延续,体现为字词形、音、义你中有我、我中有你,可以互相交换使用,如涕、泗,焚、烧,龟、鞑等等,造成异体字、古今字、异读字、同义词(近义词)等等复杂的语言现象。在感染—替换过程中,人为因素会产生很大干扰,权威字(辞)典、韵书、文学作品、大众传媒以及语言文化政策等等都可能加速或延缓这个过程。

三、汉语语音区别特征的补偿机制

任何语言都有一套自己的表达意义和用法的手段,语音、词汇、语法就是这些手段的三大范畴。这些手段随着语言和社会的发展,呈现出动态变化的状态。在变化过程中,语言发展出一整套区别特征以适应人们的表达和交际的需要。语言的发展使一些语言要素逐渐发生变化,往往导致原来的区别特征消失。某种区别特征在发展过程中消失,又要求语言形式产生新的区别特征予以补偿。这些新的区别特征可能是语音、语法、词汇的新形式,在书面语中还可以是文字形体的改变,以此来形成新的区别特征。因而在语言发展过程中,语言的各个要素就紧密地联系在一起，形成一个复杂的语言系统。《经典释文》的特殊读音汇集汉魏六朝以来语音的发展变化，也体现了陆德明对汉语语音的区别特征的自觉不自觉的运用。

汉语语音在发展过程中，一些语音特点消失，也就是原来的区别特征消失，会产生新的语言形式来给予补偿。这些补偿的形式主要是语法和构词法，但是新的语音特点的产生也是对消失了的语音区别特征的补偿。

1.古代汉语语音区别特征的分析

我国古代语言学研究非常重视语音区别特征的发掘，唐宋元时期出现的等韵图是古代汉语的语音学，同时也是对汉语语音区别特征的明确分析，这些等韵图对语音的分析大同小异，我们以《韵镜》为例。

声母的区别特征从发音部位和发音方法两方面分析：

发音部位：唇音、舌音、牙音、齿音、喉音，其中唇音再分轻、重，舌音再分舌头、舌上，齿音又分齿头音、正齿音。

发音方法：清、次清、浊、清浊。

韵母的区别特征有阴、阳、入；内转、外转；开、合两呼；一、二、三、四等。

声调的区别特征有平、上、去、入。

上述语音特点跟其他任何一种语音特点之间都构成对立，这样的对立在语音应用中可以起到区别意义的作用。等韵图将上述汉语语音要素集合起来，编制成声母、韵母、声调的配合表，以揭示汉民族共同语的语音系统，使"天下无遗音"，帮助人们认识和读准汉字读音。同时这些语音分析实际上也是对汉语语音区别特征的分析。

汉语语音的这些特点作为区别特征，就意味着，在其他条件相同的情况下,只要一个特征不同,就能起到区别意义和用法的作用。

两汉是我国语言学的自觉时期,当时的语言研究者就注意到了一个字(词)的某个音素不同可以起到区别意义的作用。如《春秋公羊传·庄公二十八年》:"伐者为客,见伐者为主。"何休注:"伐人者为客,读伐长言之……见伐者为主,读伐短言之。"现在学者一般认为"长言、短言"是声调的区别。一个字有长言、短言的读音区别,即有声调的区别。产生这个区别的原因在于一为"伐者"和"客",一为"见伐者"和"主",这体现着汉语动词用于主动和用于被动的两种语法地位的不同,也反映了由此而来的意义差别。

魏晋六朝以后,人们继承前代学者对汉语语音区别特征的初步认识,在更大的范围普遍分析汉语语音区别特征,发现所谓"四声别义""音变构词"等语言使用规律,是对汉语语音区别特征的自觉运用。陆德明《经典释文》广泛搜集魏晋六朝以来的经典音义注疏达二百八十余家,他非常重视在语音变化条件下的意义差异,如:

《诗经音义·北风》:"同行,音衡,道也。"《诗经音义·东门》:"行上,并如字,行,道也。""行"指道路,今读 héng,这个读音和相应的意义在普通话里没有保留。

《尚书音义·禹贡》:"太行,户刚反。"《春秋左传音义·定公八年》:"大行,音太,下户郎反。""太行",山名,"行"的反切字虽然不同,但是读音是完全一样的,今读 háng。

《尚书音义·禹贡》:"周行,户康反,行,列位也。"《诗经音义·大叔于田》:"雁行,户郎反。"《周礼音义·夏官》:"行司马,户刚反,行,行列也。"其中"行"都表示"行列",反切字也不完全相同，但是读音一致，今读 háng。

《周礼音义·夏官》："巡行，下孟反。"《孝经音义·庶人章》："父母行，下孟反。""行"的意义是"行走"，今读 xíng。

《诗经音义·都人士》："士行，下孟反，下文注操行同。"《孝经音义·卿大夫章》："非先王之德行，下孟反。"其中"行"义为"德行、品行、操行"，是"行走"义的引申，今读 xìng。《普通话异读词审音表》没有保留这个读音，但是很多字典词典还有这个音义。

最能表现陆德明有意识地运用语音区别特征来区别字（词）音义的是《诗经音义·鹿鸣》："周行，毛如字，道也，郑胡郎反，列位也。"毛亨注解《诗经》注"行"音为"如字"，义为"道路"，陆德明又引用郑玄的注音和释义，读音不同，意义随之不同。又如《诗经音义·天作》："之行，如字，道也，王、徐并下孟反。"陆德明认为"行"音为"如字"，义为"道路"，但是前代注家王肃、徐邈的注音为"下孟反"。虽然陆德明没有指出意义，但是我们根据其注音可以知道意义是"行走"或"德行"，与陆德明理解的意义不同。

汉语语音区别特征产生的原因是极其复杂的，但是其核心的力量是字（词）意义和用法的发展。《经典释文》《广韵》《集韵》等中古时期的音义著作和韵书记录了大量的异读字，大多数是适应汉语的发展而产生的新的意义和用法。但是，我们也不能认为只要产生了新的意义和用法就一定要通过语音来予以区别，如上述"行"表示"太行山"和"行列"都读为 háng，表示"行走"和"品行"都读为 xíng①，并没有随着意义的发展而改变读音。汉语语音的

---

① 《经典释文》"行"的行走义、品行义读音没有差异，《广韵》分别为"户庚切"和"下孟切"，通过声调区别了意义，后世字典、词典继承。1985 年《普通话异读词审音表》"统读"为 xíng，又由国家政策的力量模糊了原来声调的区别。

区别特征要产生作用,除了意义和用法的发展以外,还要受到"约定俗成"的制约,区别特征产不产生、什么时候产生、如何产生都要接受言语社会的约定。

2.语音区别特征的消失与补偿

随着社会的发展和人们认识水平的提高,语言总是不断发展变化的。语言发展的趋势是由简单到复杂,但是,由于受人类生理特点的限制和语言形式的发展,汉语语音在发展过程中,则是趋于简化:从《广韵》到现代汉语普通话,声母由 35 个简化为 22 个;韵母由 16 摄简化为 12 摄,两呼四等简化为四呼;声调由平、上、去、入演化为阴、阳、上、去。简化的结果就导致一些语音特点消失,原来通过这些特点区别意义的功能也随之消失。王力先生《汉语史稿》(页 207)指出:"汉语语音简单化是语音发展的一般趋势,特别是在普通话里是这样。但是,汉语语音简单化并不意味着汉语的损失,它在别的方面得到了补偿。补偿在语法构造方面。轻音的产生使汉语语音增加了新的色彩,同时是新的语法因素从语音上表现出来。复音词的大量产生,使汉语有可能不再依靠复杂的语音系统来辨别词义。"

王力先生指出了汉语语音简化的主要原因在于语法、构词方面的补偿,我们认为这是完全正确的。正是由于语法、构词的发展取代了汉语大量的旧音异读,才形成了今天汉语普通话 22 个声母、39 个韵母、4 个声调的比较简单的格局。过去大量的多音字,不管是总的字数还是一个字的读音数都得到了简化,便于人们掌握语言①。

但是,尽管如此,我们也不能忽视汉语语音区别特征的补偿

———————————

① 虽然语法、构词法比过去复杂一些,但是它们的规律性更强,便于掌握。

作用。语音本身的发展变化也是语音简化的一种重要的补偿机制。从《广韵》到《中原音韵》，汉语声母发生了重大变化：全浊声母清化，也就是原来读为声带振动的浊声母，到《中原音韵》里都读为声带不振动的同部位清声母。这样一来，原来通过声母清、浊的对立来区别意义的语音特点就随之消失。例如，"同"，《广韵》注音为"徒红切"，属于平声东韵定母字；"通"，《广韵》注音为"他红切"，属于平声东韵透母字；"同"与"通"原来韵母、声调完全相同，依靠声母清（透母）、浊（定母）来区别意义。浊声母清化，使声母相同，如果不在韵母、声调或声母的其他方面予以区别，这俩字就成了完全的同音字。

这一对声母区别特征消失得到的相应的语音补偿就是在声调上分阴阳。《广韵》时期的声调有四个：平、上、去、入，不分阴阳。到《中原音韵》，汉语声调分为阴平、阳平、上声、去声。也就是《广韵》时期的平声分为《中原音韵》的阴平和阳平，一般是清声母的平声字读为阴平，如上举"通"，浊声母的平声字读为阳平，如上举"同"。浊声母清化，消失了清浊的对立，而在声调原来不对立的平声新产生阴平和阳平的对立，得到了补偿。同样，上声字、去声字的声母原本也有清浊的对立，本应与平声一样在声调上分阴阳。但是浊声母的上声字（按声调阴阳的划分也就是阳上）读成了去声，即"浊上变去"，因而上声字的阴阳（表现在声母就是清浊）也得以区分；而上古没有去声，中古才出现（《汉语史稿》页122，中华书局，2004），因而去声字相对其他声调的字原本较少。从《广韵》到《中原音韵》，浊声母的上声字变为去声。这样一来，去声字里面主要是浊声母的字，清声母字较少，构不成对立，因而去声不分阴阳。原来清声母与浊声母的对立通过其他方式予以区别，本文不讨论。

浊声母清化演变为同部位清声母,清声母字在近代大量增加,模糊了原来发音方法清浊的对立,在发音方法送气不送气上又予以补偿。考察中古到近代语音发展,我们会发现中古浊声母字在近现代汉语里一般按照"平声送气,仄声不送气"的规律发音。

3.语音区别特征的羡余

在汉语语音发展过程中还会产生一些多余的语音区别特征,这些多余的语音特征来源复杂,大体上有来源于方言的、来源于古音的、来源于不同注家注音的以及来源于外语借词的,等等。造成众多的多音字、异读字,这些多音字、异读字虽然有语音要素的差异,但是很多都没有区别意义的功能,成为语音中需要规范的赘疣,如《经典释文·周易音义》:"无誉,音余,又音预。"两个读音意义、用法完全相同;还有一些多音字、异读字原本没有区别意义和用法的作用,但是在发展过程中,人们赋予它新的不同的意义和用法,这样一来,它们就成为新的区别特征。如《经典释文·诗经音义·鹿鸣》:"嘉乐,音岳,又音洛。"后来分化,音乐之乐读为"岳",快乐之乐读为"洛",成为语言中的有用成分。

汉语语音的某些区别特征在语言的发展过程中,本应跟类似条件下的其他特征一同消失。但是语言表达的复杂性要求保留一些个别特点,这样就形成了一些语音规律的例外,如"上",《广韵》注音为"时掌切",声母属于浊声母"禅",浊声母清化,其声调应该按照"浊上变去"的规律演变为去声。现代汉语普通话在一般情况下也都读为去声,但是在作为声调名称的情况下,还是保持上声的声调,成为一个特殊读音。

明吕维祺《音韵日月灯》归纳变音构词的形式有变调构词、变声构词、变韵构词。其《音辨一》"形同而动静异音":

静平动去：中、重、空、风、施、遗、妻、衣……

静上动去：动、重、枕、种、始、比、喜、弟、雨……

静入动去：辐、复、足、告、失、作、恶、画、借、伏

静去动平：缝、攻、思、治、供、知、分、吹、便、缠

静去动上：奉、使、统、去、吐、扫、上、放、守、采

静去动入：宿、读、乞、切、结、约、乐、率、师、著

静平动上：天、强、屏、指

静上动平：反、编

静匣母动见母：降、解、坏、会、系、合

静见母动匣母：见（去：上临下从见母，下朝上从匣母）

静清音动浊音：扶、朝、焉、背、蛰、定……

静浊音动清音：条、比、尽、柱、在、折、别、脱、撮

这些区别词义和语法作用的变音构词，在现代汉语里许多都已经不存在了。特别是汉语浊声母清化以后，以声母清浊的差异来区别词义词性的功能在现代汉语普通话里已经找不到痕迹了，取而代之的是汉语音位的其他区别特征。而在古书中所保留的这些区别特征就成为羡余，这些羡余在语言发展中有的被赋予新的意义或用法，就成为新的区别特征；有的没有新的意义和用法，在汉语规范以前是自由变体，在规范的条件下就成为语言的赘疣，是被规范的对象。

吕维祺较之陆德明、贾昌朝有明显的进步，主要在于他明确了词语的词性与读音之间的关系，改变一个词读音的某个要素，可以区别不同的词性。他的这种思想在元刘鉴的《经史动静字音》里已经有了发端，但是吕维祺分析得更加细致。1898年马建忠著我国第一部语法学著作《马氏文通》，运用西方语言学理论，对这一语言现象作出了科学的分析。

4.语音区别特征补偿机制在汉语中的表现

汉字有大量的特殊读音,古人名、地名、特殊专有名词保留的古音与这些字的一般读音之间形成的差异就构成新的区别特征,如皋陶:《左传·庄公三年》陆德明音义:陶音遥,今音 yáo;伍员:《左传·哀公元年》陆德明音义:员音云,今音 yún。表示人名的陶、员保留古音(这种古音不一定是古代就是这样的读音,而是保留与一般读音的差别,以便区别意义),没有随着语音演变规律一同变化。

宋贾昌朝《群经音辨·序》分析了这些特殊读音区别意义的作用:"先儒之学,传授异同,大抵古字不繁,率多假借,故一字之文,音诂殊别者众,当为辨析……因取天禧以来巾箱所志编成七卷,凡五门,号《群经音辨》,一曰辨字同音异……二曰辨字音清浊:夫经典音深做深(式禁切),音广作广(古旷切),世或诮其儒者迂疏,强为差别,臣今所论,则固不然,夫轻清为阳,阳主生物,形用未著,字音常轻;重浊为阴,阴主成物,形用既著,字音乃重,信秉自然,非所强别。以昔贤未尝著论,故后学罔或思之。如衣施诸身曰衣(于既切),冠加诸首曰冠(古乱切),此因形而著用也;物所藏曰藏(才浪切),人所处曰处(尺据切),此因用而著形也。并参考经故,为之训说。三曰辨彼此异音:谓一字之中,彼此相形,殊声见义。如求于人曰假,与人曰假(音价),毁他曰败(音拜),自毁曰败,触类而求,并有意趣。四曰辨字音疑混:如上上(时亮切、时掌切),下下(胡贾切、胡嫁切)之类,随声分义,相传已久,今用集录。五曰辨字训得失……"

《群经音辨》继承《经典释文》,搜集先秦儒家经典在流传过程中产生的"群经之中一字异训、音从而异者"一千多个词,逐一分析其语音和语义关系,涉及词义、语法、语用等语言要素,是我国古代集大成的分析特殊读音及其语音区别特征的著作。

刘鉴《经史动静字音》是专门探讨汉语字词产生新的语法意义的著作，一个字（词）有不同的语法作用就在语音上用"动字""静字"予以区别，体现了汉语字词通过语音区别语法意义的使用现象。

汉语字词的区别特征丰富复杂，原来的语音区别特征消失，给予补偿的方式多样，可以是词汇、语法、语音等要素，本文仅以语音方面的区别特征的补偿作为考察对象，从中观察汉语语音发展的一些原因和机制。

中国古代语言学重材料、重事实、重实用，缺乏理论提升，从事中国古代语言学的研究者应该批判地继承传统"小学"的优良传统，结合现代语言学理论发掘古代语言研究的宝藏；克服现代西方语言学研究重理论轻材料、轻实用和中国传统语言学重材料、重事实轻理论两种不良倾向，将语言事实与语言理论紧密结合起来，在语言研究中有所作为。

第四章 《经典释文》特殊读音的历时演变

第一节 《经典释文》对汉魏六朝音义的继承

《经典释文》给十四种古籍做音义时,采用了汉魏以来二百八十余位注疏家对字词的注音和释义,并且对这些音义进行甄别和取舍①。其特殊读音是在继承和总结前代语言研究和运用的基础上而形成的。陆德明篡集《经典释文》,"所采汉魏六朝音切凡二百六十余家,又兼载诸儒之训诂,证各本之异同"。他"研精六籍,采摭九流,搜访异同"(《四库全书·经典释文提要》),成就了一部博大精深的学术著作,对中国传统语言学产生了巨大的影响。

其中《说文解字》《方言》《字林》《声类》《韵集》《玉篇》等工具书是重点引用的著作。

由于前代注疏中的注音卷帙浩繁,本文难以尽数分析,我们仅以陆德明引用《说文解字》为例,来观察陆德明对前人注疏音义的继承。

---

① 见本书第二章第二节"《经典释文》音义材料的来源"。

　　根据笔者制作的《经典释文》电脑全文数据库显示,《经典释文》引用《说文》及许慎对字词的解释和注音达812次,主要是对字词的意义解释和文字形体考辨。

　　该书也引用了《说文》的很多注音,其中直音、读若由于实际字音难以确定,本文不探讨,只列出《释文》引用的反切。

　　一些读音我们难以确定是不是《说文》或许慎的反切,我们将这部分排除,只以直接引用"《说文》某某反""《说文》音某某反""许慎某某反"和"前后有别家反切与《说文》反切并列者",如"孕,以证反,《说文》云怀子曰孕,弋甑反,郑云犹娠也,荀作乘"。作为《说文》的反切,计94次,我们将这些反切胪列如下,后面是徐铉根据《唐韵》为《说文》(中华书局,1963年第一版)创制的反切,为便于比较查验,将这些字在《说文》中出现的页码也附于后:

　　《易》:5 ①

　　困卦:臲,五结反,王肃妍喆反,《说文》作劓,牛列反,薛同。鱼器切(页92)

　　颐卦:逐逐,如字,敦实也,薛云速也,子夏传作攸攸,《志林》云攸当为逐,苏林音迪,荀作悠悠,刘作悆悆,云远也,《说文》悆,音式六反。式竹切(页46)

　　坎卦:衹,音支,又祈支反,郑云当为坻,小丘也,京作禔,《说文》同,音支,又上支反,安也。巨支切(页8)

　　睽卦:掣,昌逝反,徐市制反,《说文》作挈,之世反,云角一俯一仰,刘本从《说文》,解依郑。尺制切(页93)

　　渐卦:孕,以证反,《说文》云怀子曰孕,弋甑反,郑云犹娠也,荀作乘。以证切(页310)

---

①各书名后数字为《说文》或许慎反切出现的次数。

《书》:8

禹贡:达于河,如字,《说文》作菏,工可反,云水出山阳湖陵南。古俄切(页227)

汤诰:勠,旧音六,又力彫反,《说文》力周反,《史记》音力消反①。力竹切(页292)

西伯戡黎:戡,音堪,《说文》作𢧜(大徐《说文》作𢧜),云杀也,以此戡训刺,音竹甚反。口含切(页266)

微子:酳,音咏,《说文》于命反,酳,酒也。为命切(页313)

武成:魄,普白反,《说文》作霸,匹革反,云月始生魄然貌。普伯切(页141)

金縢:辟,扶亦反,治也,《说文》作壁,云必亦反,法也,马、郑音避,谓避居东都。必益切(页187),按:《说文》:壁,垣也,非法也。

顾命:咤,陟嫁反,字亦作宅,又音妬,徐又音讬,又猪夜反,《说文》作诧,下故反,奠爵也,马本作诧,与《说文》音义同。大徐《说文》无此条。

多方:愐,勑二反,《说文》之二反。大徐《说文》无此条。

《诗》:39

螽斯:蚣,粟容反,《字林》作蚣,先凶反,郭璞先工反,许慎思弓反。息恭切(页280)

螽斯:蝑,粟居反,许慎、吕忱并先吕反,郭璞才与反。相居切(页280)

抑:而扉,扶味反,隐也,沈云许慎凡非反。扶沸切(页194),按:大徐《说文》为"扉"。

匏有苦叶:鸴,以小反,沈耀皎反,或一音户了反,《说文》以水

---

①《经典释文》原文如此,应该是引用裴骃《史记集解》的注音。

反,《字林》于水反。以沼切(页82)

　　匏有苦叶:轨,旧龟美反,案《说文》云,轨,车辙也,从车九声,龟美反,轨,车轼前也,从车凡声,音犯,车辖头所谓轨也,相乱,故具论之。居洧切(页302)

　　菟罝:罝音子斜反,菟,罝也,《说文》子余反。子邪切(页158)

　　淇奥:琇,音秀,沈又音诱,《说文》作璓,云,石之次玉者,弋久反。息救切(页12)

　　呡:咥,许意反,又音熙,笑也,又一音许四反,《说文》云大笑也,虚记反,又大结反。许既切又直结切(页32)

　　君子于役:其有佸,户括反,《说文》口活反,会也,《韩诗》至也。古活切(页164)

　　中谷有蓷:暵,呼但反,徐音汉,菸貌也,《说文》云水濡而干也,字作灘,又作滩,皆他安反。呼旰切,又他干切(页233)

　　丘中有麻:佩玖,音久,石次玉者,《说文》纪又反,云石之次玉黑色者。举友切(页12)

　　清人:古抽,勑由反,《说文》作搯,他牢反,云抽刃以习击刺也。土刀切(页251)

　　溱洧:涣涣,呼乱反,春水盛也,《说文》作汍汍,音父弓反。孚梵切(页230)

　　溱洧:浏,音留,深也,《说文》流清也,力尤反。力久切(页229)

　　葛屦:掺掺,所衔反,又所感反,徐又息廉反,《说文》作攕,山廉反,云好手貌。所咸切(页251)

　　彤弓:所忴,苦爱反,很也,《说文》作㤥(大徐《说文》无忴字),火既反,云,怒战也。许既切(页222)

　　汾沮洳:薚,音续,水舄也,一名牛唇,《说文》音似足反。似足切(页26)

驷驖:猃,力验反,长喙,田小犬也,《说文》音力剑反。虚检切
(页204)

驷驖:歇,本又作猲,许谒反,《说文》音火遏反。许遏切(页204)

晨风:鴥,《说文》作鴪(大徐《说文》直禁切[页82]),尹橘反,
疾飞貌,《字林》於寂反。余律切(页82)

晨风:鹯也,之然反,《草木疏》云似鹞,青色,《说文》止仙反,
《字林》尸先反。诸延切(页81)

采薇:盬,《说文》方血反,又边之入声,《埤仓》云弓末反,戾
也。大徐《说文》无此条。

东门之枌:杼也,常汝反,《说文》丈与反。直吕切(页123)

鸤鸠:忾,苦爱反,叹息也,《说文》云太息也,音火既反。许既
切(页222)

月出:纠兮,其赵反,又其小反,一音其了反,窈纠,舒之姿,
《说文》音巳小反,又居酉反。居黝切(页50)

鹿鸣:芩,其今反,草也,《说文》云蒿也,又其炎反。巨今切
(页19)

车攻:既伙,音次,利也,《说文》子利反,云便利也。七四切
(页164)

车攻:举柴,子智反,又才寄反,积也,《说文》作㧘,士卖反。
前智切(页254)

节南山:如惔,徒蓝反,又音炎,燔也,《说文》作炎字,才廉反,
小热也。徒甘切(页222)

巷伯:缉缉,七立反(大徐《说文》七入切[页277]①),口舌声

---

①此为大徐《说文》"缉"字的反切。

也，《说文》作聑，云聑语也，又子立反。七入切（页32）①

大东：潸焉，所奸反，涕下貌，《说文》作潸，云涕流貌，山晏反。所奸切（页237）

大东：跂彼，《说文》作𧿁（大徐《说文》无此字），丘豉反，徐又丘婢反，隅貌。巨支切（页48）

宾之初筵：怭怭，毗必反，又符笔反，媟嫚也，《说文》作佖，平一反。毗必切（页162）

角弓：骍骍，息营反，调和也，沈又许营反，《说文》作䖧，音火全反。乌玄切（页269）

斯干：擂，吕忱丈牛反，沈吕菊反，《说文》音勑周反，引也，从手留声。敕鸠切（页255）

生民：揄，音由，又以朱反，抒臼也，《说文》作舀，弋绍反。以沼切（页148）

民劳：汔，《说文》巨乞反。许讫切（页235）

白华：烘，《说文》巨凶、甘凶二反，孙炎音恭。呼东切（页208）

白华：懆懆，《说文》七倒反，云愁不申也，亦作惨惨。七早切（页222）

《周礼》：5

内司：白缚，刘音绢，《声类》以为今作绢字，《说文》云鲜色也，居援反，徐升卷反，沈升绢反。持沇切（页273）

眡瞭：飞钻，张林反，又其廉反，戚或音沾，刘又渠金反，《说文》云铁铦也，一曰膏车铁钻，铦，音竹涉反。陟叶切（页296）

射人：去扑，《说文》父豆反。蒲角切（页256），按：《说文》为撲字。

---

①此为大徐《说文》"聑"字反切。

梓人：颊颁，许慎口忽反，云秃也，刘古本反，李又其恳反，一音苦纥反，又音混。苦骨切（页183）

弓人：紾，许慎尚展反，又徒展反。之忍切（页272）

《仪礼》：4

聘礼：之繻，刘音须，一本作缚，息绢反，案《说文》白鲜色也，居掾反，《声类》以为今正绢字。持沇切（页273）

少牢馈食礼：膞，《说文》之允反。市沇切（页90）

聘礼：为逾，刘音余，后同，《说文》大沟反。羊朱切（页40）

士丧礼：用靲，《说文》其阉反。巨今切（页62）

《礼记》：2

祭义：夫人缫（所衔切［页275］），悉刀反，下同，《说文》作缲，云抽茧出丝也，以此为旒缫字，音所咸反。稣遭切（页271）

表记：鹊之，《字林》作䧿，《说文》作誰，音七略反。大徐《说文》无此条。

《左传》：7

隐·传六：芟，所衔反，刘也，《说文》作癹，匹末反，云以足蹋夷草。普活切（页38）

桓·经十八：于涿，卢笃反，又力角反，一音洛，《说文》匹沃反。卢谷切（页227）

庄·经二十三：卷县，音权，《字林》丘权反，韦昭丘云反，《说文》丘粉反。居转切（页187）

文·传十八：鸇，之然反，《说文》止仙反，《字林》巳仙反。诸延切（页81）

昭·传七：濡上，徐音须，《说文》女于反，一音而又、而于二反。人朱切（页228）

昭·传十六：子蟜，才何反，《字林》才可、士知二反，《说文》作

籎,云,齿差跌也,在河、干多二反。昨何切(页 44)

昭·传二十六:刜,芳弗反,《说文》云击也,又父勿反,又忿勿反。分勿切(页 92)

《公羊》:1

庄·十八:于泺,郎沃反,又音洛,《说文》云匹沃反。卢谷切(页 227)

《孝经》:1

事君章:不愖,於岂反,俗作哀,非,《说文》作云痛声也,音同。大徐《说文》无此条。

《老子》:1

老子德经:之合而全作,全,如字,河上作峻,子和反,本一作脧,《说文》子和反,又子垒反,云赤子阴也,字垂反。大徐《说文》无此条,在新附(页 90)

《庄子》:5

天下:谜,胡启反,又音奚,又苦迷反,《说文》云耻也,五米反。胡礼切(页 57)

逍遥游:偃鼠,如字,李云鼷鼠也,《说文》鼩鼠,一曰偃鼠,鼩,扶问反。芳吻切(页 206)

逍遥游:漂,匹妙反,韦昭云以水击絮为漂,《说文》作潎(大徐《说文》毗祭切[页 161]),丰市反,又匹例反。匹消切又匹妙切(页 230)

秋水:窒,珍悉反,《尔雅》云塞也,崔、李同,《说文》都节反。陟栗切(页 153)

秋水:鲦鱼,徐音条,《说文》直留反,李音由,白鱼也,《尔雅》云,鮂,黑鰦,郭注即白鲦也,一音篠,谓白鲦鱼也。直由切(页 243)

《尔雅》:16

释诂:遏,《说文》云古逷字,他历反,郭汤革反。他历切(页 42)

释诂：罊，苦计反，《说文》口地反，云器中尽也，本或作慇字，音同，《广雅》云，慇，剧也。苦计切（页109）

释诂：鸠，居牛反，《说文》作勼，音九尤反。居求切（页188）

释诂：痱，符非反，又符沸反，《说文》蒲恺反，风病也。蒲罪切（页155）

释言：谂，音审，相思念也，《说文》式荏反。式荏反（页52）

释言：衮，古本反，《说文》云从衣从叴也，或云从公衣。古本切（页170），大徐《说文》从衣公声。

释宫：陕，户夹反，《说文》云隘也，从阜夹声，俗作狭，或作狎字，下甲反，今人以陕弘农县，字书陕之字音失冉反，狭代陕行之久矣。侯夹切（页305）

释器：罝，子邪反，《说文》子余反。子邪切（页158）

释天：咮，猪究反，本或作喙，许秽反，《说文》云，喙，口也，昌锐反。许秽反（页30）

释草：茇，郭音沛，补盖反，又音拨，《说文》云草之白华为茇，音布末反。北末切（页22）

释虫：蝗，华孟反，下同，《字林》音皇，《说文》荣庚反，范宣《礼记音》音横，《声类》《韵集》并以蝗协庚韵。乎光切（页280）

释虫：螢，字亦作蜙，《字林》先凶反，郭先工反，《说文》思弓反。息恭切（页280）

释虫：蚣，本亦作蝑，同，乌公反，《字林》云虫在牛皮者，《说文》云蚣或蝑字省，息忠反。息恭切（页280）

释鸟：鹨，字又作鏐，郭音缪，亡侯反，《说文》力幼反，孙音流，又丘虬反。力救切（页79）

释鸟：鹯，之然反，《说文》上仙反，《字林》已仙反。诸延切（页81）

释鸟：鴃，大结反，《说文》音吐节反，本今作鴂。徒结切（页80）

　　《说文解字》是东汉许慎编著的我国第一部具有系统意义的字典，一般认为许慎没有给文字注反切，直到宋朝徐铉在整理《说文》的时候才依据《唐韵》给每个字加注反切，是为"大徐本"；其弟徐锴作《说文系传》根据朱翱反切给《说文》加注反切，是为"小徐本"。《隋书·经籍志》记载有《说文音隐》四卷，不知何人何时所作，可惜已经失传。

　　宋徐锴《说文系传·通释》"一"字注："许慎时未有反切，故言读若。此反切皆后人之所加，甚为疏朴，又多脱误，今皆新易之。"看来徐锴也看见过后人为《说文》所作的反切，不过，根据现存文献，不知何人何时为《说文》创制反切，根据《诗经·抑》："而厞，扶味反，隐也，沈云许慎凡非反。"①沈重引用，大致可以肯定为南北朝齐梁（即483年以前）以前，较二徐早近400年。

　　《经典释文》在流传过程中，经过宋朝陈鄂等人更改，今天已经不是陆德明原貌了②。但是文献记载陈鄂更改的只是古文《尚书音义》，改省文字，删削音义，并没有记录他根据《说文》加注反切的情况。

　　除《尚书音义》注有《说文》反切外，其他典籍引用《说文》反切更多，唐李阳冰篡改《说文》（唐肃宗乾元二年，即759年③）在陆德明以后。因而，我们可以肯定《释文》所引《说文》（许慎）反切也不是李阳冰所加，更不是根据《说文》"二徐"本（南唐、宋初）或者《广韵》《集韵》加注的。《释文》所引《说文》（许慎）反切应该是陆德明原文。

---

① 根据《经典释文·序录》，沈应该是指沈重。
② 《文献通考》引《崇文总目》："开宝中诏以德明所释乃古《尚书》，与唐明皇所定今文驳异，令鄂删定其文，改从隶书。盖今文自晓者多，故音切弥省。"
③ 见徐锴《说文解字篆韵谱·序》。

有人说《经典释文》所引《说文》反切实际上是《字林》的反切，但是，同一个字，陆德明往往同时引《说文》（或许慎）和《字林》（吕忱）的反切，由此也可以排除《经典释文》所引《说文》反切是《字林》反切的说法。

那么，陆德明《经典释文》所引《说文》（许慎）反切就不外乎两种情况：一是许慎在《说文》里制作了一些字的反切，一是后世（陆德明、沈重以前）有人为《说文》创制反切，是否就是《说文音隐》？从现存文献来看，第一种情况为学者所不取①，而第二种情况似乎也有问题。陆德明非常重视学术传承，以他的淹博、严谨，如果是南北朝人为《说文》所制反切，他应该予以指出。而且南北朝梁沈重也明确指出"许慎某某反"，《经典释文》引用《说文》、许慎反切达 90 余次，特别是明确指出"许慎某某反"5 次，也不大可能是陆德明的笔误。但是全书竟没有一点透露《说文音隐》或其他人为《说文》创制反切的情况。其《序录》："孙炎始为反语，魏朝以降，蔓衍实繁。"也与其实际所引用《说文》（许慎）反切矛盾。这是否可说是千虑一失？如何解释这些矛盾现象，祈请学界大方之家有以教我。

通过上面的排列，我们可以看到《说文》（许慎）反切上下字绝大多数与唐宋音注不同②，但是反切上下字所代表的声母、韵母却差别不大，其中也反映了一些语音的变化。另外，《经典释文》所引《说文》"字首"为大徐本《说文》所无者 6 条，"单字"所无者 2 条，还有一些文字差异，表明陆德明所引《说文》与大徐本《说文》

---

① 何九盈《中国古代语言学史》（页 82）认为"并非许慎原书所有"，但是他也没有指明为何时何人所作。
② 包括"二徐"《说文》《广韵》《集韵》《慧琳音义》《玄应音义》等。

有比较大的不同。六朝唐人注疏引用《说文》很多，这些引用都是没有经过李阳冰篡改和"二徐"整理的版本。如果我们比较全面细致地搜集唐代（至李阳冰）及以前人们对《说文》的引用和研究，与《说文》"二徐"本进行比较，就可能更接近《说文》原貌，并了解《说文》在"二徐"以前的发展演变情况。

唐代以后，许多语言文字学家研究《经典释文》，还有以《经典释文》作为材料来源的著作，形成了一个特殊读音研究的传统。本文以《经典释文》—《史记正义论例》—《群经音辨》—《经史动静字音》—《音韵日月灯》—《普通话异读字审音表》《现代汉语词典》为线索来探讨《经典释文》特殊读音的历时演变。

第二节　《史记正义论例》对
《经典释文》的继承和发展

《史记》三家注（江苏广陵古籍刻印社，扬州，1990）包括《史记集解》（南朝刘宋裴骃注）、《史记索隐》（唐司马贞注）和《史记正义》（唐张守节注）。《集解》兼采当时裴骃所能见到的前人有关《史记》诸书的研究成果，并一一注明作者名字，一丝不苟。《索隐》进一步指出了《集解》中考证不当的错处，并对《史记》原文提出辨正，发语警辟。《正义》的作者张守节长于舆地之学，对《史记》中地名的考证尤为精辟。三家注《史记》继承了陆德明为儒道经典作音义的方式，并有所发展，我们以《史记正义论例》为例来观察张守节对陆德明音义的认识、继承和发展。

张守节，唐朝史学家，生卒年和生平事迹不详。根据其著作《史记正义序》中"守节涉学三十余年"，此序写于唐玄宗开元二十四年（736），由此上溯，张守节应生活于武则天当政的强盛时期。

《史记正义》引用唐魏王李泰主编的《括地志》解释古地名,其训诂主要以两汉魏晋经师毛亨、孔安国、郑玄、马融、王肃、杜预、服虔、何休、贾逵、范宁的注解为来源。其注音原则依郑玄、颜之推、陆德明等人对假借字、字音清浊的论述。

《史记正义论例》是《史记正义》注解《史记》的总纲,与《经典释文·序录》性质相同。主要内容有论史例、论注例、论字例、论音例、音字例、发音例、谥法解、列国分野。其中论字例、论音例、音字例、发音例体现了张守节对陆德明音义的认识、继承和发展。

一、注音条例

《经典释文·条例》:"先儒旧音,多不音注。然注既释经,经由注显,若读注不晓,则经义难明。混而音之,寻讨未易。今以墨书经本,朱字辩注,用相分别,使较然可求。旧音皆录经文全句,徒烦翰墨,今则各标篇章于上,摘字为音,虑有相乱,方复具录;唯《孝经》童蒙始学,《老子》众本多乖,是以二书特纪全句。"

张守节《史记正义论例·音字例》:"文或相似,音或有异,一字单录,乃恐致疑,两字连文,检寻稍易,若音上字,言上别之,所音下字,乃复书下,有长句在文中须音,则题其字。"

《史记正义论例·论音例》"咸依见字读之",而"太史变《尚书》读者,义理特美,或训意改其古涩,何烦如刘氏依《尚书》旧音"。

其注音方式与《经典释文》基本一致。《经典释文·条例》:"今之所撰,微加斟酌:若典籍常用,会理合时,便即遵承,标之于首;其音堪互用,义可并行,或字存多音,众家别读,苟有所取,靡不毕书,各题氏姓,以相甄识;义乖于经,亦不悉记。其'或音''一音'者,盖出于浅近,示传闻见,览者察其衷(原本误为哀)焉。"

《史记正义论例·发音例》:"字或数音,观义点发。皆依平上去入。若发平声，每从寅起。又一字三四音者，同声异唤，一处共发。恐难辨别。故略举四十二字。如字、初音者皆为正字，不须点发。"

《经典释文·条例》："然古人音书，止为譬况之说。孙炎始为反语，魏朝以降，蔓衍实繁。世变人移，音讹字替，如徐仙民反'易'为'神石'，郭景纯反'蜍'为'羽盐'，刘昌宗用'承'音'乘'，许叔重读'皿'为'猛'，若斯之俦，今亦存之音内，既不敢遗旧，且欲俟之来哲。"

《史记正义·论音例》："史文与诸传书同者，刘氏并依旧本为音，至如太史公改《五帝本纪》，便章百姓，便程东作，便程南讹，便程西成，便在伏物，咸依见字读之。太史变《尚书》读者，义理特美，或训意改其古涩，何烦如刘氏依《尚书》旧音？斯例盖多，不可具录，著在正义，随文音之，君子宜详其理，庶明太史公之达学也。然则先儒音字，比方为音。至魏秘书孙炎，始作反音。又未甚切。今并依孙反音，以传后学。"

《经典释文·条例》："经籍文字，相承以久，至如'悦'字作'说'，'闲'字为'间'，'智'但作'知'，'汝'止为'女'，若此之类，今并依旧音之。然音书之体，本在假借，或经中过多，或寻文易了，则翻音正字以辩借音，各于经内求之，自然可见。其两音之者，恐人惑故也。"

《史记正义·论字例》："史、汉文字，相承已久，若悦字作说，闲字作间，智字作知，汝字作女。"

通过上文《〈史记〉正义论例》与《经典释文·条例》比较，可以看到，张守节在为《史记》作注的时候，模仿陆德明《释文》分析文字、读音和意义，其方法也是基本相同的。

《经典释文》经传皆注，以"墨书、朱字"分别，并且"摘字为音",使其注音释义明白简练。《发音例》则在注释的时候随处点发,但是,由于古书传抄、印制不便,《经典释文》的"墨书经本,朱字辩注"和《史记正义》的"点发"的原样没有流传至今,我们无由看到具体情况,但是其基本方式,我们还是可以想象得出的。

二、语音规范意识

《经典释文·条例》:"文字音训,今古不同。前儒作音,多不依注,注者自读,亦未兼通。今之所撰,微加斟酌:若典籍常用,会理合时,便即遵承,标之于首。"

张守节《史记正义·发音例》:"略举四十二字(据笔者统计,实为三十九字),如字、初音者,皆为正字,不须点发。"

所谓"点发",亦即"点书",唐李济翁《资暇集·辨字》对这种标注特殊读音的方式有明确具体的说明:"稷下有谚曰:'学识何如观点书。'书之难,不唯句度义理,兼在知字之正音借音。若某字,以朱发平声,即为其字,发上声变为某字,去入又改为某字。转平上去入易耳,知合发不发为难。"他认为在字的四角加点是容易的,区别正音借音,决定加点不加点,是困难的。

李济翁所辨,一辨字音,二辨字形,而重点在辨字音,因为辨字形的目的仍在于辨字音。就是要辨别一个字的"正音借音"。李氏所说的正音,指如字,即该字的正常读音;借音,指变读,即该字的特殊读音。"若某字,以朱发平声即为其字,发上声变为某字,去入又改为某字。"这就叫做"点书"。

按照唐人点书的通常做法,对于需要四声别义的字才要点发(即标出),不点正音,这就是张守节说的"如字初音者皆为正字,不须点发"。

清王夫之《说文广义》:"一字而发为数音,其原起于训诂之师,欲学者辨同字异指、为体为用之别,而恐其遗忘,乃以笔圈破,令作别音而纪其义之殊。"

所谓"发字、点发",清人钱大昕在《十驾斋养新录·四声圈点》中解释道:"寅、申、巳、亥,当四维之位。平起寅,则上在巳,去在申,入在亥也。"

周祖谟《四声别义释例》:"凡点书,遇一字数音,随声分义者,皆以朱笔点发,以表其字宜读某声。若发平声,则自左下始,上则左上,去则右上,入则右下。"

后人讲四声则是以自己的食指和中指构成一个四边形,四角可以分别对应寅、申、巳、亥,食指指根为平声,指头为上声,中指指头为去声,指根为入声。汉字是方块字,每字有四角,古人写书从上到下,行与行之间的空隙正好可以在一个字的四角圈点,就如四角号码一样,可以在字的四角根据意义标明应该读的声调。

发音例这种在四角标调以区别字音、字义的方法,具有了符号的性质,对"四声别义"的破读或假借标示清楚明白,较之《经典释文》需要用反切或直音来区别字音、字义的方法显然要高明许多。但是,破读或假借不仅是"四声别义"的语音关系,还有通过声母发音部位和清浊以及韵母的开合洪细"别义"的,"点发"对此就无能为力了。

《经典释文》与《发音例》都将"典籍常用,会理合时"的音义标于首位、初音,体现了陆德明和张守节对字音统一的要求。两书都把常见的音义标于字首或者注为"如字",而把区别词性、词义的音与之对应,也反映了他们对通过字音来分辨词义、词性的"内部屈折"造词和用词的承认和总结。而《释文》更多的是常见音义不注音、不释义且符合唐人点书的习惯做法。

古书注音纷繁复杂,各个注家对相同的字注音有很多差异,读者难以取舍。《经典释文》广泛搜求前人音训,对"今之所撰,微加斟酌:若典籍常用,会理合时,便即遵承,标之于首"的原则有所取舍,将他认为的符合语音演变规律和历史发展的读音标于首位,是他心目中的标准音;《史记正义·发音例》继承陆德明的这种语音规范意识,其初音者,也是张守节心目中的"正字"。

三、《发音例》对《经典释文》注音的归纳总结

汉语词汇读音众多,来源复杂,是一种非常突出的语言现象,包含着丰富的语言运用和发展规律。《经典释文》在注解这些特殊读音的时候,是根据字在文句中的意义和读音随时注音,因而相同的字在意义相同和不同的时候就会注很多次音;而且反切上下字也有很大差异,根据反切原理和语音演变规律,不同反切上下字所切出的读音是一样的,这样就显得《释文》的注音比较杂乱。

如"车"字,《经典释文》一共注音 31 次,注音为"居"的有 11 次;注音为"尺遮反"2 次,"尺奢反"2 次,"尺蛇反"4 次,"昌蛇反"2 次,"昌遮反"1 次,"赤奢反"1 次,"荆余反"1 次,"去於反"1 次;还有同时注直音、反切的 6 次。这些直音和反切其实包含着现代汉语两个读音来源:1.jū,直音"居","去於反""荆余反";2.chē,"尺遮反""尺奢反""尺蛇反""昌蛇反""昌遮反""赤奢反"。

再如"畜",《经典释文》一共注音 92 次,"敕六反"6 次,"勑六反"27 次,"许六反"31 次,"许竹反"2 次,"丑六反"4 次,"许又反"29 次,"勅六反"1 次,"喜郁反"1 次,"香又反"1 次,"况又反"1 次,"呼又反"1 次,"吁又反"1 次,"褚六反"1 次,"他六反"1 次;还有同时注两个或三个反切的 15 次。这些反切包含着现代汉语两个读音来源:1."敕六反""勑六反""丑六反""勅六反""褚六反""他六

反"在现代汉语里都可以读作 chù；2."许六反""许竹反""喜郁反"
"许又反""况又反""吁又反""香又反""呼又反"在现代汉语里都
可以读作 xù。

《发音例》则具有字典的性质，是对《经典释文》众多特殊读音
的归纳和整理，从而抽象出具有规律性的语言发展和运用情况。
一个字每一种不同的意义和读音就用一个反切或直音表示，省去
读者许多麻烦，也便于读者观察语言现象。

如同样是"畜"，《发音例》："畜，许六反，养；又许救反，六畜
也；又他六反，聚也。"显然是对《释文》的注音经过归纳整理，三个
义项对应三个读音，条理清楚，一目了然。

再如《发音例》"点发"的其他注音，我们可以看到，多数还是
现代汉语广泛使用的多音多义字，罗列如下：

《发音例》：

畜，许六反，养；又许救反，六畜也；又他六反，聚也。

从，讼容反，随也；又纵容反，南北长也；又伹容反，又子勇反，
相劝也；又从用反，侍从也；又足用反，恣也。

数，色具反，历数，术数也；又色五反，次第也；又色角反，
频也。

传，逐恋反，书传也；又逐全反，相付也；又张恋反，驿也。

卒，子律反，终也；又苍忽反，急也；尊忽反，兵人也。字体各
别不辩，故发之也。

辟，君也，征也，又频亦反，罪也，开也；又疋亦反，邪也；又疋
豉反，譬也；又音避，隐也；又普觅反，辟历也。

施，书移反，张也；又式豉反，与也，又羊豉反，延也。

阗，纪闲反，陳也；又纪苋反，闲也；又苋阗反，静也。

射，蛇夜反，射也；又神亦反，音石。

夏，胡马反，禹号也；又胡嫁反，春夏也；又格雅反，阳夏县也。

复，符富反，重也；又音伏也；又音福，除役也。

重，直拱反，尊也；直龙反，叠也；又直用反，累也。

適，圣石反，宽也，之也；又丁历反，大也；又张革反，责也；又音敌，当也。

汜，音祀，水在成皋；又音凡，邑名，在襄城；又音孚剑反，为水，在定陶高帝即位处也，又音夷，楚人呼上为汜桥。

乐，音岳，谓音乐也；又音洛，欢也；又音五教反，好也，情愿也。

覆，敷富反，盖也；又敷福反，再也。

恐，曲用反，疑也；又丘拱，惧也。

恶，乌各反，粗也；又乌路反，憎也；又音乌，谓於何也。

断，端管反，有物割截也；又段缓反，自相分也；又端乱反，断疑事也。

解，佳买反，除结缚也；又核买反，散也；又佳债反，怠堕也；又核诈反，缝解。

幾，音机，庶几也；又音祈，近也；又音记，亦冀望字也；又音纪，录也。

过，光卧反，度也，罪过也；又音戈，经过也，度前也。

率，所律反，平例也，率伏也；又音类也；又音刷，徐广曰，率即锾也；又音色类反，将帅也。

屈，丘勿反，曲也；又君勿反，姓也；又群勿反，尽也，强也。

上，时让反，位也，元在物之上；又时掌反，自下而上。

王，于方反，人主也；又于放反，霸王也，又盛也。

长，直良反，久也；又张丈反，长上也。

藉，才昔反，名藉也，又荐藉也；又租夜反，即借也。

培，勃回反，补也；又蒲口反，冢也。

胜，音升，又式证反。

难，乃丹反，艰也；乃旦反，危也。

使，所里反；又所吏反。

相，息羊反；又息匠反。

沈，针甚反；又针禁反；又直今反；又沈禁反，厌没也。

任，人今反；又人禁反。

棺，音官；又古玩反；又古患反，敛之也。

造，曹早反；七到反，至也。

妻，七低反；切帝反。

费，非味反，用也；又音祕，邑也；又扶味反，姓也。

下面比较《经典释文》和《发音例》对"畜""从"两字的注音释义：

比较 例字	《经典释文》	《发音例》
畜	"敕六反"6次；"勅六反"27次；"许六反"31次；"许竹反"2次；"丑六反"4次；"许又反"29次；"勅六反"1次；"喜郁反"1次；"香又反"1次；"况又反"1次；"呼又反"1次；"吁又反"1次；"褚六反"1次；"他六反"1次；还有同时注两个或三个反切的15次。	许六反，养；又许救反，六畜也；又他六反，聚也。
从	才用反200次（其中有"又如字"54次）；子容反26次（其中有"又如字"2次）；七容反12次；子用反8次；才容反6次；足容反3次；仅注"如字"3次；足用反2次；七凶反、寸容反、式容反、在用反、将容反各1次；三音：音摠、一音崇、又仕江反1次。	从，讼容反，随也；又纵容反，南北长也；又但容反，又子勇反，相劝也；又从用反，侍从也；又足用反，恣也。

我们可以看出,《经典释文》由于是随文释义,因而在选择反切上下字的时候比较随意。许多反切,虽然上下字不同,但是切出的读音是相同的。另外,在《释文》中,由于词义是在上下文限制中的具体意义,因而有时两音两义兼通现象比较常见,这样就出现一个字有两个读音或三个读音并对应相应的意义;《发音例》以举例的方式,分析一个字不同读音表示不同的意义和词性,是对以前和当时语言现象和规律的归纳和总结,不涉及上下文中的具体意义,具有词典的性质,因而一个读音往往对应一个相应的意义。

《发音例》是以举例的形式归纳语言现象和规律,其所"发"之字主要是一个词在引申发展以后,意义发生变化,由此产生读音的区别,是对《经典释文》的继承和发展。现代一些字典、词典以及古书注解对这些注音和释义多数采取接受的态度,但是,我们还应该认真仔细地对这些材料进行甄别,批判继承。

《发音例》由于只是举例式列举 42 字(实为 39 字)作为分析古籍文献和实际语言运用中非常复杂的"破读"和"假借"(许多假借实际上是词义引申,在古籍中,人们常常将引申与假借混淆),而这些字并不能完全概括《经典释文》的特殊读音的各种情况。《史记正义》随文注释所谓"点发"的原样,我们今天已经看不到了,因此,仅仅就《发音例》以及《论音例》所举特殊读音而言,远远没有《经典释文》丰富。而且,由于古籍散失,《发音例》以及《论音例》就字论音,而没有文献的佐证,就略显凿空;《经典释文》主要面向先秦典籍的语言运用,搜集了大量的语言事实,在这些事实的基础上,读者就比较容易发现一些语言规律。

总之,比较起来,《经典释文》材料丰富,语言运用事实清楚;《发音例》开始在众多纷繁的语言现象里探索语用规律。这是两书各自的特点。

四、《经典释文》和《发音例》对异读的处理

汉魏音注的复杂情况，大都保留在《经典释文》中，但陆德明并不认为一字多音都是正确的，"或出于浅近"，但记录以"传示闻见"。他把比较规范通行的读音选作"首音"，显示出一定的规范意识。

张守节《史记正义·发音例》："古书字少，假借盖多。字或数音，观义点发……故略举四十二字（据笔者统计，实为三十九字），如字，初音者，皆为正字，不须点发。"

张守节《发音例》把破读叫做发字，在《发音例》里举出三十九个所谓"发字"，如"从，讼容反，随也；又纵容反，南北长也；又伹容反，又子勇反，相劝也；又从用反，侍从也；又足用反，恣也"。他认为"如字、初音者，皆为正字，不须点发"。从张守节对"从"字的点发看，从读作"讼容反"，意为"随也"，是"从"的"如字、初音"。所谓"如字"就是该字最常见的一般读法（字形）和与之相应的意义（用法），张守节将它放在注音释义的首位，表明它是该字引申、假借的源头，是人们常见、常用的音义，因而"不须点发"。而其所谓"发字、点发"，其实包含"破读"和"假借"两种情况，以后，为这些所谓点发的字另外造了区别字"纵"表示"纵容反，南北长也"；"怂"表示"伹容反，又子勇反，相劝也"，分担了这些破读的不同读音和意义。

《论音例》："郑康成云：'其始书之也，仓促无字，或以音类比方假借为之，趣于近之而已，受之者非一邦之人，其乡同言异字同音异，于兹遂生轻重讹谬矣。'然方言差别固自不同，河北江南最为巨异，或失在浮清，或滞于重浊，今之取舍，冀除兹弊。夫质有

精粗谓之好恶(并如字),心有爱憎称为好恶(并去声),当体即云名誉(音预),情乖则曰毁誉(音余);自坏(乎怪反)坏撤(上音怪),自断(徒缓反,自去离也)刀断(端管反,以刀割令相去也),耶(也奢反,未审之辞也)也(亦且反,助句之语也),复(音伏,又扶富反,重也),过(古卧反,越度也),解(核买反,自散也),闲(纪苋反,隙也),畜(许又反),畜(许六反,养也),先(苏前反),仙(屑然反),尤(羽求反),侯(胡沟反),治持(并音直之反),之(止而反),脂砥衹(并音旨夷反),惟维遗唯(并音以佳反),怡贻颐诒(并音与之反),夷寅彝姨(并音以脂反),私(息脂反),绥虽睢荽(并音息遗反),偲司伺丝(并音巨支反),厄枝衹肢(并音章移反),衹歧(并音巨支反),其期旗萁跂(并音渠之反),祈颀旂幾畿(并音渠希反),僖熙嬉嘻(并音许其反),希晞睎稀(并音虚幾反),霏妃菲䩅(并音芳非反),飞非扉(并音匪肥反),尸屍著(并音式脂反),诗(书之反),巾(居人反),斤筋(举欣反),篇偏(并音芳连反),穿(详连反),里李裹(并音良止反),至贽(并脂利反),志(之吏反),利涖(并力至反),吏(力置反),寺嗣饲(并辞吏反),字牸(并疾置反),自(疾二反),置致踬鸷(并陟利反),器(去冀反),气(去既反),亟(去吏反),冀概(几利反),既(居未反),覆(敷救反、又敷福反),副(敷救反),富𩵋(并府副反),若斯清浊实亦难分,博学硕材,乃有甄异。此例极广,不可具言,庶后学士,幸留意焉。"

《发音例》的这些论述几乎全部来自《经典释文》,主要讨论语音的变化,由语音变化而产生的异读,以及通过语音改变来表示新的词义和用法的问题。这些问题都来源于北齐颜之推《颜氏家训·音辞》。

我们通过颜之推、陆德明、张守节的论述,可以感受到在魏晋六朝到唐代,汉语语音分歧已经相当严重了,人们对语音分歧的认识也很不一致。他们力求对纷繁复杂的语音现象做出解释,试图通过一些对立的因素区分语音,寻求语音跟语义之间的关系,已经开始在音理上对这些语音现象作出思考。

颜之推秉承传统,对于他当时出现的一些有规律性的语音现象如"清、浊"和人们对语音"外言、内言、急言、徐言、读若"等的解释感到怀疑;对于"好、恶"的变音别义;"焉"用于实词和虚词的不同读音;"败"用于自败、败人(亦即被动、主动)之别的不同读音等等新的语言发展和运用现象,持排斥的态度,认为"此为穿凿","殊不通矣","不可行于今也"。

陆德明也对上述现象作出自己的思考,其所谓的"或失在浮清,或滞于沉浊",还只是模糊地认识到语音有浮清和沉浊之异,是对语音在发音听觉上的区别。与陆德明基本同时的陆法言在其《切韵序》里也有类似的说法:"吴楚则时伤轻浅,燕赵则多涉重浊;欲广文路,自可清浊皆通,若赏知音,即须轻重有异。"他们较颜之推的认识略有进步;陆德明对那些通过不同读音区别意义的"好恶""自败、败他"等用法,似乎也采取了承认现实的态度,认为"此等或近代始分,或古已为别,相仍积习,有自来矣"。但是,他又认为"如、而靡异,邪(不定之词)、也(助句之词)弗殊,莫辩复(扶又反,重也)、復(音服,反也),宁论过(古禾反,经过)、过(古卧反,超过)。又以登、升共为一韵,攻、公分作两音,如此之俦,恐非为得,将来君子,幸留心焉",其态度还是矛盾的。

而张守节则比较自觉地意识到语音"清、浊"的对立,并且似乎有了将"清、浊"对立作为语音区别特征的模糊意识,为守温创制三十字母区分清、浊打下了基础,是唐末等韵图分析字母清浊的先声;至于颜之推、陆德明所谈论的"好、恶""自败、败人"等用法以及大量的歧异读音,他认为"若斯清浊实亦难分,博学硕材,乃有甄异。此例极广，不可具言，庶后学士，幸留意焉"。他已经意识到这些语音语义具有一定的规律性，应用范围广泛，"不可具言"。没有采取颜之推的排斥态度，也没有陆德明的矛盾心理，而是把这些作为问题，留给后人，希望后人通过语言现象发掘语言规律，"庶后学士，幸留意焉"。

颜之推、陆德明、张守节处于"语言学的自觉时代"①，他们特别关注语音问题，对这些问题都做出了自己的思考，给后人以启迪。

第三节 《群经音辨》对 《经典释文》的继承和发展

一、《群经音辨》对《经典释文》的继承

《宋史·贾昌朝传》：贾昌朝，字子明，真定获鹿（今石家庄鹿泉区）人，是后晋史官贾纬的曾孙，北宋政治家、文学家、书法家。他曾任礼部郎中、史馆修撰龙图阁直学士、权知开封府、右谏议大夫、权御史中丞兼判国子监等，庆历（1041—1048）中同中书门下平章事，封魏国公，谥文元，著《群经音辨》《通纪》《时令》《奏议》《文集》等一百二十二卷。《群经音辨》是一部专释群经之中同形异音异义词的音义兼注的著作，集中而又系统地分类辨析了唐陆德明《经典释文》所录存的群经及其传注中的别义异读材料；并对

---

① 鲁迅先生曾经说"魏晋六朝是文学的自觉时代"，这个时期，语言学也开始独立于经学，而开始关注语言本身的价值，关注语音，关注活语言，因而，我们也可以说这是语言学的自觉时代。

这些材料作了音义上的对比分析；同时还收集、整理了不少古代假借字、古今字、四声别义及其它方面的异读材料，有助于读书人正音辨义，从而读通经文及其注文。

《四库全书·群经音辨提要》："凡群经之中一字异训音从而异者，汇集为五门。卷一至卷五曰《辨字同音异》，仿唐张守节《史记正义·发音例》，依许慎《说文解字》部目次之。卷六曰《辨字音清浊》，曰《辨彼此异音》，曰《辨字音疑混》，皆即《经典释文·序录》所举分立名目。卷七附《辨字训得失》一门，所辨论者仅九字……然《释文》散见各经，颇难检核。昌朝会集其音义，丝牵绳贯，同异粲然，俾学者易于寻省，不为无益。小学家至今不废，亦有以也。"

《自序》云："编成七卷，凡五门。"绍兴中，王观国《后序》亦云："凡五门，七卷。"惟《宋史·艺文志》作三卷。此本为康熙中苏州张士俊从宋椠翻雕，实为七卷。

《群经音辨·序》："唐陆德明《经典释文》备载诸家音训，先儒之学传授异同，大抵古字不繁，率多假借，故一字之文，音诂殊别者众，当为辨析，每讲一经随而录之，因取天禧以来巾橐所志编成七卷，凡五门，号《群经音辨》：

一曰辨字同音异，凡经典有一字数用者，咸类以篆文，释以经，据先儒称当作、当为者，皆谓字误，则所不取，其读曰、读为、读如之类则是借音，固当具载。

二曰辨字音清浊，夫经典音深作深（式禁切），音广作广（古旷切），世或诮其儒者迂疏，强为差别，臣今所论，则固不然，夫轻清为阳，阳主生物，形用未著，字音常轻，重浊为阴，阴主成物，形用既著，字音乃重，信禀自然，非所强别，以昔贤未尝著论，故后学罔或思之，如衣施诸身曰衣（施既切），冠加诸首曰冠（古乱切），此因形而著用也，物所藏曰藏（才浪切），人所处曰处（尺据切），此因用而著形也，并参考经故，为之训说。

三曰辨彼此异音，谓一字之中，彼此相形，殊声见义，如求于人曰假，与人曰假（音价），毁佗曰败（音拜），自毁曰败，触类而求其意趣。

四曰辨字音疑混，如上上（时亮切、时掌切）下下之类（胡贾切、胡嫁切），随声分义，相传已久，今用集录。

五曰辨字训得失，如冰凝同字，氾氾异音，学者昧之，遂相淆乱，既本字法，爰及经义，从而敷畅，著于篇末。

此书断自易书诗礼三经春秋三传暨孝经论语尔雅，凡字有出诸经笺传中者，先儒之说沿经著义，既释文具载，今悉取焉，凡字之首音虽显而经传不载者，则依《说文》为解，凡字之音义章灼者，则不复引据，《音辨》之作，欲使学者知训故之言咸有所自，聊资稽古之论，少助同文之化。"

从《四库全书·群经音辨提要》和贾昌朝自序，我们可以明显看出《群经音辨》的材料来自《经典释文》，但是两书"经典"的范围有所不同。儒家经书最早有六种，秦火以后，《乐》亡佚，剩下五经（见唐徐坚《初学记》），所以两汉将经书立入学官，只定五经博士。东汉末加入《论语》《孝经》；唐代又加入《周礼》《礼记》为九经；后来再加入《公羊传》《穀梁传》《尔雅》成为十二经；南宋光宗绍熙年间，加入《孟子》成为十三经，这是儒家经典的发展。

陆德明列《老子》《庄子》于经典而不取《孟子》，可能因为北宋以前《孟子》不列入儒家经典，而《老子》《庄子》则是自西晋以来为士大夫所推尚的"玄学"经典。陆德明生于陈朝末年，对经典的认识会受到时代风气的影响。

贾昌朝生于北宋仁宗、英宗年间，其时儒家经典已经扩大为十二经,因此《群经音辨》取材"断自易、书、诗、礼三经、春秋三传暨孝经、论语、尔雅",而舍弃了《经典释文》的《老子》和《庄子》音义。

《群经音辨》虽然取材于《经典释文》,但并不是原样抄录,而是经过了大量的分析整理,使"颇难检核"的《释文》特殊读音条分缕析,揭示出其规律性。如:

敦,《经典释文》注音释义33次:

1.注音为"如字"5次,意义为"厚也","如字"没有明确的读音,根据《群经音辨》:"敦,厚也,都屯切。"我们可以确定"如字"音"都屯切",音韵地位是"合口一等平声魂韵端母"。

2.注音为"都迴(回)反"3次,"丁回反"2次,音韵地位是"合口一等平声灰韵端母"。

3.注音为"徒端反"2次,音韵地位是"合口一等平声桓韵定母"。

4.注音为"徒本反"1次,音韵地位是"合口一等平声混韵定母"。

5.注音为"都门反"1次,音韵地位是"合口一等平声混韵端母"。

6.注音为"音彫"1次,音韵地位是"开口四等平声萧韵端母"。

7.注音为"音对"13次,音韵地位是"合口一等去声队韵端母"。

8.注音为"音顿"3次,"都钝反"1次,音韵地位都是"合口一等去声慁韵端母"。

9.注音为"音道"1次,音韵地位是"开口一等上声皓韵定母"。

《释文》给"敦"的全部注音可以归纳为上述九个读音:

《群经音辨》将这些音义归纳为九个(其中一个又音):"敦,厚也,都屯切;敦,团也,音团,《诗》有敦瓜苦;敦器也,都隊切,《礼》珠盘玉敦;敦,独貌也,都回切,《诗》敦彼独宿;敦,丘一成也,音顿,《尔雅》丘一成为敦丘;敦,覆也,音畴,《礼》每敦一几,又音焘;浑敦,四凶之一也,徒本切,《春秋传》浑敦投诸四裔;敦,画也,音彤,《诗》敦弓既句。"体现了贾昌朝对《经典释文》的取舍和归纳。

二、《群经音辨》的基本内容及对《经典释文》的发展

我们知道,《群经音辨》继承《经典释文》和《史记正义论例》,将经典中的异读字、多音字、异体字等音义有差异的语言文字运用作为自己的研究对象。因而,我们可以认为《群经音辨》就是对《经典释文》和《史记正义论例》的归纳和总结,体现了宋人对唐人音义的取舍以及汉语本身的发展和演变。

全书五个门类通过不同的语音语义关系揭示特殊读音表现的语言规律,总计分析 1126 个多音字的读音和意义,现在分别叙述于下:

(一)"辨字同音异"五卷,这一类收"字同音异"的字计 907 个,来源于《经典释文》,这是《群经音辨》最大的门类。一般说来,"辨字同音异"主要是一些多义异读字、假借字,其中主要的又是词义引申(古人认识假借字有一定的困难,许慎《说文·序》给假借举的两个例子"令长"实际上是词义引申),如《群经音辨·辨字同音异卷一·示部》:

"旁,近也,步光切;旁旁,强也,补彭切,《诗》驷介旁旁;旁,迫也,蒲浪切。"

《玉篇·上部》:"旁犹侧也、边也。"《释名·释道》:"在边曰旁。"引申为"近也","步光切",又引申为"迫也","蒲浪切"。"旁旁"是状形貌的叠音词,一般与字的意义没有关系,只是借音表义,因而是假借。

"示,天垂象示人也,神至切;示,地祇也,巨支切,《礼》宗伯掌天神、人、鬼、地示之礼;示,置也,音寘,《礼》明乎禘尝之义,治国其如示诸掌。"

"示"本义是"天垂象示人也"(《说文·示部》),读为"神至切",引申为地神(即地祇),读为"巨支切",后世造分化字"祇"表示,同音假借为"置也","音寘"。

"祈,求福祥也,巨衣切;祈,衅庙也,巨既切,《礼》以岁时序其祭祀及祈耳,谓割羊流血以衅庙也。"

"祈"本义是"求福也"(《说文·示部》),读为"巨衣切",引申为"衅庙也",读为"巨既切","衅庙"是"求福"的一种具体行为。

"祝,主赞词者也,之六切;祝,赞词也,之又切;祝,著也,之树切,《礼》疡医掌祈疡之祝药,郑康成曰,谓附著药也。"

"祝"本义为"祭主赞词者",即为祭祀典礼的司仪,读为"之六切",由司仪之人引申到司仪说的话"赞词",读为"之又切"。"祝"用作"著"是同音假借。

再如《群经音辨·辨字同音异卷一·玉部》:

"琢,治玉也,陟角切;琢,刻也,音篆,《礼》大圭不琢。"

"琢"本义是"治玉也"(《说文·玉部》),读为"陟角切",从具体的"治玉"引申为抽象的"刻","音篆"。

其中多数是词义引申从而造成读音区别,但是这些"字同音异"不仅是假借字和词义引申,还包括以下一些内容:

1.采自不同注家的注音,这些不同的读音并不表示不同的词义或词性,是一字一义的不同读音,是纯粹异读,如:

窞

《群经音辨·卷三》:

窞,坎中坎也。徒坎切,《易》入于坎窞,王肃读。

窞,坎底也。陵感切,《易》入于坎窞,陆德明读。

《释文·周易音义》:"窞,徒坎反,《说文》云坎中更有坎,王肃又作徒感反,云,窞,坎底也,《字林》云坎中小坎,一曰旁入。"

裯

《群经音辨·卷三》：

裯，单被也。直留切，《诗》抱衾与裯，毛苌读。

裯，牀帐也。直俱切，《诗》抱衾与裯，徐邈读。

《释文·诗经音义·小星》："与裯，直留反，毛云禅被也，郑云牀帐也，徐云郑音直俱反。"

《释文·春秋左氏音义·襄公三十一年传》："公子裯，直由反。"

祇

《群经音辨·卷三》：

祇，辞也。音支，《易》无祇悔，又之是切。

祇，大也、病也。祁支切，《易》无祇悔。

《释文·周易音义·复卦》："无祇，音支，辞也，马同音，之是反，韩伯祈支反，云大也，郑云病也，王肃作禔，时支反，陆云，禔，安也，九家本作多支字，音支。"《群经音辨》与《释文》一作祇，一作祇，应该是同一个字，当是形近而混淆。《经典释文》"祇"与"祇"也基本混同，我们找出这两个字的注音排列于下。

《经典释文》在其他情况下还为"祇"注音17次：

《周易音义·巽卦》："神祇，祁支反。"

《诗经音义·凫鹥》："神祇，祁支反。"

《诗经音义·长发》："是祇，诸时反。"

《周礼音义·大宰》："神示，本又作祇，音畿。"

《礼记音义·孔子闲居》："是祇，诸夷反，敬也。"

《春秋左氏音义·僖公十五年传》："祇以，音支。"

《春秋左氏音义·宣公二年传》："祇，本又作提，上支反。"

《春秋左氏音义·昭公十二年传》："祇宫，音之，又音祁。"

《春秋左氏音义·昭公十三年传》："祇取,音支。"

《春秋左氏音义·昭公二十六年传》："祇取,音支。"

《春秋左氏音义·昭公传二十九年》："君祇,音支。"

《春秋左氏音义·定公传四年》："祇取,音支。"

《春秋左氏音义·定公传九年》："而祇,音支。"

《春秋左氏音义·哀公传二年》："祇辱,音支。"

《春秋左氏音义·哀公传十四年》："祇取,音支。"

《论语音义·颜渊》："亦祇,音支。"

《庄子音义·充德符》："祇足,音支。"

这些注音有直音、反切,用字很不统一,这是由于《经典释文》随文释义,见字注音,只取音同,而不管反切和直音用字。但是这些注音,我们根据反切原理和语音演变规律可以归纳为两个读音:一、"音支",其他"音之、诸夷反、诸时反"应该同音,这些直音和反切反映的声母都属"章母",虽然"支"在"支韵","之"在"之韵","夷"在"脂韵","时"在"之韵",但是,"支、脂、之"在中古已经混同为一;二、"祁支反",其他"音畿、音祁"也应该同音,它们的声母都是"群母","支"在"支韵","畿"在"微韵","祁"在"脂韵",在《广韵》里"微韵"虽然不与"支、脂、之"同用,但是"畿"本是为"示"字注音。

《经典释文》为"祇"注音23次:

《周易音义·坎卦》："祇,音支,又祈支反,郑云当为坻,小丘也,京作禔,《说文》同,音支,又上支反,安也。"

《周易音义·系辞》："无祇,韩音祁支反,注同,王廙、辅嗣音支。"

《尚书音义·胤征》："祇,巨支反。"

《尚书音义·太甲》："祇,巨支反。"

《尚书音义·微子》："神祇,天曰神地曰祇。"

《尚书音义·吕刑》："衹，止而反。"

《诗经音义·黄鸟》："亦衹，音支，适也。"

《诗经音义·何人斯》："衹，音支，适也。"

《诗经音义·何人斯》："衹，祈支反，毛病也，郑安也，一云郑上支反。"

《诗经音义·无将大车》："衹自，音支，适也。"

《周礼音义·大宗伯》："地示，音衹，本或作衹，下神示、地示之例皆仿此，下卷亦然。"

《礼记音义·月令》："神衹，音祁。"

《礼记音义·礼运》："示号，音衹，本又作衹。"

《礼记音义·祭统》："神衹，祁之反。"

《春秋左氏音义·襄公传二十七年》："衹成，音支，适也，注同。"

《春秋左氏音义·襄公传二十九年》："衹见，音支，本又作多，音同，服云，衹，适也。"

《春秋左氏音义·昭公传二十五年》："衹辱，音支。"

《春秋左氏音义·哀公传十三年》："而衹，音支。"

《论语音义·述而》："神衹，祈之反。"

《庄子音义·骈拇》："衹足，音支。"

《庄子音义·缮性》："衹所，音支。"

《庄子音义·列御寇》："衹，音支，郭、李云适也，言适三年而成也，司马云巨移反，谓神衹祐之也。"

《尔雅音义·释诂》："衹，旨夷反。"

《群经音辨·卷四》：

"溱，水会也。在公切，《诗》凫鹥在溱。

溱，水外之高者也。在容切，《诗》凫鹥在溱，郑康成读。"

《释文·诗经音义·凫鹥》：

"在潈，在公反，毛水会也，《说文》云小水入大水也，徐云郑音在容反，水外之高者也。"

《群经音辨·卷四》：

"泮，坡也。音判，《诗》隰则有泮。

泮，崖也。音畔，《诗》隰则有泮，郑康成读。"

《诗经音义·泮水》："泮水，普半反。"

《诗经音义·匏有苦叶》："未泮，普半反，散也。"

《诗经音义·氓》："有泮，音判，毛云坡也，郑音畔，畔，涯也。"

《周礼音义·宗伯》："泮宫，音判，本亦作頖，同。"

《礼记音义·礼器》："頖宫，本或作泮，依注音判。"

《春秋左氏音义·襄公二十五年传》："自泮，普半反。"

《群经音辨·卷四》：

"涵，容也。音含，《诗》僭始既涵，毛苌读。

涵，同也。音咸，《诗》僭始既涵，郑康成读。"

《诗经音义·巧言》："既（涵），毛音含，容也，郑音咸，同也，《韩诗》作减，减少也。"

《群经音辨·卷四》：

"湛，荆州浸也，音沉，《礼》其浸颍湛，又直减、唐感二切。

湛坂，襄阳地也，市林切，《春秋传》战于湛坂，又大林、直斩二切，杜预曰，襄城昆阳北有湛水，臣按《周礼》湛为荆州浸，郑康成曰未闻，以杜说考之，盖襄城湛水近是，故此亦有丈林、直斩二切，义疑，故两存焉。"

《群经音辨·卷五》：

"闇，庐也。乌南切，《礼》高宗谅闇，郑康成读。

闇，嘿也。于今切，《书》高宗谅闇，何休读。"

《释文·仪礼音义·丧服经传》:"梁闇,乌南反。"

《释文·礼记音义·中庸》:"闇然,于感反,又如字。"

《释文·礼记音义·丧服四制》:"谅闇,依注谅读为梁,闇读为鬵,音乌南反,下同,徐又并如字,案,徐后音是,依杜预义郑谓卒哭之后,翦屏柱楣,故曰谅闇,闇即庐也,孔安国读为谅阴,谅,信也,阴,默也。"

《春秋公羊音义·文公九年》:"闇,如字,又音阴。"

《尔雅音义·释言》:"闇,音暗。"

《群经音辨·卷五》:

"除,去也。音住,《诗》日月其除,毛苌读,又直鱼切。

除,舒也。式朱切,《诗》日月其除,郑康成读,又音余。"

《诗经音义·蟋蟀》:"其除,直虑反,去也,注同。"

《诗经音义·天保》:"不除,治虑反,注同,开也。"

《诗经音义·斯干》:"攸除,直虑反,去也。"

《诗经音义·小明》:"方除,直卢反,如字。按,郑云四月为除,若依《尔雅》则宜余、舒二音。"

《周礼音义·夏官司马》:"除,如字,刘直庶反。"

《礼记音义·檀弓》:"弗除,如字,徐治虑反。"

《礼记音义·王制》:"复除,上音福,下如字,又直虑反。"

《群经音辨·卷五》:

"酤,买也。古乎切,《诗》无酒酤我,又音顾。

酤,一宿酒也。音户,《诗》无酒酤我。"

《诗经音义·伐木》:"酤我,毛音户,一宿酒也,《说文》同,郑音顾,又音沽,买也。"

《诗经音义·烈祖》:"清酤,音户,酒也。"

以上十组"字同音异"的字都来源于不同注家的注音,在相同上下文的同一个字,各家注音不同。这些字的意义、用法都应该是相同的,因为出自相同的引文,但是不同注家在意义理解上也存在分歧。我们认为这些不同的读音并不起区别意义的作用,体现了当时读音的分歧,在今天看来都属于纯粹的异读字。

2.经典中一般名词和作为人名、国名、地名等专有名词之间的音义。一般说来专有名词用字,意义跟字形关系不紧密,主要是借音寄意,而一般词语则往往形音义统一,如:

《群经音辨·辨字同音异卷一》:"祭,亨(今写作享)神也,子例切;祭,国也,测介切,周公之后所封。"

"祭"作为一般名词和动词,义为"祭祀",是一个会意字,"从示,以手持肉"(见《说文》),读音是"子例切";作为专有名词,表示古国名"祭",则与字形及字形所表示的意义没有关系,读音为"测介切"。

《群经音辨·辨字同音异卷一》:"蒯聩,卫公子也,苦怪切;蒯,壏也,苦对切,《礼》蒯桴,土鼓,郑众读,又苦坏切。"

"蒯"本义是一种"草",《经典释文·仪礼音义》:"蒯,苦怪反,草也。"作为人名用字,也读"苦怪切",还有其他两个读音"苦对切""苦坏切",表示"壏",义为"凷"(即块),土块。

《群经音辨·辨字同音异卷一》:"董,姓也,多总切;董董,短也,章勇切,《春秋传》余髪董董,今本作种。"

"董"用作姓,读为"多总切",叠音词"董董"状形貌"短",读音为"章勇切"。

《群经音辨·辨字同音异卷一》:"蒲,水草也,旁吴切;蒲姑,商地也,徐邈《尚书》音扶各切;蒲伏,膝行也,音扶,《春秋传》奉壶饮冰以蒲伏焉。"

"蒲"字从"艸",义为"水草",读为"旁吴切";"蒲姑"是地名,读为"扶各切"；"蒲伏"是一个双声叠韵联绵词，也是以音寄意，读为"扶"。

《群经音辨·辨字同音异卷一》："莞，草也，古丸切；东莞，鲁县也，音灌，郑康成说，《礼》沐出东莞。"

"莞"用为一般名词与地名读音不同。

《群经音辨·辨字同音异卷二》："射，发弓弩矢也，神夜切；射，指的命中也，神亦切；无射，律也，音亦，《礼》季秋之月，律中无射；仆射，官也，音夜，古者尚武，故以射命官，后语转为此音。"

"射"的四个音义中，一般动词、名词与专有名词的读音不同。官名"仆射"之"射"来源于"发弓弩矢也"，原本音"神夜切"，但是为了区别一般音义，"语转"为"音夜"，体现了人们对语言中一般词语与专名进行区别的要求。专名与一般词语在语音上区别与否，也没有一定之规，主要遵守"约定俗成"的原则。如前举"蒯"用于人名读"苦怪切"，用于一般名词"草"，也读"苦怪切"。再如《群经音辨·辨字同音异卷四》："厉，严也，力制切；厉，国也，音濑，《春秋传》遂灭厉，又如字。""厉"作为一般词语，意义为"严也"，读"力制切"，作为国名，读"濑"，但也可以读"如字"。

专名用字的异音是个特殊的读音现象，由于专有名词存活在人们口头，它较为顽强地保存了汉字早期的读音，成为强势语音。语音演变类推作用不能克服这种强势，于是代代口耳相传，久久持续不变，为汉语的历史音变研究保存了较古的读音资料，因而这些专名的读音资料就显得十分珍贵。钱大昕"古无轻唇""古无舌上"的发现，其中很大程度上就是在考察了专有名词古读的基础上得出的结论。这些名称的由来大多难以确考，其用字读某音，最初可能用原字原音原义为名，也可能只借原字原音为名，还可能借原字形而改其音为名。不管哪种，一经约定，就代代相传，颇难改变。原字在历史发展中可能产生音变,而专名读音却不容易改变。专有名词的特殊读音之特殊就在于,专名读音未变,而原字其他意义的读音产生了合乎语音发展规律的演变,专有名词的特殊读音保留了古音。

　　3.方言音义与通语音义之间的差异。

　　《群经音辨·辨字同音异卷一》:"登,上也,都腾切;登,得来之也,音得,《春秋传》公曷为远而观鱼,登来之也,何休曰齐人言。"

　　"登"的通语音为"都腾切",意为"上也";先秦齐人方言音为"得",意义也是"得"。

　　《群经音辨·辨字同音异卷一》:"是,直也,承旨切;是,月边也,徒兮切,《春秋传》是,月边,鲁人语,又承旨切。"

　　"是"读为"承旨切"与"徒兮切""承旨切",意义不同,反映了先秦鲁人方言与当时的通语之间的音义差异。

　　《群经音辨·辨字同音异卷三》:"连縠,楚地也,胡木切,《春秋传》及连縠而死;縠,乳也,奴走刀,楚人语,《春秋传》斗縠于菟。"

　　《经典释文》中收录了不少的方言音义,但是,在《群经音辨》里,明确指出"某地人语、某地语"的只有三条,也许是因为方言差异主要体现在读音上,意义差别并不明显;另外,我国古代,人们往往厚古薄今,重视文献而不重视口语,一般不太关注方言,认为是"俚俗语",不登大雅之堂;还有,我国地域辽阔,方言差异巨大,古代交通通讯不便,人们很难了解各地方言,因而,我们现在要通过《经典释文》《群经音辨》了解唐宋方言,还显得材料欠缺。

　　《经典释文》和《群经音辨》还收录了大量的人名、地名的读音,如《春秋左传音义》:"费县,音祕。费邑,音祕。""围费,音秘"

等地名,读为"祕";《周易音义》:"用费,芳贵反。"《礼记音义》:
"费,芳味反,言而不行为辞费。"《庄子音义》:"期费,芳贵反,下
同,《广雅》云,期,卒也,费,耗也,言若存分外而不止者,卒有所费
耗也。"一般用法读为"芳味反"或"芳贵反"。《群经音辨》归纳《经
典释文》"费"的四个音义:"费,散财也,芳未切;费,俛也,扶弗切,
《礼》君子之道费而隐;费,鲁地也,彼义切;费,姓也,扶未切。"其
中作为鲁地名,"费"读为"彼义切",与《释文》地名读音"祕"同音。
这些读音往往与一般词语的读音不同,我们也应该视为方言语
音,但是这类特殊读音我们已经归入"专有名词"讨论,这里不再
重复。

4.后世的古今字、分化字的音义。

《群经音辨·辨字同音异》包括一些后世的古今字和分化字,
在当时来说,今字和分化字没有产生或者产生了没有普遍使用,
古字包含今字、分化字的音义,是属于词义引申或文字假借。

《群经音辨·辨字同音异卷一》:"取,求也,七庾切;取,纳女
也,音娶,《礼》取于异姓。"

"取"本义为"捕取也,从又从耳"(《说文》),是一个会意字,引
申为一般的"求取",读音为"七庾切";进一步引申为"娶妻、嫁
娶",读音为"娶",字也分化为"娶"。

《群经音辨·辨字同音异卷一》:"说,释也,失拙切;说,怡也,
音悦;说,舍也,音税;说,解也,吐活切,《易》用说桎梏;说,悦也,
如锐切,《礼》国君过市,则刑人赦,郑康成曰,市者人之所交利而
行刑之处,君子无故不游观焉,若游观则施惠以为说也,又如字。"

"说"作为"释也",即"解说、谈说",读音为"失拙切",简化为"说"。
"说"作为"怡也",即"悦怿、高兴",读音为"悦",字也写作"悦"。
"说"作为"舍也",即"住宿",读音为"税",字也分化作"税",

《诗经·硕人》："硕人敖敖,说于农郊。"《诗经音义》："说于,本或作税,毛始锐反,舍也";

"说"作为"解也",即"解脱",读音为"吐活切",字也写作"脱"。

《群经音辨·辨字同音异卷一》："适,之也,施只切;适,正也,丁历切;适,匹也,徒滴切,《礼》大夫计于同国适者;适,过也,张革切,《诗》勿予祸适,又直革切。"

"適"作为"之也",即"到某地去",是其本义,读音为"施隻切",今简化为"适"。

"适"意义为"正",即"嫡系",读音为"丁历切",今字为"嫡";

"适"意义为"匹",即"匹敌、对等",读音为"徒滴切",今字为"敵",简化为"敌"。

"适"意义为"过也",今字为"谪",读音为"张革切""直革切"。

由于"辨字同音异"包含着上述复杂的用字现象,因而一个字往往因为不同情况而有多种音义,如"卑"就有五种音义:

"卑,贱也,补移切。

卑,下也,便俾切,《诗》谓山盖卑。

卑谌,郑人也,婢支切,郑康成曰卑谌草创之。

卑居,鸦斯也,音匹,又必移切。

卑,与也,必利切,《礼》郑康成引律弃妻卑所赍,又婢支切。"

再如"卷"有六个音义:

"卷,敛也,居苑切。

卷,束名也,居恋切。

卷,冠式也,起权切。

卷,祭服也,音衮,《礼》三公一命卷。

卷然,手容也,音拳,《礼》执女手之卷然。

卷,髪起也,其言切,《诗》匪伊卷之,髪则有余,沈重读。

卷,遁行,谨也,去阮切,郑康成说《礼》再三举足谓志趋卷遁行也。"

"敦"和"齐"的音义最多,各有八个:

"敦厚也。都屯切。

敦,团也。音团,《诗》有敦瓜苦。

敦,器也。都队切,《礼》珠盤玉敦。

敦,独貌也。都回切,《诗》敦彼独宿。

敦,丘一成也。音顿,《尔雅》丘一成为敦丘。

敦,覆也。音畴,《礼》每敦一几,又音焘。

浑敦,四凶之一也。徒本切,《春秋传》浑敦投诸四裔。

敦,画也。音彫,《诗》敦弓既句。"

"齐,等也,徂兮切。

齐,庄也,侧皆切。

齐,和也,才细切。

齐,升也,子奚切,《礼》地气上齐。

齐齐,恭也,子礼切,《礼》齐齐乎其敬也。

齐,黍稷也,凶服裳下缉也,即夷切。

采齐,乐章也,疾私切,《礼》趋以采齐,又才细切。

齐,翦也,子浅切,《礼》马不齐髦。"

这些不同的音义来源十分复杂,与《经典释文》特殊读音的来源基本一致,体现了多种语言文字现象和运用规律,在后世有些保留下来,有些被别的形式取代。

(二)"辨字音清浊"一卷,贾昌朝对"字音清浊"的论述,我们还可以看到他对汉语语音的看法还没有摆脱传统音韵学对语音的神秘认识,将阴阳的观念引用到语音的论述,但是他所论述的汉语字词的"形"与"用"的关系还是很先进的。在今天的学术背景下，他所说的"形"即是名词，"用"是与"形"密切关联的动词；由于词性的改变，即"形"与"用"的改变，因而需要在语音上给予区别，这是一种"内部屈折"造词法。他把由动词而引申到相应的名词称为"因形而著用"，把由名词而引申到相应的动词称为"因用而著形"，这也是恰当的。但是贾昌朝把由人们习惯形成的"约定俗成"，理解为"信禀自然"则不符合语言的社会性本质。

在"辨字音清浊"中，贾昌朝搜集了162个动词、形容词引申为名词，或名词、形容词引申为动词的词，并分别分析其音义，将这种音义区别为"清""浊"的对立。一般我们在理解"清浊"的时候，往往仅与语音联系，指的是声母的清浊，但是考贾昌朝的本意，"清浊"不仅联系读音，也用以区分意义和词性。其所说的"清浊"包含声母、韵母、声调的差异，这些差异通过词语的运用加以区别。一般来说，"清"音对应名词、形容词，"浊"音对应动词，由此看来，贾昌朝所谓的"字音清浊"倒是主要指的意义"清浊"。如：

"王，君也，于方切；君有天下曰王，于放切。"

"子，男女之通称也，将此切；子育下民曰子，下将吏切，《礼》子庶民也。"

"女，未嫁之称也，尼吕切；以女嫁人曰女，下尼许切，《书》女于时。"

"妻，与夫齐者也，七奚切；以女适夫曰妻，七计切，《论语》以其子妻之。"

"亲，姻也，七邻切；婚姻相谓曰亲，七吝切。"

"宾，客也，必邻切；客以礼会曰宾，必吝切。"

以上是名词与相应的动词之间的变读。

"轻，浮也，去盈切，对重之称；所以自用曰轻，苦政切，《春秋传》戎轻而不整。"

"卑,下也,补支切,对高之称;下之曰卑,部止切,刘昌宗曰禹卑宫室。"

"远,疏也,于阮切,对近之称;疏之曰远,于眷切,《论语》敬鬼神而远之。"

"空,虚也,苦红切;虚之曰空,苦贡切。"

"高,崇也,古刀切,对下之称;度高曰高,下(即下一个高字)古到切,高几丈几尺是也。"

"深,下也,式金切,对浅之称;测深曰深,下式禁切,深几寻几仞是也。"

"长,永也,持良切,对短之称;揆长曰长,下持亮切,长几分几寸是也。"

"广,阔也,古党切,对狭之称;量广曰广,下古旷切,广几里几步是也。"

"恶,否也,乌各切;心所否谓之恶,乌路切。"

"喜,悦也,虚已切;情所悦谓之喜,虚记切。"

"平,均也,蒲兵切;品物定法曰平,蒲柄切,郑康成说《礼》质剂令时月平。"

"比,近也,卑履切;近而亲之曰比,毗志切。"

"难,艰也,乃干切;动而有所艰曰难,乃旦切。"

以上是形容词与相应的动词之间的变读。

除了上述词性方面的转换以外,在语音方面有声调之间的区别(主要是平声与去声之间的转化),韵母之间的差异,声母之间的差异(声母差异主要体现在清声母、浊声母之间的转化)。"辨字音清浊"一卷收录的161个词性转换的词语中,声母有差异的39个,约占四分之一,声调韵母有差异的122个,约占四分之三。如：

"王"的两读声母相同，"于方切"是平声阳韵，"于放切"是去声漾韵，阳韵与漾韵韵母完全相同，只有声调"平声"和"去声"的差异。

"比"的两读声母、韵母、声调都不同，"卑履切"声母是"帮母"、清音，声调和韵母是"去声宥韵"；"毗志切"是"并母"、浊音，声调和韵母是"去声志韵"。

其中只有声调差异的占大多数，这是后人归纳这种"内部屈折"造词法为"变调构词"的主要原因，但是，韵母、声母的差异也是造成这种"内部屈折"的重要原因，因而，我们把这种通过读音差异来表示不同意义、词性和语法作用的造词法叫作"变音造词"。

（三）"辨字同音异"：共搜集了43字，每字两个读音，"彼此相形，殊声见义"，将两个音义进行对比，读音不同，相应的意义和用法得以区分。本卷收录的绝大多数（39个）都是动词，这些动词的不同读音主要用于主动和被动、自动和他动、及物动词与不及物动词之间等差异。虽然贾昌朝自己将这一类的特点归纳为"殊声见义"，但是这些"字同音异"的字并不是通过读音的差异来区别词语的词汇意义，而是通过不同的读音区别词语的语法意义（当然也包含由此而引起的词义不同），体现了贾昌朝有意识的分析语法的观念，这是一种规律性的总结。

"取于人曰假，古雅切；与之曰假，古讶切，《春秋传》不以礼假人。"

"取于人曰借，子亦切；与之曰借，子夜切。"

"取于人曰乞，去讫切；与之曰乞。去既切。"

"取于人曰贷，他得切，字亦作贳；与之曰贷，他代切。"

"视之曰见，古甸切；示之曰见，胡甸切。"

"假、借、乞、贷、见"五个词都表示两者之间的关系,主动给予与被动接受在语音上有区别。

"毁之曰坏,音怪,《书序》鲁共王坏孔子旧宅;自毁曰坏,户怪切,《春秋传》鲁大室坏。"

"毁他曰败,音拜,《诗》勿翦勿败;自毁曰败,薄迈切。"

"坏他曰毁,许委切;自坏曰毁,况伪切。"

"坏、败、毁"三个词都可以用于自动和他动,自动、他动与主动、被动关系基本相同,但是也有细微差别。自动、他动主语可以是人,也可以是物;被动、主动的主语一般是人,或者是能自主发出动作的事物。

"上化下曰风,方戎切;下刺上曰风,方凤切。"

"上临下曰见,古甸切;下朝上曰见,胡甸切。"

"风、见"等不同读音的字在意义上是通过位置关系(社会地位)来区分动作的主动者与被动者。

(四)"辨字音疑混",分析了六组词语的音义差别:

"居高定体曰上。时亮切。

自下而升曰上。时掌切。

居卑定体曰下。胡贾切。

自上而降曰下。胡嫁切。

四方广大曰夏。胡贾切,中夏也。

万物盛大曰夏。胡嫁切,冬夏也。

居其后曰后。胡苟切。

从其后曰后。胡姤切。

相邻曰近。巨隐切。

相亲曰近。巨刃切。

所以覆者曰被。部委切。

所以覆之曰被。部伪切。"

其中"上、下、后、被"四组辨析在用作名词（方位词）和动词之间的差异，"夏、近"2组辨析词义引申而产生的音义变化。但是贾昌朝认为这类区别是"字音疑混""义无他别"，我们认为这是他认识的局限。这六组词语要不要在语音上予以区别或者在实际语音中有没有差别可以不论，这类词在意义、词性方面存在显著的差异，这是显而易见的。

"右（与'又'通）在字、后字、坐字、聚字，若此类，字书皆有上去二声，虽为疑混，而《释文》义无他别，不复载之。"

《经典释文》给这类词的注音也并非贾氏所说"义无他别"，而是有所区分，不过《释文》的目的是为了给特定上下文的词注音释义，往往没有给出与之相对的其他音义。如：

上

《周易音义》："上下，并如字，王肃上音时掌反。"

《周易音义》："云上，时掌反，干宝云升也。"

《周易音义》："阳上，时掌反。"

《周易音义》："上承，时掌反。"

《周易音义》："炎上，时掌反。"

《周易音义》："而上，时掌反，下注上承上行同。"

《周易音义》："上行，时掌反，注同。"

《周易音义》："刚上，时掌反，注刚上皆同。"

《周易音义》："上附，时掌反。"

《周易音义》："上行，时掌反，凡上行并同。"

《周易音义》："而上，时掌反，下上行同。"

《周易音义》："以上，时掌反。"

《尚书音义》："上，如字。"

《尚书音义》:"逆上,时掌反。"

《尚书音义》:"西上,时掌反。"

《尚书音义》:"已上,上音以,下时掌反。"

《尚书音义》:"上,时掌反,又如字,下同。"

《尚书音义》:"有上,时掌反。"

《诗经音义》:"下上,时掌反。"

《诗经音义》:"上行,时掌反。"

《诗经音义》:"上下,时掌反,又如字。"

《周礼音义》:"上其书,时掌反。"

《周礼音义》:"上下,时掌反。"

《周礼音义》:"下上,时掌反,注同。"

《周礼音义》:"上人,时掌反,下文以上并注同。"

《仪礼音义》:"上如,示掌反。"

《礼记音义》:"由右上,时掌反,下犬马不上、下注而上车同。"

《春秋左氏音义》:"上,时掌反,又如字,注同。"

《庄子音义》:"不上,时掌反。"

《庄子音义》:"进上,时掌反,注及下同。"

《庄子音义》:"一上,如字,又时掌反。"

《庄子音义》:"髮上,时掌反。"

《尔雅音义》:"上属,音烛,后注同,上,持掌反。"

《尔雅音义》:"上,时兼反。"

《尔雅音义》:"上山,时掌反。"

《尔雅音义》:"上高,时丈反。"

《尔雅音义》:"上,时丈反。"

《经典释文》给"上"注了五个反切,其中"时掌反、时丈反、持掌反、示掌反"四个反切的"韵"都是"上声养韵",反切上字"时"属于"禅"母,"持"属于"澄"母,"示"属于"船"母,如果按照《广韵》的声母系统来看,应该是三个读音;"时兼反"的"韵"是"去声漾韵";还有"如字",从《经典释文》本身难以确定"如字"的实际读音,根据《群经音辨》:"居高定体曰上。时亮切。"可以确定其音韵地位为去声漾韵禅母,这个"如字"音与反切"时兼反"音韵地位是相同的,是方位名词。读音差异是为了区分动词和名词的词性。《经典释文》的时期,名词和动词词性不同而产生的读音差别还不稳定,"如字"音与特殊读音往往互为"又音"。

下

《周易音义》:"下下,上遐嫁反,下如字,下句同。"

《周易音义》:"下人,遐嫁反,后同。"

《尚书音义》:"下人,遐嫁反。"

《诗经音义》:"下王后,遐嫁反,注同。"

《诗经音义》:"下下,俱户嫁反,注下下及下臣同。"

《诗经音义》:"君子下,遐嫁反。"

《诗经音义》:"不下,遐嫁反。"

《诗经音义》:"下土,遐嫁反。"

《周礼音义》:"写下,户嫁反。"

《周礼音义》:"则下,遐嫁反。"

《周礼音义》:""以下,户嫁反。

《周礼音义》:"下大夫,户嫁反,下天子同。"

《周礼音义》:"各下,户嫁反,注同。"

《周礼音义》:"下尊,遐嫁反。"

《仪礼音义》:"而下,遐嫁反。"

《仪礼音义》:"下人,遐嫁反。"

《仪礼音义》:"下宾,遐嫁反,下下宾、下主人、礼下同。"

《仪礼音义》："下乡，遐嫁反。"

《仪礼音义》："下无，遐嫁反，下相下同。"

《仪礼音义》："下大，遐嫁反，下下乡同。"

《仪礼音义》："下天，户嫁反。"

《仪礼音义》："不下，户嫁反，后下君、下朝皆同。"

《仪礼音义》："下天子，户嫁反，下尊下王同。"

《仪礼音义》："下尸，户嫁反，下注下尸、下之、亦下、下侑、下主人、下大夫、下上大夫同。"

《礼记音义》："礼不下，遐嫁反，又如字。"

《礼记音义》："下冢，户嫁反。"

《礼记音义》："下适，户嫁反，下丁历反。"

《春秋公羊音义》："卑下，遐稼反。"

《春秋穀梁传音义》："犹下，遐嫁反，又如字。"

《尔雅音义》："降下，古巷反，下音如字。一读降音户江反，下音户嫁反。"

陆德明给"下"字注音释义，可以归纳出两个音义：一、"户嫁反、遐稼反"，去声祃韵匣母，意义为"下降、在下、向下"，是动词；二、"如字"，其具体音值无法确定，根据《群经音辨》："居卑定体曰下。胡贾切。"可以确定其音韵地位为上声马韵匣母，是方位名词。读音差异区分了动词和名词的词性。"如字"音与特殊读音也往往互为"又音"。

宋岳珂《九经三传沿革例》总结这种现象："有的然之音不待释者，在上之上，时亮反，在下之下，户雅反，此指高卑定体而言；若自下而上时掌反，自下而上遐稼反，此指升降而言。此本不必言，复有间见而不尽音者，滋惑也。又如先后二字，指在先在后之定体，则先平声，后上声；若当后而先之，当先而后之，则皆去声。

又如左右二字，指定体而言，则左右皆上声；指其用者而言，则皆去声，亦已随意圈发。其（朱文公熹）释《大学》：先治其国，欲治其国，皆音平声；家齐而后国治，国治而后天下平，皆音去声。仍于二音之下俱云'后仿此'，是使人可以意求也。盖平声系使然，去声系自然，初不难辨。又如数目之数，三数之数，每音上声；数算之数，数责之数，每音去声。至《左传释文》，则数责之数，兼有上声去声二音；至《史记·释音》及宋景文《国语补音》，则数责之数为上声矣。今四方之音却与《国语》《史记》合，惟吴音不尔。"

近

"近"在《释文》中，作为"相邻"之意，全部注音为"附近之近"，把它的音义放在这个语境中予以限制。

《周易音义》："近难，附近之近，下最近同。"

《诗经音义》："殆近，附近之近，又如字，下同。"

《诗经音义》："近丧，附近之近，又如字，注同。"

《诗经音义》："近之也，附近之近，一本无之字，近则依字读。"

《诗经音义》："往近，音记，毛已也，郑辞也。"

《诗经音义》："近之，附近之近。"

《礼记音义》："近诬，如字，又附近之近。"

《礼记音义》："相近，附近之近，徐如字。"

《公羊音义》："莫近，附近之近，又如字。"

《尔雅音义》："莫近，如字，又音附近之近。"

陆德明在《经典释文》中给"近"注音达数百次，除《诗经音义》："往近，音记，毛已也，郑辞也。"中注音为"音记"（是个语气词，假借字）以外，其他全部注为"附近之近"或者"如字"，是为了提醒读者，这个字在所注的上下文里应该理解为"位置上的附近、相近"。与之对应的音义为"如字"，是当时常见的音义，在《释文》

中没有出现。《群经音辨》："相邻曰近。巨隐切。相亲曰近。巨刃切。"我们可以知道"如字"的音义为"巨刃切、相亲"，是指人们"感情方面的相近"，其音义应该是"附近之近"的引申。两个读音声母相同，都是"群"母，韵分别为"上声隐韵"和"去声震韵"，现代汉语没有保留这些语音差异。

被

《周易音义》："被，皮寄反。"

《尚书音义》："被，皮寄反，徐扶义反。"

《尚书音义》："被宽，上皮寄反，又彼美反。"

《尚书音义》："被，皮义反，徐扶伪反，注同。"

《诗经音义》："被于，皮义反。"

《诗经音义》："被文，皮义反。"

《诗经音义》："被之，皮寄反，注及下同，首饰也。"

《诗经音义》："被其，皮伪反。"

《诗经音义》："被甲，皮寄反。"

《周礼音义》："被之，普皮反，又皮寄反。"

《周礼音义》："所被，普皮反，又皮寄反。"

《礼记音义》："被髪，彼义反，下同。"

《礼记音义》："被色，皮义反，徐扶义反。"

《春秋左氏音义》："被之，皮义反，徐扶义反。"

《春秋左氏音义》："被此，皮寄反，又皮绮反。"

《春秋左氏音义》："被练，皮义反，徐扶伪反，注及下同。"

《春秋穀梁传音义》："被甲，皮既反。"

《老子音义》："被，音备。"

《庄子音义》："被衣，音披。"

《庄子音义》："被衣，音披，本亦作披。"

《尔雅音义》："两被，普义反，又皮义反。"

"被"字的音义包含三个：一、"音披"，作为"披"的异体字，是一个实义动词；二、"皮寄反、皮义反、扶伪反、皮伪反"去声寘韵並母，"音备"去声至韵並母，其反切和直音读音略有差异，恐怕是反映了方言或古音的不同；所对应的意义应该是相同的，义为"覆盖"，是动词。"普皮反"平声支韵滂母，"皮绮反"平声支韵並母，"彼美反"上声旨韵帮母，"皮既反"去声未韵並母，是这些音义的"异读"；三、"如字"，《经典释文》注音释义没有给"被"注"如字"，因而现在难以确定"如字"的读法和意义，但是这个"如字"的读法和意义是一定存在的。根据《群经音辨》："所以覆者曰被。部委切。"我们可以确定"如字"的音义为"部委切"，上声纸韵並母，意义为"所以覆者"，也就是用以覆盖的东西，是个名词。

从上面所引《释文》给"被"字的注音，我们可以看到陆德明音义在注音方面是特别复杂的，如果按照声韵调的不同来区分，可以分析出七八个读音，当然，也可能在陆德明的时代，那些语音并没有显著差异。

《群经音辨》继承了《经典释文》的两个音义，通过不同读音来区分不同的词性以及由此产生的意义差别。

（五）"辨字训得失"辨析了九个字在经典古籍中的音训，其中包括古今字、异体字、分化字、讹误字等等用字现象以及由此而产生的特殊读音。我们把这九个字在《经典释文》中的全部注音释义找出来，以便与《群经音辨》作比较。

颂、原、陔、冰、乿、赓、汜、蠁、祁

《群经音辨》："颂从页，《说文》以为容貌字，经典以为歌颂字，而有形容盛德之义，《诗·周颂·鲁颂》是也，唐颜师古作《正俗》引鲁颂云：新庙奕奕，奚斯所作。言奚斯制造此庙，而王延寿《灵光殿赋》不当云奚斯颂僖，颜此说是矣，然未究鲁颂本末，又其失不自延寿，自班固始，臣今悉辨之。夫颂，天子乐也，而鲁以周公之后，得用天子礼乐，因有鲁颂，而鲁人不自作，受命于天子。按，子夏《诗序》，僖公能遵伯禽之法，季孙行父请命于周，使史克作颂是也。且其《閟宫》卒章云，新庙奕奕，奚斯所作。毛苌曰，有大夫公子奚斯者作是庙。郑康成曰，奚斯作者，教护属功课章程，则是奚斯作鲁庙不作鲁颂明矣。班固《两都赋序》乃云，皋陶歌虞，奚斯颂鲁者，其失有以，盖固见诗人有指作诗主名者，如《巷伯》篇曰寺人孟子作为此诗，《崧高》《烝民》皆曰吉甫作诵，故以诗言奚斯所作是作鲁颂误也，将班氏见前世传诗学者，或有异说与？"

《诗经音义》："曰颂，音讼。"

《诗经音义》："颂者，诵也、容也，歌诵盛德，序太平之形容，以此至美告于神明。"

《周礼音义》："击颂，众家不音，当依字，戚音容。"

《仪礼音义》："颂磬，如字，一音容。"

《春秋左传音义》："商颂，似用反。"

《群经音辨》："原，《说文》本作灥，愚袁切，水泉本也，省作原，经典以地高平为原，又训曰再，《周礼》原蚕，《礼记》未有原是也，叔孙通窃取再意为汉立原庙，非也。按，《礼》宗庙无二主，神者所依祀，不为渎庙，安得再乎？通乘汉初尚儒学者苦少，苟出胸臆，趣时立制，失古远矣，使后世祠祀丛复，仪典烦亵，通其倡之。"

《周礼音义》："原，本又作邍。"

《周礼音义》："荣原，如字，原亦作螈，音同，又五丸反。"

《礼记音义》:"或原,本又作源。"

《庄子音义》:"君原,原,本也。"

《尔雅音义》:"原,音元。"

《尔雅音义》:"原,舍人本作厵,音同。"

《群经音辨》:"陔,《说文》曰阶次也,从阝亥声,古哀切。束皙《补亡诗》曰循彼南陔,释曰,陔,陇也,有登陇采兰之义。《说文》则自用六书解训字体,而皙之言陔,于诗义恐未为得。按,《诗》亡篇六,其序存,可以见义焉,南陔曰孝子相戒以养,白华曰孝子洁白,华黍曰宜黍稷,由庚曰万物由其道,崇丘曰万物极其高大,由仪曰万物得宜,六序皆释命篇名义甚著,则陔当训戒明矣,又可就取诗雅为证,按乡饮酒、燕礼始宵雅三官,卒歌于堂帘,笙入而播此六诗焉,及爵乐无算,宾醉而出,则奏陔夏。郑康成曰,陔之言戒也,终日燕饮酒罢以陔为节饮,明无失礼,夫南陔、陔夏皆乐章也,郑氏作训正与子夏诗序义协。"

《诗经音义》:"南陔,古哀反。"

《诗经音义》:"陔蕳,古哀反,字亦作祴,音同,戒也。"

《诗经音义》:"鼓陔,改才反。"

《仪礼音义》:"南陔,古才反。"

《仪礼音义》:"南陔,工才反。"

《群经音辨》:"冰,《尚书》古文凝字,《说文》亦曰水凝也,从仌从水,俗作凝。按,《尔雅·释器》曰,冰,脂也,郭璞解引《庄子》肌肤若冰雪,冰雪,脂膏也,陆德明《释文》作彼陵切,又引孙本作凝,牛烝切,然则郭说、陆音于《尔雅》皆未为得,夫膏凝曰脂,《尔雅》用古字以冰为脂膏,取义凝结,而郭不见《尚书》《说文》古字,远引冰雪为脂膏疏矣,陆从而作彼陵切误矣,若孙炎所传《尔雅》本作凝字,虽改古文,于义不失。"

《尔雅音义》："冰,彼凌反,《说文》云水坚也,孙本作凝,牛烝反,膏凝曰脂。"

《尔雅音义》："冰,彼升反。"

《群经音辨》："乿,《古文尚书》治字也,𤔔、𤱊、𤔲,古文乱字也,孔安国训鱼陵切,乱曰治。按,许叔重《说文》无乿字,以𤔔为古𤲮字,吕员切,曰乱也,一曰治也,又解𤔲曰治也,幺子相乱,叉治之也,读若乱同,郎段切。一曰理也,又解乱亦曰治也,从乙,乙治之也,从𤔲,郎段切,经典大抵以乱为不理,亦或为理,夫理乱之义,善恶相反,而以理训乱,可惑焉,若以《古文尚书》考之,以乿、乱字别而体近,岂隶古之初,传写讹谬,合为一字而作治乱二训?后之诸儒,遂不复辨之与?"

《释文》只有《周礼音义》："乱名,如字,王肃作循名。"一条注解,没有注音。

《群经音辨》："赓,《说文》以为古续字。俛,《说文》以为古頫字音俯。按,《唐韵》以为《说文》之误,臣谓非《说文》误,盖传者失之,《说文》必本六书为音,此二字之音皆于六体不协,疑《说文》续字其下必有赓载之说,传者因复出赓,云或从庚贝,頫字其下或有低俛之训,因复出俛,云或从人免,古《尚书释文》,赓,有加孟、皆行二切,曰《说文》以为古续字,徐铉修《说文》曰今俗作古行切,陆不出续音,而徐增古行切,皆有意焉。"

《尚书音义》："赓,加孟反,刘皆行反,《说文》以为古续字。"

《尔雅音义》："赓,古孟反,沈、孙音庚,《说文》以为古文续。"

《群经音辨》："汜,《诗传》曰决复入为汜,《说文》曰水别复入水也,一曰汜,穷渎,从水已声,音似,今郑西有汜水县,县境有周襄王庙。按,《春秋传》襄王辟叔带之难,出于郑处汜,《左氏传》《书》,汜从巳午之巳,而《释文》音凡。按,《说文》汜字,孚梵切,训曰滥也，从水马声（马，乎感切）。今地名音凡，则当从马乃得声，岂郑地本为氾，从马而传，误书从已，或本从已，而《释文》误音凡与？然则氾水音似，相传久矣。"

《诗经音义》："江有汜，音杞，江水名，毛云，决复入为汜，郑云，汜，小水也。"

《诗经音义》："亦氾，芳剑反，字亦作汎。"

《周礼音义》："氾胜，芳剑反，李又音凡。"

《周礼音义》："氾祭，芳剑反。"

《仪礼音义》："氾埽，芳剑反，下索到反。"

《礼记音义》："氾，芳剑反，本亦作汎。"

《礼记音义》："氾配，芳剑反。"

《礼记音义》："氾埽，上芳剑反，下悉报反。"

《礼记音义》："氾移，芳剑反。"

《春秋左氏传音义》："取氾，音凡，注同，或音杞。"

《春秋左氏传音义》："于氾，音凡。"

《春秋左氏传音义》："处氾，音凡。"

《春秋左氏传音义》："道氾，本又作汎，周、张并同。"

《春秋公羊传音义》："氾，浮剑反，不系也。"

《庄子音义》："氾，芳剑反。"

《尔雅音义》："氾，音杞，一音似，或云杞、似同音，后仿此。"

《尔雅音义》："汜，音似。"

《尔雅音义》："汜，音似。"

《群经音辨》："蠵，以规、下圭二切，灵龟也，郭景纯说涪陵郡出大龟甲，可以卜缘中文如瑇瑁，即今觜蠵龟，一名灵蠵，能鸣，则此龟胸而鸣者也，《尔雅释文》旧本引《字林》曰大龟似谓鸣，新本引《字林》曰大龟似猬，二说皆有误。按，《周官·考工记》梓人刻画祭器,状诸虫兽,有以胸鸣者,郑氏曰,荣原属,《尔雅》蝾螈与蠵并载《释鱼》,则皆水虫类,马融《周礼》本作以胃鸣,干宝本作以骨鸣,胸、胃、骨三字相近,虽容有误,而马、郑与干皆前世名儒,或所授师说不同。又按,《说文》蠵,大龟也,从胃鸣者,从、以二字义或可通,用此参验,《字林》当作以胃鸣是也,盖《释文》旧本增以为似增胃为谓字之误,今本因改谓作猬,以为形似猬,误之甚。"

这个字在《经典释文》中只出现一次,《周礼音义》:"胥鸣,本亦作骨,又作肎,干本作骨,云鼍属也,贾、马作胃,贾云灵蠵也,郑云荣原属也,不知荣原之属以何鸣,作骨者恐非也,沈云作胸为得,亦所未详,聂音胃,刘本作胥,音卤。"没有专门为"蠵"注音释义。

《群经音辨》:"祁,地名,亦大也,音衹,又上之切,《诗》曰瞻彼中原,其祁孔有。郑以上章言麀鹿麌麌,麀鹿,牝也,麌,麍牝也,谓此章祁当麎麎,麍牝也。按,麎本有辰、脤二音,又市尸切,市尸与上之,其音盖同,岂古字假祁为麎,故郑得有此说欤?然则郑氏释经,率多改字,如《曲礼》庶人挚匹,郑云说者以匹为鹜,陆遂于《释文》匹字作木音,非也。按,《广雅》鴄、鸣,鹜也,古字省作匹,郑当直解匹为鹜,不烦引说者云,陆氏又不当音木。"

《诗经音义》:"祁祁,巨私反,舒迟也。"

《诗经音义》:"祁祁,巨之反,一音上之反,众多也。"

《诗经音义》:"其祁,毛巨私反,又止之反,大也,郑改作麎,音辰,郭音脤,何止尸反,沈市尸反。"

《诗经音义》:"祁祁,巨移反,徐也。"

《诗经音义》:"祁祁,巨移反,徐靓也。"

《诗经音义》:"祁祁,巨移反,或上之、尺之二反。"

《礼记音义》："祁寒，巨伊反，徐巨尸反，是也，《字林》上尸反。"

《春秋左氏传音义》："祁侯，巨支反，《字林》上尸反。"

《春秋左氏传音义》："山祁，巨之反，《字林》上尸反。"

《春秋左氏传音义》："杜祁，巨之反。"

《春秋左氏传音义》："祁奚，巨之反，《字林》上尸反。"

《春秋左氏传音义》："祁，巨之反，一音巨支反。"

《春秋左氏传音义》："司徒老祁，巨夷反，《字林》上夷反。"

《春秋左氏传音义》："祁胜，巨之反，《字林》云大原县，上尸反。"

《春秋左氏传音义》："祁黎，祁音巨之反，又上之反，黎音力兮反，又力私反，左氏作时来。"

《春秋公羊传音义》："祁弥，工支反。"

《尔雅音义》："祁祁，巨移反。"

《尔雅音义》："祁，巨伊反，又止尸反，孙本作底，音之视反。"

《群经音辨》归纳总结《经典释文》的特殊读音并分类辨析，其中有些观念如汉字音义规律，特别是语法观念已经超越了前人的认识，但是他的归类还略显粗疏。

总之，《经典释文》和《群经音辨》的特殊读音分析不能超出汉字的"形、音、义、用"四个方面，特殊读音产生的根本原因在于"形、音"等语言形式与"义、用"等语言内容之间的矛盾。因而这些语言形式与内容之间就可能出现下列关系："形、音""形、义""形、用""音、义""音、用""义、用"以及"形、音、义、用"三者或四者矛盾对立等等情况。其中"形、义""形、用""义、用"关系一般不产生特殊读音，其他关系的对立都是产生特殊读音的原因。

第四节 《经史动静字音》《音韵日月灯》对《经典释文》的继承和发展

一、刘鉴《经史动静字音》对《经典释文》的继承和发展

《经史动静字音》，元刘鉴撰。刘鉴，字士明，关中人，生卒年不详。他熟读经史，深通音理，于至元二年（1336）撰成《经史正音切韵指南》，用十六摄归纳韵类，与韩道昭《五音集韵》互为表里。刘鉴综合宋元等韵家的等韵门法理论编成《门法玉钥匙》附其书后，对等韵学、等韵图的发展产生较大的影响。又搜集常见的一字多音多义的别义异读字 207 个，进行系统而又简明的音义辨析，写成《经史动静字音》，如"王，平声，君也；君有天下曰王，去声"。是通过声调由平声变为去声而区别名词和动词，并辨析由此而产生的不同意义，前一音义为"静字"，后一音义为"动字"。同一字形表示动、静二义，需要根据上下文语境来确定音义，辨音别义、因音辨义，也附于其所编写的等韵图《经史正音切韵指南》之后。刘鉴模仿张守节"发音例"，在篇首开宗明义："凡字之动者，在诸经史，当以朱笔圈之，静者不当圈也。"表明刘鉴认为静字音为正音、本音，因而不做标记；动字音为破读音，因而应当"以朱笔圈之"，提醒人们不能以正音、本音读，也不能按照正音、本音表示的意义理解。

《经史动静字音》收集动静异读的字共 207 个。其中通过声调区别动、静的有 164 字：通过平声与去声区别的有 114 字，通过上声与去声区别的有 44 字，其他还有入声与去声区别的有 4 字，去声与上声区别的有 1 字，上声与上声（原文疑有讹误）区别的有

1字，约占总数的79％；而通过声母、韵母的不同来区别动、静的只有43字，其中改变声母的15字，改变韵母的14字，既改变声母又改变韵母的14字，约占总数的21％。这就是人们将这一类型的变音别义称为"变调构词""四声别义"的主要原因。虽然作者没有具体说明，但是考察其内容，这些动静字应该来源于《群经音辨》，其更早的源头则全部来自《经典释文》。

这些字并不如他自称全是动、静异读，有许多词词性相同，只是词义不同，如"人之美称曰父（音甫），家之尊曰父（扶雨切）"，"目汁曰涕（耻礼切、又音弟），鼻汁曰涕（他计切）"，父、涕都是名词；"除之曰去（上声），自离曰去（去声）"，"上委下曰仰（去声），下瞻上曰仰（上声）"，去、仰都是动词。因此我们可以把这207字视为一般的"变音别义"的异读词。据本人统计，这些异读词百分之六十以上是区别词性的，以区别名词和动词居多。这些内容在《马氏文通·动字辨音》里也得到继承："以音异而区为静字与动字者，或区别为内外动字者，或区别为受动与外动者，且有区别为其他字类者。"

近人马建中《马氏文通》全书十卷，除第一卷"正名"和第十卷"句读"以外，其他八卷分"实字"和"虚字"分别讨论了"名字、代字、动字、静字、状字、介字、连字、助字、叹字"，开创汉语按语法功能划分词类的先河。第三章"静字"定义为"静字者，所以肖事物之形者"。静字统分两类：象静，滋静。"象静者，以言事物之如何也；滋静者，以言事物之几何也。曰如何，曰几何，皆形之显著者也。"第四卷"动字"定义为"动字者，所以言事物之行也。其动而仍止乎内也，曰内动字；其动而直接乎外也，曰外动字"。马氏"动字、静字"的内涵和外延不同于刘鉴，静字中的"象静"略相当于现代语法学中的"形容词"，"滋静"略相当于数词；"动字"略相当于现代语法观念中的"动词"。

何九盈先生认为："刘鉴就是以'圈'或'不当圈'来区别字之动静的。他所说的'静字'并不就是名词，而是指不须圈点的本音，即张守节说的'如字，初音者为正字，不须点发'，也就是《唐语林》所说的'正音'；他所说的'动字'并不就是动词，而是指'借音'，即圈点后的读音。静字可以指名词，也可以指动词、形容词；动字可以指动词，也可以指名词。要之，动静之别的语法作用就在于改变词性而已。"

《经史动静字音》所谓"静字"即本文所指的"一般读音"，"动字"就是"特殊读音"，这些特殊读音在唐宋时期即为"发字""点发""点书""圈字""圈发"等，刘鉴认为一个字的不同字音可以区别词义、词性，进而区别其在语句中的用法。

较之《群经音辨》，《经史动静字音》继承了唐宋时期的"点发"，主要是从读音方面区别词义词性。而《马氏文通》则将"动、静"作为区分词语语法分类的范畴，具有了更为清晰的语法观念，动静字即是动词和形容词、数量词。

以今天的语法观念看《群经音辨》，贾昌朝还主要停留在字音与意义之间的关系上。其"同字异音"主要是各种原因造成的音义差异，其"字音清浊"虽然搜集的是因为词性不同而变读的"形、用"对立的词，但是他没有提出词性的问题，"形、用"仍然在意义的范畴之内；"彼此异音"辨别的是"一字之中，彼此相形，殊声见义"，虽然都是动词，但是还有自动和他动、主动和被动以及及物和不及物的差异，贾昌朝还是认为"殊声见义"而不是"殊声见用"；"字音疑混"主要是通过变读来分别名词（方位词）与动词之间的音义和用法的不同。虽然具有明显的语法色彩，但是贾昌朝还是认为"随声分义（而非用）"，并且表示这些音义差异是"疑混"

的,"义无他别";"字训得失",探讨文字与经义之间的关系,更不涉及语法。由此,我们可以看出贾昌朝基本上还是把字词不同的用法归入"意义"这个范畴的,而刘鉴则用"动、静"这一组对立的概念予以区分,显示出人们对语言文字应用认识的发展。

《经典释文》作为随文释义的注疏,分析文字、读音在具体的语境中的意义和用法,虽然包含着语法思想,但是没有展示出明确的语法观念和语法格式。

二、吕维祺《音韵日月灯》对《经典释文》的继承和发展

吕维祺,字介孺,新安(今河南新安县)人,明代著名理学家。万历四十一年(1613)中进士,崇祯元年(1628)任南京兵部尚书。因"剿寇"不力罢免,归居洛阳,设立"伊洛会",广招门徒,著书立说。崇祯十四年(1641)正月,李自成攻入洛阳,吕维祺"不辱大节","引颈受死"。吕维祺著述丰厚,有《明德堂文集》《孝经本义》《孝经翼》《节孝义忠集》等传世。

《音韵日月灯》七十卷:《韵母》五卷、《同文铎》三十卷、《韵钥》三十五卷。"其说讥沈约知纵有四声而不知衡有七音,司马光知衡有七音而不知纵有四等,故作此三书以正其谬。总名《音韵日月灯》,象三光也。亦名《正韵通》,以遵用《洪武正韵》及续刊《洪武通韵》二书也。其韵母以一百六韵为经,以三十六母四等为纬,而以开口、合口标于部上,独音、众音注于字旁。其《同文铎》举一百六部之字,以三十六母易其先后。大致本之《韵会》,而注则稍减。所注古韵通转,则吴棫《韵补》之绪馀耳。其《韵钥》则仍以《同文铎》所收之字,删其细注,但互注其字共几音几叶,以便检寻,故名曰'钥'。《自序》称《同文铎》如编年、此如纪传是也。维祺于等韵之学颇有所见,而今韵、古韵之源流未能深考。观其称

古韵二百六部沈约并为一百六部,则其他可知矣。"

《音韵日月灯·音辨一》分析汉字一字多音的现象:"字有形同而音义各异者,有音异而形与义实同者,有形声同而清浊异义者,有动静异音而分平仄清浊者。盖以上世字少,常以一字转注别用而声音随之。故一字有二音三音或五七音以至十五音者,义各互异并音异而形义同形声同,而清浊异义,动静异音。"他进一步将这些一字多音的现象分为三个类型:

"其一,形同而音义各异",分别举出一字二音、三音、四音直至十五音的一些字的音义,如一字六音的"学":胡觉切,觉悟也;於角切,同鸴,山雀;许既切,文学;後教切,教也;居效切,同教;下刮切,鸟名。

这一类多音主要是词义、词性引申以及文字假借造成的特殊读音。

"其二,音异而形与义实同",也分别举出一字二音、三音、四音直至六音的一些字的音义,如一字五音的"荷":平声胡歌切;又虎何切;又居何切;上声何可切;去声何佐切。俱担负也,又芙蕖花。

这一类多音主要是词义、词性没有差异的异读字,还有一些应该属于同形字,也就是一个字形表示两个词语,两个词义之间没有关系。

"其三,形同而动静异音",归纳音变造词的形式有变调构词、变声构词、变韵构词,如"静平动去:中、重","静匣母动见母:降、解"等(详见本书第三章第二节"三、汉语语音区别特征的补偿机制"有关内容)。举例性地分析了一个字的不同语法功能在语音上的分化,这些语音分化主要表现为声调和声母的差异。

《音韵日月灯·音辨一》所分析的特殊读音包括《经典释文》

的主要类别,但是分析的材料远没有《释文》丰富,这是因为吕维祺主要是通过举例的方式探讨这些一字多音包含的语言现象,分析这些现象所体现的语言规律。特别是"其三形同而动静异音"分析的动静字,具有了比较先进的语法观念,其语音与词义词性的对应关系分析也很精细。

宋、元、明所谓"动字""静字"是以词义引申和词性转换为立足点来观察的。我们来看看他们对动静字的认识。

宋黄震《黄氏日钞》:"'霸诸侯'(杜预《春秋左传集解》)注云:'霸与伯同。'愚意诸侯之长曰伯,指其定位而名。王政不纲,而诸侯之长整齐其诸侯,则'伯'声转而'霸',乃有为之称也。正音为静字,转音为动字。"

宋贾昌期《群经音辨》、元刘鉴《经史动静字音》也都采用这一分类法和术语,并且列举了一系列动静字。所谓"动字",相对于"静字"来说,属于音变造词法、兼类词、词类活用等语言运用和分析类型。"死字""活字"这一组术语也是始用于宋人(范希文《对床夜语》),与"静字""动字"分别相等。马建忠《马氏文通·正名·界说四》:"动字与活字无别,不曰活字而曰动字者,活字对待者曰死字,未便于用,不若动字对待之为静字之愈也。"

英语里也有相似的通过改变读音来区分词性词义的语言形式,一般同一意义的名词或形容词重音多在前面的音节上,而动词则在后面的音节上,如同"动静异音"。如:

1.'content(名)容量,内容;con'tent(名、形、动)满足。

2.'desert(名、形)沙漠;de'sert(名)应得的赏罚;功劳遗弃。

3.'refuse(名)垃圾;re'fuse(动)拒绝。

第五节 从《经典释文》看
《普通话异读词审音表》异读词的处理

　　《普通话异读词审音表》是由国家语委、国家教委(今教育部)和广电部于1985年12月发布的。到《审音表》(修订稿)发布以前,它是关于异读词读音规范的法定标准,是我们规范异读字读音的主要依据。普通话异读词审音表着眼于普通话词语的一些异读现象来审定读音,继承了1963年发布的《普通话异读词三次审音总表初稿》的成果,并重新审订了某些读音。

　　2016年6月6日《普通话异读词审音表》修订课题组征求意见公告:"国家语委于2011年10月启动了新中国成立以来第三次普通话审音工作,主要内容是研制普通话审音原则,根据当前语言生活发展需要修订1985年发布的《普通话异读词审音表》,建立健全普通话语音规范标准体系。为此,特成立了由语言学、教育学、普通话研究以及播音主持、科技名词、地名、民族语言等领域专家组成的普通话审音委员会,设立了'普通话审音原则制定及《普通话异读词审音表》修订'课题,由中国社会科学院语言研究所承担。

　　课题组经过3年多的努力,完成《普通话异读词审音表》修订初稿研制,并采取多种形式征求意见:向国家语委成员单位和各地语委发函征求意见;在北京、上海、广州分别召开座谈会听取部分省市代表意见;通过搜狐网及手机新媒体等渠道收集网民意见,共有5万多人参与了网上读音调查。在广泛听取各界意见的基础上,形成《普通话异读词审音表(修订稿)》。"

　　2016年6月6日起至2016年6月25日,为征求意见时段,现在《普通话异读词审音表（修订稿）》还没有正式发布。通过公示的修订稿，我们可以看到与原《审音表》差异不大，仅有 54 处修订。

我们仍然以《普通话异读词审音表》为标准，来比较《经典释文》两者对异读词的处理。虽然《审音表》是为现代汉语普通话规范读音、字音而编写的，其所审定之音主要是针对普通话的读音问题，并不是专门针对《经典释文》的特殊读音进行整理的。但是《经典释文》却是中古时期汉字"异读"的总汇，也是现代汉语普通话众多异读字（词）的重要来源，因而，通过《审音表》对"异读词"的审音，我们也可以观察《经典释文》特殊读音在现代汉语普通话里的取舍。

运用《经典释文》等古代音义著作、古籍注疏的注音材料以及韵书来确定汉字读音的时候，一定要根据这些音义材料的实际情况给予不同的处理；在确定为纯粹注音的情况下，还要按照语音演变规律进行折合，再结合实际语音的调查来确定现代读音，而不能机械地依据反切和直音简单处理。对于《经典释文》，还需要特别注意的是其中一些形式上的注音并不是真正的注音，我们可以称为"假性注音"，如果"弄假成真"，就会造成"谬种流传"的恶果。

古籍中的许多特殊读音由于语音、文字（新字产生、旧字消亡）、语法、意义发展等原因而得以分化。

由于语言的发展，《普通话异读词审音表》所审订的异读词较之《经典释文》所反映的异读情况又有较大的变化；主要表现在《审音表》审定的有"文读"与"白读"的异读，有轻声词与非轻声词之间的异读，有语流音变引起的异读，统读、非统读引起的异读等等。这些异读都是《释文》所没有或者没有表现出来的。

《普通话异读词审音表》审订了846字的异读词,其中保留异读的字有259字(其中明确有多音的有122字,"不统读"137字),"统读"587字,减少接近70%。

122个异读字声母、韵母有别的有74字,约占总数的61%;仅仅是声调有别的有48字,约占总数的39%。不"统读"的137字几个读音之间的语音关系大致与此相同。《现代汉语词典》中还有一些字,如"衣、雨"等字,在《审音表》中没有做出任何说明,但是在《词典》中还保留着一些古读,而没有进行审定。

以声调的不同来区别词义词性的功能已经没有《经典释文》《群经音变》和《经史动静字音》那样明显。在《审音表》中,明确以音变区别"名物义"与"动词义"的字仅5例,其中变调别义的仅3例:苫,动词义读shàn,名物义读shān;拢,动词义读lóng,名物义读lǒng;冠,动词义读guàn,名物义读guān。"不统读"标明动作义的仅2例,以变调别义的仅有"处"字,动词义读chǔ,名物义读chù。

这些异读的消失体现了语言的发展变化,其中最重要的变化,我们认为是词语的双音化。词语双音化主要是通过语法的手段来表达意义,这样一来,原来在单音词为主时期通过语音、字形方式区别意义的手段就退居其次了。

如《诗经音义》:"之应,应对之应,序注及下传应礼同。""相应,音鹰,当也。"其中的"应"表示"应对"的读音与表示"相当、应当"的读音有差异。注为"应对之应"其实应该有两个作用,一是说这个字读为"应对之应",一是这个字也理解为"应对之应",虽然我们现在难以确定"应对之应"的读法,但是这种读法与"相应,音鹰"是有区别的。现代汉语普通话没有继承这个读音差别,原来通过读音来区别的意义现在都是通过"应对""应当"等双音节词予以区分，体现了语言表达方式的发展。

《普通话异读词审音表》废弃了多数不区别词义和语法作用的纯粹异读，还有一些虽然区别意义，但是意义相近相关的异读也被规范。在异读词规范的条件下，也保留着新的特殊读音，这些特殊读音可以归纳为下列对立的情况：

1.统读、非统读。2.白读、文读。3.动作义、名物义。4.特殊读法。

我们将《普通话异读词审音表·说明》归纳的十种情况与本文所分析的《经典释文》的5大类18小类特殊读音作如下对比（宋体字为《审音表》原文，仿宋体字为《释文》与《审音表》之间的比较说明）：

一、本表所审，主要是普通话有异读的词和有异读的作为"语素"的字。不列出多音多义字的全部读音和全部义项，与字典、词典形式不同，例如："和"字有多种义项和读音，而本表仅列出原有异读的八条词语，分列于 hè 和 huo 两种读音之下（有多种读音，较常见的在前。下同）；其余无异读的音、义均不涉及。

《释文》注音"某某之某"与此条基本一致，反映的是一个字（词）在不同的语境中的不同音义。万献初《〈经典释文〉音切类目研究》统计并分析了"某某之某"的数据和反映的语言规律，其核心在于这种注音用于限定语境，也就是把注音字放在特定的上下文里，使之成为"语素"。

二、在字后注明"统读"的，表示此字不论用于任何词语中只读一音（轻声变读不受此限），本表不再举出词例。例如："阀"字注明"fá（统读）"，原表"军阀""学阀""财阀"条和原表所无的"阀门"等词均不再举。

《释文》中"纯粹异读"大致与此条相当，纯粹异读不区别词义、词性，如果没有发展出新的意义或用法，就是语言中的赘疣，应该予以"统读"，但是陆德明的时代没有这样的规范意识，还保留着许多这种"纯粹异读"。

三、在字后不注"统读"的，表示此字有几种读音，本表只审订其中有异读的词语的读音。例如"艾"字本有 ài 和 yì 两音，本表只举"自怨自艾"一词，注明此处读 yì 音；至于 ài 音及其义项，并无异读，不再赘列。

《释文》中"区别多音字多义字（破读）"以及部分"表现语法差异（分析词性、语法作用）"的特殊读音与此条基本相同，不"统读"是因为多音对应多义（用），这是《经典释文》特殊读音和后世多音字的主要内容。

四、有些字有文白二读，本表以"文"和"语"作注。前者一般用于书面语言，用于复音词和文言成语中；后者多用于口语中的单音词及少数日常生活事物的复音词中。这种情况在必要时各举词语为例。例如："杉"字下注"（一）shān（文）：紫～、红～、水～；（二）shā（语）：～篙、～木"。

《经典释文》无所谓"文"和"语"的差异，但是其中"反映语音演变或方言差异"的特殊读音与此条基本一致，实际上，"文读"相对说来保留"古音"和"通语"比较多一些，而"白读"采用"今音"和"方言"比较多一些。

五、有些字除附举词例之外，酌加简单说明，以便读者分辨。说明或按具体字义，或按"动作义""名物义"等区分，例如："畜"字下注"（一）chù（名物义）：～力、家～、牲～、幼～；（二）xù（动作义）：～产、～牧、～养"。

《经典释文》中"表现语法差异（分析词性、语法作用）"的特殊读音与此条基本一致，但是《经典释文》中"表现语法差异"的特殊读音远远不只是"动作义""名物义",而是包含着很多语法现象,不过这些通过语音表达的语法现象在普通话里多数被新的语法结构所取代。

六、有些字的几种读音中某音用处较窄,另音用处甚宽,则注"除××(较少的词)念乙音外,其他都念甲音",以避免列举词条繁而未尽、挂一漏万的缺点。例如:"结"字下注"除'～了个果子''开花～果''～巴''～实'念 jiē 之外,其他都念 jié"。

《审音表》此条所说明的情况应该属于某些字作为语素在多音化的词语里,由于受到语境的限制而无需在语音上予以区别,同时作为语素,在词语中也会受到"语流音变"的影响,这是《经典释文》所没有的,因为《释文》为先秦文献注音释义,往往都是单音节词,是为书面语服务的。

七、由于轻声问题比较复杂,除《初稿》涉及的部分轻声词之外,本表一般不予审订,并删去部分原审的轻声词,例如"麻刀(dao)""容易(yi)"等。

这种读音差异也是《经典释文》所没有的。汉语的轻声主要体现在口语中,而《经典释文》主要是面向书面语摘字注音释(辨)义,另外,轻声一般认为是在元明之际才出现的。

八、本表酌增少量有异读的字或词,作了审订。

如"朴"在古籍里就代表了许多词语:

1.朴,木皮。《说文·木部》:"朴,木皮也。"汉崔骃《博徒论》:"肤如桑朴,足如熊蹄。"《汉书·司马相如传上》:"亭奈厚朴。"颜师古注:"张揖曰:'厚朴,药名。'朴,木皮也。此药以皮为用,而皮厚,故呼'厚朴'云。"《广韵》:"朴,匹角切",入声、觉部、滂母。又同"樸",应该是"樸"的简化字,义为本性、本质、原本,《庄子·山木》:"既彫既琢,复归于朴。"郭象注:

"还用其本性也。"《荀子·性恶》:"今人之性,生而离其朴。"杨倞注:"朴,质也。"引申为淳朴、朴实义。《庄子·山木》:"其民愚而朴,少私而寡欲。"成玄英疏:"君既怀道,民亦还淳。"北魏郦道元《水经注·泗水》:"夫子床前有石砚一枚,作甚朴。"今读 pǔ。

2.一种树木,榆科,朴属植物的泛称,读为 pò,这是一个专有名词,遵从"名从主人"的原则,以当地人对这种植物称呼的读音获得读音。

3.假借为"扑",义为击、挞,《史记·刺客列传》:"高渐离乃以铅置筑中,复进得近,举筑朴秦皇帝,不中。"司马贞索隐:"朴,击也。"引申为打人的用具,《史记·陈涉世家》:"及至始皇……履至尊而治六合,执敲朴以鞭笞天下。"司马贞索隐引臣瓒曰:"短曰敲,长曰朴。"唐沈亚之《冯燕传》:"司法官小吏持朴者数十人,将婴就市,看者围面千余人。"朴字假借为"扑",自然应该按照假借字读音原则,读为本字读音 pū。

4.朴刀,古时武器,一种刀身窄长,刀柄较短的刀。双手使用。金董解元《西厢记诸宫调》卷一:"话儿不提朴刀杆棒,长枪大马。"《水浒传》第二回:"〔朱武等〕只带了三五个做伴,将了朴刀,各跨口腰刀,不骑鞍马,步行下山,径来到史家庄上。"朴刀也是专有名词,其中"朴"读为 pō。

5.少数民族姓氏,《集韵》:"夷姓也,魏有巴夷王朴胡,披尤切。"见《三国志·魏志·武帝纪》。"朴"读为 pú,这是少数民族语言的译音。

6.姓,明代有朴素,读为 piáo,今也有朴姓,韩国人朴姓人更多。

上引"朴"字的 pǔ、pò、pū、pō、pú、piáo 六个读音代表了古籍中的六个词,在古籍阅读中我们不一定要一一分辨这六个读音的具体情况。但是语言具有传统性,是文化的载体,所以我们也不能一概将这六个读音简单读为常见读音 pǔ。至少我们应该知道除了这个字一般读为 pǔ,还有作为少数民族姓氏的读音,因为这个姓可能在现实中已经不复存在,也可以归入这个读音。而现在还有的"朴"姓则不宜归入此读音,还是应该"名从主人",读为 piáo。在"朴刀"里应该读为 pō,读作别的什么读音,那么这个意义就改变了。在假借为"扑"的时候,当然应该读 pū,否则就会误会词义。至于"朴树"中"朴"的读音,似乎可以精简,读为"厚朴"之"朴"pǔ 的读音,因为"厚朴"之皮即朴树之皮,似乎不必强分读音。

通过上面的分析,我们认为古书中出现的"朴"的六个读音,我们在阅读古籍的时候至少应该了解 pǔ、pū、pō、piáo 这四个读音,如果这样,在阅读古书时,就基本能正确理解所出现的"朴"字的语音和词义了。

《经典释文》给"朴"字的注音有三个(见"《经典释文》特殊读音与一般读音之间的语音关系"中"朴"的注音),释义两次:《尚书音义》:"樸,普角反,马云未成器也。"《诗经音义》:"棫樸,下音卜,沈又符卜反,樸枹,木也。"《群经音辨》:归纳为三个音义:"樸,木素也,普角切;樸,枹木也,音卜,《诗》棫樸;樸属,附箸坚固也,蒲木切,《礼》凡察车之道欲其樸属而微至。"

"朴"用作"朴刀,读作 pō",作为"少数民族姓氏,读作 pú"和"姓,明代有朴素,读为 piáo,今也有朴姓,韩国人朴姓"等音义在《释文》中没有出现或没有反映出来,在后世出现了,也应该给予规范。

九、除因第二、六、七各条说明中所举原因而删略的词条之外,本表又删汰了部分词条。主要原因是:

1.现已无异读(如"队伍""理会");

2.罕用词语(如"俵分""仔密");

3.方言土音(如"归里包堆[zuī]""告送[song]");

4.不常用的文言词语(如"刍荛""氍毹");

5.音变现象(如"胡里八涂[tū]""毛毛腾腾[tēngtēng]");

6.重复累赘(如原表"色"字的有关词语分列达 23 条之多),删汰条目不再编入。

十、人名、地名的异读审订,除原表已涉及的少量词条外,留待以后再审。

　　《经典释文》里有众多的专有名词的特殊读音,主要包括人名、地名。人名、地名包含着复杂的文化现象,应该尊重本人和当地人的习惯也就是"名从主人"。

通过《审音表》与《经典释文》特殊读音的比较,我们可以看到两者差异很大,这主要是因为汉语经过一千多年的发展,产生了许多新的语言形式,也消亡了很多旧的形式;由于时代的不同,表达方式有巨大的差别。《经典释文》的特殊读音包含语音、文字、语法以及语用等所有语言要素,而《审音表》主要针对语音(较少涉及词义、语法和语用)。其他要素如文字、语法有专门的部门;另外,两者的对象也不同,《审音表》是为普通话审音而作的,立足于现代;《经典释文》是为解读儒道经典而作的,立足于当时。因而我们比较《审音表》和《经典释文》只能在语音的层面上进行。

《审音表》也考虑了人们的传统习惯,如"车"一般读为 chē,但是在象棋棋子名里仍然保留 jū。

从《经史动静字音》到《普通话异读词审音表》,我们可以看到汉语词汇区别词义词性的手段已经产生了很大的变化,《经史动静字音》中以变调别义的读音多数在现代汉语普通话里没有保留下来(以《现代汉语词典》第五版为依据)。

通过对《经典释文》特殊读音与《普通话异读词审音表》的比较,我们可以发现这些特殊读音发展演变的主要途径:

一、语音演变促使特殊读音产生或消失,如原来通过声母清浊对立的特殊读音,由于清浊发音方法的消失而消失;同时由于声调"平分阴阳",使原本只有"平声"的字产生"阴平"和"阳平"的对立;"浊上变去"可能使原来同韵母"浊声母上声"字和相应的"清声母去声"字的读音失去差异;"入派三声(四声)"可能使原来入声字与同声母同韵母的平上去声字消失差异,等等;轻声、儿化的出现又产生新的特殊读音,替换旧的特殊读音;还有"文白异读""语流音变""音译外来词"等新的语言现象也可能产生新的特殊读音。

二、文字发展产生的区别字、古今字分化了特殊读音,使原本有几个读音和意义的字分化为几个形体,一个形体往往只有一个读音和相应的意义和用法。

三、词义消失、演变促使特殊读音产生或消失,如大量的古国名、古地名、古人名等的特殊读音。这些特殊读音本身在古代文献中运用的少,现代汉语基本不用,有些保留至今的,由于普通话的推行而逐渐失去特殊读音,表现为在普通话口语里消失。

四、语法特点的演变促使特殊读音消失,古籍中一些表示语法特点的特殊读音在现代汉语普通话里被其他词汇、语法结构取代。

汉语词汇双音化以后,在两个或者几个音节之间也可能发生屈折作用,如方言中大量报告的连读变调。在现代汉语普通话里也有类似的现象,如"一、七、八、不"的变调,两个上声连读变调等等。但是这种变调与"破读"不同的是,它们不区别词义和词性,不是独立的读音,其变调的主要原因是为了发音的方便。至于人名、地名,《审音表》"留待以后再审",恐怕主要原因在于人名、地名没有确定的词汇意义和语法意义,主要还是保持一定的文化意义。因而应该审慎地予以对待。

附录　《经典释文》特殊读音演变释例

从容

"从容"出自《礼记·学记》:"善待问者如撞钟,叩之小者则小鸣,叩之大者则大鸣,待其从容,然后尽其声。"郑玄注:"从读如'富父春戈'之'春',春容谓重撞击也。始者一声而已,学者既开其端意,进而复问,乃极说之,如撞钟之成声矣。"孔颖达正义:"春谓击也,以为声之形容,言钟之为体,必待其声。每一春而为一容,然后尽其声。"本义是指撞钟,要等钟声完全发出来才进行下一次撞击,比喻善问者要等回答者详尽的解答,其核心义素是"撞钟的举动"和"撞钟以后的等待",成为后世该词引申发展的源头。

这两个源义素分途引申,由"撞钟的举动"引申为其他的"举止行动";由"撞钟以后的等待"抽象出"悠长、不急迫"等含义,再引申出"舒缓、宽裕"等义项。不产生新的字形或读音就表现为一词多义,否则就表现为同源词。

"怂恿"是由"从容"的源义素"举动"引申而来的,另造新的字形予以分化。如《史记·淮南衡山列传》:"日夜从容王密谋反事。"《广雅·释训》"从容,举动也。"清王念孙疏证:"自动谓之从容,动人谓之怂恿,声义并相近,故怂恿或作从容。"

中药肉苁蓉则是由"从容"的"舒缓"义引申孳乳而来,由于是一种植物,因而在文字形体上加上"艹"以示区别。明李时珍《本草纲目·肉苁蓉》》："此物补而不峻,故有从容之号。从容,和缓之貌。"唐张贲《药名联句》:"从容犀局静,断续玉琴哀。"

"从"是"舂"的假借字,假借以后,"从容"主要表示比较抽象的意义,"舂容"则主要表示比较具体的意义。《汉语大词典》将"从容"和"舂容"列为两个词条,分别归纳了 9 个和 6 个义项,表现出这种趋势,但是文献用例中也有交叉重叠现象,反映了它们同出一源而产生的纠葛。

"从"字又写作"松",《礼记·学记》:"待其从容。"郑玄注:"从或为松。"《墨子·号令》:"为人下者,常司上之。随而行,松上不随下。"王念孙《读书杂志·墨子六》引王引之曰:"松,读为从,言从上不随下也。"

"容"字又写作"颂",《经典释文·仪礼》:"颂磬,如字,一音容。"《史记·鲁仲连邹阳列传》:"无从颂而死者。"张守节正义:"从颂,从容也。"方以智《别雅》卷一:"从颂,从容也。"《说文·页部》:"颂,貌也。"段玉裁注:"古作颂貌,今作容貌,古今字之异也。"《简化字总表》将"從"以同音替代的方式简化为"从"①,因而字又写作"从容"。

《经典释文》共 13 次给"从容"之"从"注音,"七容反"11 次,"七凶反"1 次,读音跟《广韵》完全相同(《广韵》:"从,疾容切",清母钟韵),"如字"1 次,反映出该字读音的不确定;《广韵》:"舂,书容切",书母钟韵,《经典释文·礼记·学记》:"从,依注读为舂,式容反"。除此以外,还给"舂"字注音 6 次:"伤容反"3 次,"束容反"2 次,"舒容反"1 次,音韵地位也跟《广韵》一致。上古声母"清"跟

①《说文·从部》:"从,相听也,从二人。從,随行也,从辵从,从亦声。"原本是两个不同的字。

"书"相近,同属齿音,准双声;韵母都是平声钟韵,上古同属"东部",可以通假。

"从"的声母是"清"母,声调是"平"声,演化到现代汉语,根据"清声母平声字为阴平"的规律,都读为阴平。这是"从容"之"从"在一些字典词典注音为 cōng 的来源。

"从"在《广韵》里还有"疾容切",从母钟韵,"从"是全浊声母,浊声母清化,平声字读阳平,这是现代汉语"从"字标准音 cóng 的来源。还有"即容""七恭""秦用""疾用""才容"五切,其中"七恭""才容"与 cóng 同音,"即容""秦用""疾用"则是"从"引申假借为其他词的读音来源,本文不讨论。

《普通话异读词审音表》将"从容"之"从"统读为 cóng,这就是说:经审订只保留这一个读法,无论在什么词中,再无其他读音(轻声变读不受此限)。而"从"在《初稿》中有 cóng(从属)和 cōng(从容)两个读音,《审音表》废除 cōng,完全按照假借字来处理其读音,割断了揭示该词源流的语音线索,于是,"从容"的语源就更加隐蔽了。

春容、從容、怂恿、苁蓉、从容是一组同源词。

《汉语大词典》指出"从,通'怂'",《辞海》认为"'从容'同'怂恿'",反映了人们认识的不一致,原因是没有理清这些词语的引申假借关系。

"从容"两个字分别表示了一次撞钟的过程:"从"谓撞击,"容"形容撞击以后钟声发出直到消失,是并列联合词,而不是联绵词,因而符定一将其收入《联绵字典》是不妥当的。

荨

"荨"字是从古代到现代都是一个读音和意义比较特殊的字,读为"qián"音,与古代字典韵书的注音不相吻合;读为"xún"音,一般认为是误读声符造成的。徐世荣先生的《〈审音表〉修订追记》中说："'荨麻'之'荨'，李时珍注《本草纲目》已注'荨，音寻'（按：原文为燅）。可见俗读由来已久，'荨麻疹'常见，'荨'念 xún，已不可改。勉强群众读 qián，实难接受。'荨麻'在生活中不常见，仍从古音 qián，算是'文读'，xún 算作口语音。"

　　本文通过"荨"音义的考察，发现"荨"字与"薚"字的形、音、义发生了历时"感染—替换"，从而使"荨"字具有了 qián、xún 两个新起的读音和"荨麻、荨麻疹"的意义。

　　1."荨"字古音义

　　《说文》："荨，莐藩。从艸寻声。"段玉裁注："莐，今本篆文无彡，误。尋，各本作寻，误。徒南切，古音在七部（按：即王力先生三十部之'侵'部）。"《说文》："尋，绎理也。从工从口从又从寸，工口，乱也，又寸分理之，彡声……度人之两臂为寻，八尺也。"荨字从寻得声，而寻字从彡得声，这就是《广韵》和徐铉注音为"徒含切"的来源。荨之"彡"或为"爻"。

　　《尔雅》："莐，莐藩。"郭璞注："生山上，叶如韭，一曰提母。徒南切。"邢昺疏："药草知母也。"

　　《经典释文·尔雅音义》："荨，孙云古薚字，徒南反，《说文》云或作荨字。"

　　《经典释文·尔雅音义》："荨，徒南反。"

　　《本草纲目·草类一》："知母：蚔母，《本经》音迟，《说文》作芪母。连母，蝭母，蝭音匙又音提。货母，地参，水参，又名水须水浚。薚，《尔雅》音覃。莐藩，苦心，儿草。时珍曰：'宿根之旁初生子根，状如蚔蝱之状，故谓之蚔母，讹为知母、蝭母也。'"

　　《尔雅》："薚，海藻。"郭璞注："药草也。一名海蘿，如乱发生海中。《本草》云。"邢昺疏："薚，又名海藻，郭云药草也，一名海蕁，如乱发生海中。《本草》云者，案《本草》一名落首，一名薕。"

　　《大广益会玉篇》："蕁，徒含切。茨藩。蕁，同上（按：指上一字条蕁）。"

　　《广韵·平声覃韵》："蕁，徒含切。草名，《尔雅》曰：'蕁，茨藩。'"平声覃韵定母。根据反切折合今音为 tán。上古燂，蕁同属段玉裁古音第七部（即王力先生三十部之"侵"部），中古燂仍在平声侵部，蕁则转入平声覃韵，两字读音产生了分化。

　　《集韵》号称"务从该广"，但是该书仅收该字"徒南切"一音。意义为"草名，《说文》茨藩也"。

　　"徒含切""徒南切"虽然反切用字不完全相同，但是音韵地位是一样的，都是定母、覃韵、平声，因而"蕁"在中古以前只有一个读音。

　　以后字典韵书都注有这个读音，现代一些字典词典如《汉语大字典》《汉语大词典》《辞海》也根据《广韵》反切注有这个读音。但是《新华字典》《现代汉语词典》等比较权威、通行的字典词典却没有这个读音，反映了在现代汉语里这个词语已经死亡。

　　由于字形讹替，"寻、蕁"二字丢失了声符；读音分化，"寻"在平声侵韵，"蕁"在平声覃韵，后世人们就难以理解"蕁"字的读音了。在《说文》本书里，燂、寻二字也是不统一的，不知是许慎的疏漏，还是李阳冰篡乱亦或后人传写错误？

　　《类篇》："蕁，徐心切。草名，海蘿也。又徒南切，茨藩也。"这是文献第一次记载"蕁"字的异音"徐心切"，但是其意义是"海蘿"。《汉语大词典》："海蘿，又名海萝①，海苔。生于海中的藻类

---

①"蘿"字现在简化为"萝"，但是由于此处"蘿"与"萝"并举，"蘿"不改写为简体字。

植物，如海带、紫菜、石花菜、龙须菜等。有的可以吃，有的可以入药。"唐徐坚《初学记》卷二七引晋沈怀远《南越志》："海藻，一名海苔，或曰海罗，生研石上。"读"徐心切"的"荨"也与现在的"荨麻、荨麻疹"没有关系。

《康熙字典》："《唐韵》：'徒含切'，音谭。《说文》：'茪藩'。《尔雅·释草》：'荨，茪藩'。（郭璞）注：'荨，生山上，叶如韭，一曰蝭母。'又荨，海藻。注：一名海蘿，如飞发生海中。又《淮南子·天文训》：'火上荨，水下流。'"《康熙字典》搜罗"荨"字的前代音义，没有作为"荨麻、荨麻疹"的记录。

《故训汇纂》收录了"荨"和"蕁"，音义基本相同，也没有训为"荨麻、荨麻疹"的记录。

"荨"读作"徒含切""徒南切""徐心切"，义为"茪藩""知母""海蘿"，不是"荨麻"。

据此，我们可以认为"荨"字在古汉语里不表示"荨麻、荨麻疹"，也没有"qián"的读音或读音来源；"荨"读作"qián"表示"荨麻、荨麻疹"，是后起的读音和词义，跟《广韵》等字典韵书读作"tán"表示"茪藩""知母"的"荨"不是一个词语，将"荨麻"之"荨"读作"qián"的读音来源追溯为《广韵》的反切是错误的。作为"荨麻、荨麻疹"的"荨"字只是借古字形表示新音义，也就是"荨"的读音和意义都是新起的。

《类篇》记录的"徐心切"的词义在现代汉语里也没有保留，而被新的词语形式所取代，因而，"徐心切"也不是"荨麻疹"的"荨"读为"xún"的来源。《类篇》"徐心切"以及后世读作"xún"恐怕是误解《说文》的声符分析。

现代字典词典记录的"荨麻、荨麻疹"的"荨"不管读作"qián"还是"xún"都没有古音古义的来源。

2."荨"字新音义

北宋南宋间人张邦基(生卒年不详)著《墨庄漫录》："川峡间有一种恶草,罗生于野,土人呼为蘮麻,其枝叶拂人肌肉即成疮疱,侵淫溃烂,久不能愈。"这是"荨麻"这种植物最早的具体记载,但是字是写作"蘮麻"的。《尔雅》《说文》无"蘮"字。

《大广益会玉篇》:"蘮,囚纤切。菜也。"

《广韵·平声盐韵》:"蘮,徐盐切。山菜。"

《集韵·平声盐韵》《类篇》:"蘮,徐廉切。菜名,生山中。""蘮"究竟是一种什么山菜,我们不去讨论,但是我们可以肯定地说不是"荨麻"。

《集韵·平声盐韵》《类篇》:"蘮,又慈盐切。草名,五原之韭曰蘮。""五原之韭"的"蘮"与郭璞《尔雅》注:"生山上,叶如韭,一曰蜓母"之"荨",应该是一种事物,也不是今天所谓的"荨麻"。但是"蘮""荨"两字的音义已经开始有混淆的迹象,即"荨""蘮"两字都可以表示"蜓母"。

《本草纲目·草类六·毒草类》:"荨麻,荨音燂,宋《图经》。毛蘮。时珍曰:'荨字本作蘮。杜子美有除蘮草诗是也。'""荨麻"这个名称最早出自宋苏颂的《图经本草》,杜甫《除草》诗还没有这个名称,白居易《送客南迁》:"飓风千里黑,蘮草四时青。"注:"蘮,徐廉切。山菜也。"[1]

看来《墨庄漫录》是借"蘮"字表示新的事物,由于"蘮""荨"两字意义相混,"荨"字就有了"蘮"字"徐廉切""慈盐切"两个读音,同时也有了"荨麻"的意义。

---

[1] 明马调元刊刻《白氏长庆集》、清汪立名刊刻《白香山诗集》和清徐倬编著《全唐诗录》收录此诗时,都根据常见的字书韵书注解云:"蘮,徐廉切,山菜也。"

　　《集韵》《类篇》大概是"蘮""荨"交替的开始，但是两个字都没有"荨麻"的意义①；到李时珍《本草纲目》"蘮"与"荨（蕁、蔄）"的形、义替换得以确立，"荨"也取得了"音燖"和"慈盐切"两个读音，两个字都具有了"荨麻"义；《正字通·艸部》："蘮，旧注音延，山韭也；又音潜，义同。蘮麻即蕁麻。"这是今天"荨"字读为"xún"和"qián"的来源，但是《康熙字典》没有认同这种替换，"荨""蘮"的音义仍不相同。《故训汇纂》没有收录"蘮"字。

　　李时珍《本草纲目》注音为"音燖"，并不是徐世荣先生在《〈审音表〉修订追记》中所说的："俗读由来已久。"而是因为"蘮"感染了"荨"的音、义。当然，也不能排除误读形声字声符的可能，或者声符强化了这种感染。

　　"蘮麻"是借用已有的字形表示新发现新认识的事物，也就是说"蘮"字增加了一个新的意义，而原来的意义则逐渐消亡。只是由于该植物相对比较少见，没有进入共同语词汇。因而多数字典辞书没有录著。

　　"蘮"被《图经本草》《墨庄漫录》赋予了新义"荨麻"以后，"蘮""荨"两个字就有了"徒含切""徐心切""囚纤切""徐盐切"几个读音和"茺藩""知母""海蘮""荨麻"几个意义。在两个字的使用和发展过程中，这些音义混杂在一起，产生感染，以后两个字分别取得其中的某些读音和意义，形成了新的音义，完成了感染—替换的过程，形成今天词语形、音、义的新格局。

　　现代字典词典对这种替换也处理不一，《现代汉语词典》（1983 年 1 月第二版）、《新华字典》（前八版）、1963 年的《普通话

---

①《通雅》曰："《图经》有蕁麻，一作毛蘮。"但是当时字典韵书没有收录，可以理解为没有进入共同语。

异读词三次审音总表初稿》审"荨麻"一词,定"荨"为 qián 音,并注:"也作'藆麻'",将"荨、蕁、藆"三字处理为繁简字和异体字的关系,就是继承了《集韵》《类篇》《本草纲目》以来"蕁、藆"二字形、音、义的替换。但是,两字原本字形、读音、意义都不相同,并不是繁简字和异体字的关系。

《辞海·语词分册》(1977 年 11 月第一版)"蕁"也有两个注音:"(一)tán①草名,《本草纲目·草部一》谓即知母。②火势上腾。《淮南子·天文训》:'火上蕁,水下流。'(二)qián〔蕁麻〕植物名。多年生草本。全株有细毛,皮肤接触后会引起奇痛。花单性,雌雄同株或异株。茎皮纤维可做纺织原料或制麻绳。""藆"字注 qián 音:"植物名,即蕁麻。"与"蕁"字第二个读音相同。"蕁"的第一个注音的来源于《广韵》"徒含切"以来的正统读音,第二个注音则来源于《集韵》《类篇》"藆"字的"慈盐切",而读作"xún"则没有采纳。

《汉语大词典》根据《广韵》"徒含切"注"蕁"音为 tán,音"徒含切"的"蕁"义为"茺藩、知母",这是对的。但是,认为是"燂"的通假字,义为"火势上腾",这是错误的。《康熙字典》解释的很清楚,海藻、海蕷丛生海中,随波逐流,就像长发飘舞,也像火势上腾,其义为"火势上腾"的理据乃是比喻,而不是"通假"。《辞海·语词分册》直接将"蕁"的第二个义项解释为"火势上腾",比《汉语大词典》有进步,但是没有说清楚理据,其注音为"qián"和"xún"都没有指明出处,因而引起了不少争议。

《新华字典》(1993 年 7 月第八版)注音有二:"①qián〔蕁麻〕②xún〔蕁麻疹〕。"

《现代汉语词典》(1983 年 1 月第二版)只注一音:"qián",在"蕁麻"和"蕁麻疹"中读音相同,这是遵从《初稿》的规定。将"蕁"

和"蕁"标明为一对异体字,是混淆了"蕁"和"蘝"的音义。由于将"蕁"和"蘝"视为一对异体字,现代一般字典词典不收"蘝"字,电脑字库也只有"蕁"没有"蘝"。

从上面的分析,可以看出将"蕁"和"蘝"处理为一对异体字是不对的,"蕁"在平声覃韵,"蘝"在平声盐韵,"蕁"和"蘝"各有其本来的音义,《集韵》《类篇》《康熙字典》都是区别开来的。

《初稿》审"蕁麻"一词,定"蕁"为 qián 音,"蕁,不取 xún 音"。此字审音颇有争议,因为"蕁麻"这种植物少见(是一个方言词,又叫"蘆麻"),西南、西北地区有这种植物,人如触之,皮肤刺痒,起疹,当地人也称"火麻"[①]。皮肤病"蕁麻疹"即因此得名,"蕁麻疹"多见(是一个共同语词,蕁麻疹并不是蕁麻刺伤引起,是各地常见的皮肤病),而"蕁麻疹"人们都是读作 xún má zhěn 的。

1985 年 12 月 27 日发布的《普通话异读词审音表》遵循约定俗成的原则,采取承认现实的态度,规定:"蕁,(一)qián(文)蕁麻。(二)xún(语)蕁麻疹",以适应现代大多数人的念法。"蕁麻"是自古即有之物,用"文读"qián 音;"蕁麻疹"是现代病名,用"白读(语音)"xún 音,文读一般用于书面语言中的复音词和文言成语,白读多用于口语中单音词及少数表示日常生活事物的复音词中。

《初稿》与《审音表》一个很大的不同就在于《审音表》承认文、白两种读音的差异,以解决读书音同口语音的矛盾,这是文白异读首次得到语音规范的认可。而《初稿》则没有文白异读的差异。

---

① 笔者家乡当地人称之为"火毛草"(音),当是"火麻草"的音转,其中"火"的本字当为"蘆",毒螫也(见李实《蜀语》)。

1985 年《普通话异读词审音表》颁布以后,新修订的《现代汉语词典》《新华字典》等字典词典都遵循《审音表》的规定做出了相应的修订。这样"荨"的读音就得到了新的规范,区分了书面读音和口语读音,"xún"就由原来音讹字替造成的"误读"而取得了规范读音的地位,通行了 23 年之久的"qián má zhěn"又回到了人们的口语音"xún má zhěn"。

从上面的材料,我们可以看到"荨"字的音义是非常复杂的,各种字典辞书韵书的处理也十分混乱。另外,"荨"与"蕁"两字在发展和使用过程中,其音义纠缠在一起,经历了复杂的"感染—替换"过程,呈现出汉语汉字非常复杂的发展演变状况。

驯

在电视、广播以及人们日常口语中,"驯"的读音很混乱,或读为 xún,或读为 xùn,莫衷一是。现行常用字典词典的注音也很不统一,《现代汉语词典》(第一、二、三、四版)、《汉语大词典》均注音为 xún,1977 年出版的《辞海·语词分册》(1989 年修订本)也注音为 xún,另注 xùn,说明是"训"的通假字。《辞源》(1983 年修订本)、《汉语大字典》注音跟《辞海》一致。《国音字典》也根据《广韵》"详遵切"注音为 xún。

《普通话异读词三次审音总表初稿》审定"驯"的读音为 xún,而在 1985 年 12 月修订的《普通话异读词审音表》和 2016 年公布的修订稿则确定:"驯,xùn(统读)",其间有什么依据呢?

翻检古书音注,我们可以发现"驯"字在历史上意义是比较单一的,《故训汇纂》搜集其 37 个义项,"本义为马顺,引申为凡顺之称"。而读音却纷繁复杂:

《周易音义》:"驯,似遵反,向秀云从也,徐音训,此依郑义。"

《诗经音义》:"扰驯,音巡,又尝遵反。"

《诗经音义》："驯者，音旬，又音脣。"

《诗经音义》："性驯，音巡，又音脣。"

《周礼音义》："驯也，似伦反。"

《周礼音义》："为驯，似遵反，刘音训，徐余伦反。"

《周礼音义》："驯也，似遵反，一音脣。"

《礼记音义》："则驯，似遵反，狎也，徐食伦反，沈养纯反。"

《礼记音义》："驯守，上音巡，下如字，又手又反。"

《庄子音义》："物驯，似遵反，或音纯。"

《经典释文》的所有注音可以归纳为五个：

"似遵反、似伦反、音巡"，合口三等平声谆韵邪母；

"音训"，合口三等去声问韵晓母；

"音纯、尝遵反"，平声谆韵禅母；

"音脣、食伦反"，平声谆韵船母；

"余伦反、养纯反"，平声谆韵以母。

"驯"的异读声母表现为"邪、晓、禅、船、以"，李方桂《上古音研究》页16认为"床（船）禅两母有同一的来源"，"禅、船"在陆德明时期应该已经合流为一个声母，王力《〈经典释文〉反切考》页112："神（船）禅混用。""以"母在现代汉语里发展成为零声母，"邪、晓"明清以后与细音（齐齿呼和撮口呼）韵母拼合，其声母产生腭化，都读为[x]。韵母表现为"合口三等平声谆韵"和"合口三等去声问韵"之间的差异，根据《释文》注音，结合语音演变规律，我们可以折合"驯"在《释文》中的全部读音为：xún、xùn、yún。

《广韵》："驯，详遵切。"属"旬"小韵，该小韵同切字17个，常用字"旬、巡、循、洵"在现代汉语普通话都读作 xún。

《康熙字典》："《唐韵》详遵切，《集韵》《韵会》松伦切，《正韵》详伦切，并音旬。《说文》马顺也……陆德明《庄子音义》：'驯，似遵反，或音纯。'又凡以渐而至曰驯……又扰也，从也……又《集韵》：'殊伦切，音纯。又俞论切，音匀。'义并同。又《集韵》《韵会》：'并吁运切，音训。'《史记·汉文本纪》：'列侯亦无由教驯其民。'《正义》：'驯，古训字。'"

根据上述字典韵书的注音，我们可以将"驯"字在历史上的读音归纳为四个：

一、"音旬"，现代汉语普通话读音为 xún。《广韵》："驯，详遵切。"《庄子音义》："驯，似遵反。"《集韵》："松伦切。"《大广益会玉篇》："似均切。"《韵会》："松伦切。"《洪武正韵》："详伦切。"

这些反切用字虽然不尽相同，但是反映的音韵地位却是完全相同的，即"臻摄合口三等平声谆韵邪母"，因而其读音也是唯一的。其反切上字"详、似、松、须"都属齿音浊声母邪母，按照语音演变规律，邪母字在现代开口呼、合口呼韵母前读为舌尖前清擦音[s]，在现代齐齿呼、撮口呼韵母前读为舌面清擦音[x]；其反切下字"遵、伦、均"则属平声谆韵，现代汉语一般读为[un]；其声调为中古平声，根据清声母平声字读阴平、浊声母平声字读阳平的规律，发展到现代，"驯"的声调为阳平。在现代汉语里读为 xún，声母、韵母、声调都符合语音演变规律。

二、"音纯"，现代汉语普通话读音为 chún。《集韵》："殊伦切，船伦切。"来源于《庄子音义》："或音纯。"折合现代读音为 chún，大概是由于"出于浅近"，后世字典韵书没有继承。

三、"音匀"，现代汉语普通话读音为 yún。《集韵》："俞伦切。"折合现代读音为 yún。不知来源，可能是方言读音，后世也没有继承。

四、"音训"，现代汉语普通话读音为 xùn。《集韵》："吁运切。徐邈读。"徐邈(344—397)音读是"驯"字读作 xùn 的最早来源，张守节《史记正义》："驯，古训字。"

段玉裁《说文解字注》:"古驯、训、顺三字互相假借,皆川声也。本义为马顺,引申为凡顺之称。"对"驯、训、顺"三个字关系的认识有些矛盾,前面既说是互相假借,其后又说为引申,推翻了假借说。汉字引申以后分别造字,成为同源字,各有所指,成为为数众多的区别字。为引申义另造新字是词义推动字形发展演变的一个重要途径。

从《广韵》以来我们可以看到,"驯"的读音一直以平声、谆韵、邪母为主要读音、标准读音,而去声读法则为次要读音、异读音。

《广韵》是有强烈语音规范意识的韵书,因而其读音就相对统一;而《经典释文》"众家别读,苟有所取,靡不毕书";《集韵》"务从该广",因而保留着众多异读;其后,《中原音韵》《韵会》《洪武正韵》等又"别裁去取",将纷繁的读音重新加以规范。

通过上面的分析,我们可以看到"驯"字在历史上的读音主流是平声,但是去声读法也比较普遍。"驯"字从晋朝以来就有异读,或平声或去声,没有意义差别,只是由于平声读法在《说文》《广韵》《经典释文》等主流字书、韵书和音义书中占据主要地位,使得"详遵切"读音成为古书音注的"正音",这就是现代字典词典注音为"xún"的来源和依据。

"驯"字在历史上曾经出现过这些异读,这些异读并没有区别词汇意义和语法意义的作用,是一个典型的异读字。

关于汉语异读字的处理,经过语文工作者长期研究和讨论,逐渐形成了"从今、从俗、从简"的共识。高名凯《语音规范化和汉字正音问题》指出汉字正音必须考虑三个原则:1.通行原则,以北京语音为根据,按照北京音系和北京话的语音规则来读。2.语法原则,表示不同词义、不同语法作用的特殊读音应该保存下来。3.历史原则,语音顺着它的内部规律发展演变着,旧的语音随着时代的递嬗逐渐衰亡,而代之以新的语音。

1985 年 12 月修订的《普通话异读词审音表》以符合普通话语音发展规律为原则,以便利广大群众学习普通话为着眼点,对《初稿》原定读音的改动,力求慎重,以保持相对稳定又尊重语音的发展现实。将"驯"字统读为"xùn",有现实的语音基础,也有历史的读音来源,体现了"约定俗成"的语言本质。从众改音,即不改变其在北京音系中的声韵系统,修订后的读音同语音现状更接近,更便于学习掌握。《审音表》不仅规定了大量的"统读"音,废弃了这些"统读"音的异读,这些"异读"多数来源于"古音",还承认了有广泛群众基础的"文白异读",也体现了对口语音的尊重,这就是采取约定俗成、承认现实的态度。

《审音表》改读"驯 xún"为 xùn 和其他一些"统读"以及承认"文白异读",改变了过去审定"国音""普通话"读音死守"古音"的状况,符合处理异读字的"从今、从俗、从简"的共识,体现了语音规范的通行原则、语法原则和历史原则。

《普通话异读词审音表》颁布以后出版的《现代汉语词典》《新华字典》字典词典等都依据《审音表》注音"xùn"。这样一来,"xùn"就取得了规范读音的地位。而原来的标准音"xún"则退出了历史舞台,但是还保留在《审音表》修订以前出版的词典辞书中,给我们准确掌握该字的标准音造成了一定混乱。

涔

《庄子音义》:"有涔,音丽,徐又徒显反,郭奴结反,云陵乱也。"

《说文》:"涔,水不利也。从水,参声。《五行传》:'若其涔作。'(笔者按:《尚书大传·洪范五行传》为'若六涔作')"《说文》:"参,稠发也,从乡从人。《诗》曰:'参发如云。'参或从髟真声。"徐铉注音"厽，之忍切"。《集韵·轸韵》："厽，之忍切，或作鑿。"是厽、鑿为异体字。上古"同声必同部"，渗、厽音同或音近，上古属阳声真部，今读为 zhén。

段玉裁《说文解字注》："按厽声本音当在十二部，郑（玄）训渗为珍是也。今音郎计切者，依如淳注音拂戾之戾也。"段说以古音为标准，指出"厽"古韵在他的"古韵十七部"中的第十二部（包括《广韵》的"平声十七真、十九臻、一先，上声十六轸、二十七铣，去声二十一震、三十二霰，入声五质、七栉、十七屑"）。孔广居《说文疑疑》也指出："若音郎计切便与之忍切之厽不谐。"在王力先生古韵三十部中属于阳声真部。由此看来，"渗"之音"戾"，非造字本音，也非语音发展的结果。诸家对此提出质疑，认为不符合古谐声字"同声必同部"的造字原则和语音发展规律。

大徐本《说文》徐铉注音"渗，郎计切"。我们知道徐铉注《说文》音据孙愐《唐韵》，其本原是陆法言《切韵》，今本《广韵》保留其基本规模。"渗"音"郎计切"，去声霁韵来母，今读 lì，与许慎的声符分析不合。由此看来大徐本《说文》音"郎计切"源于《切韵》而非《说文》的声符分析。那么，《切韵》此音的来源在哪里呢？

《汉书·五行志》："唯金渗木。"如淳注："渗音拂戾之戾，义亦同。"大约这就是《切韵》此音的来源。《尚书大传·洪范五行传》："六渗之作。"颜师古注："渗，恶气也，音戾。"与如淳同音。《经典释文》引李轨直音为"丽"，读音与"戾"同，即今读都为 lì。由于陆法言《切韵》"捃选精切，除削舒缓"，"渗"字采用了如淳的注音，《切韵》经过历代增修，"虽有《切韵》《唐韵》《广韵》之异名，而部分无改，唐宋用以取士，谓之官韵，与九经同颁，无敢出入。"①"郎计

---

①潘耒《宋本广韵·重刊古本广韵序》，北京：中国书店，1982 年 6 月第一版，页 6。

切"的读音就确立了牢不可破的地位,后世字典辞书奉《广韵》为圭臬,"遂使古音失矣",尽管这个读音并不符合汉字造字原则和语音演变规律。这样"沴"读作lì就取得了正统地位,而许慎分析声符揭示的读音反而湮灭无闻了。

《集韵》五收"沴"字:①上声轸韵,止忍切,今音 zhěn。如上所述,应该来源于《说文》。另《汉书·孔光传》:"六沴之作",韦昭注:"谓皇极五行之气相沴戾不和,音持轸反",与"止忍切"同韵准双声。②去声霁韵,郎计切,今音lì。自然是来源于《切韵》和《经典释文》"音丽"。③上声铣韵,徒典切,今音 tiǎn。《尚书大传》:"维时洪范,六沴用咎。"郑玄注:"沴,殄也。"为声训,"沴"与"殄"音同或音近。陆德明《经典释文》引徐邈音"徒显反",与"徒典切"同音。④去声至韵,力至切,今音lì。来源不详,今与"郎计切"同音。⑤入声屑韵,乃结切,今音 nié。来源于《经典释文》引郭象的注音"奴结反"。《集韵》所注"乃结切"乃"涅"字,是"沴"的异体字,《康熙字典》:"涅,《集韵》'沴'或作'涅'。"

《康熙字典》据《唐韵》《集韵》"郎计切"和《韵会》"力霁切"注直音为"并音丽",今读lì;据《集韵》和《韵会》又音"徒典切"和《洪武正韵》"徒典切"注直音为"音殄",今读应为 tiǎn;《辞源》只收lì,其余反切仅作参考;《辞海》收 lì 一音;《中华大字典》收 lì 一音;《国语辞典》收 lì 一音;《现代汉语词典》收 lì 一音;《汉语大字典》收 lì、zhén 二音。

"沴"音"戾",其形式虽然像古字假借,但实际上很不相同。《说文·序》:"假借者,本无其字,依声托事。"元戴侗《六书通释》:"所谓假借者,义无所因,特借其声,然后谓之假借。"古字虽有所谓"本无其字"和"本有其字"两种假借,但假借一般是意义没有联系而读音必须相同或相近。"沴"之读为"戾"正与假借条例相反,意义相同或相通，而读音不同，声类和韵类相差很大，没有声转和韵转关系。这类用法，字义本同，不分本借，不得谓之假借。沈兼士认为是"汉人义同换读之特例"，是古人注书的一种特别方式，目的是为解读文句，进行文字训诂，也就是用一个跟要训释的字读音不同而意义相同或相通的较常用的字来替换罕见字，达到训释目的。

"沴"的本义是"水不利也"，由此引申演变出其他"不利"的含义，《庄子·大宗师》："阴阳之气有沴。"郭象注："沴，陵（笔者按：今作凌）乱也。"《汉书·孔光传》："又曰：'六沴之作。'"颜师古注："沴，恶气也。"《广韵》："沴，妖气。"《玉篇·水部》："沴，相伤为之沴。"《篇海类编·地理类·水部》："沴，阴阳气乱曰沴。"戾，《说文》："戾，曲也。从犬出户下。戾者，身曲戾也。"引申为一切不顺利，与"沴"同义，是个常用字。

"义同换读"原理是，"中国文字的孳乳，虽为衍形，而语言运用，仍轻形重音。故同一字体，不妨有时用以表示同意义之两语词，大抵以恒言换读异语者为多"。产生这种情况的原因在于："初期注音，多含有不固定性，随文义之便而设，所注之音，往往示义；释义之训，亦往往示音。后世纂辑字书者别裁去取，然后音义之界始严。"①"沴"字音"戾"这个读音进入《切韵》，字典辞书相承，造成了这个字今天的读音。

"沴"在古书音注和字典韵书中出现的读音纷纭歧乱，反映了汉语语音经过近两千年变化的复杂情况，展示了汉语字音的复杂性和汉语异读字来源的一个途径。

---

① 见沈兼士《汉魏注音义同换读例发凡》[J].《沈兼士学术论文集》[M].北京：中华书局1986年12月第一版，页311—314。

第五章 《经典释文》的特殊
读音与普通话语音规范

　　1949 年新中国的成立是在中国共产党领导中国人民推翻三座大山后建立起来的。在此之前一百多年中，中国积弱积贫，人民群众文化水平十分低下。为了建设新中国，需要在人民群众中大力普及科学文化知识，而汉语言文字中存在的纷繁复杂的分歧就成为普及科学文化知识的一个严重障碍。语言文字的规范化不仅是一个文化问题，它涉及社会生活的方方面面，与一个国家和地区的政治、经济生活息息相关。

　　1954 年 10 月，中央政府建立专门管理文字改革工作的国家机关"中国文字改革委员会"，1985 年改称"国家语言文字工作委员会"。在这个国家机关的领导下，整理出版了一些字典辞书，出台了一些规范语言文字的法律法规，这样使得汉语言文字规范具有了国家标准，有利于语言文字规范的推行。但是语言文字是极其复杂的，语言文字规范还有许多工作要做。

　　1955 年，全国性的"现代汉语规范问题学术会议"在北京召开，大会主旨是研讨现代汉语和汉字的统一规范问题。决议中有一项是：由中国科学院召集语言文字方面的十几位专家组建"审音委员会"负责全国的语言文字规范工作。在 1957—1962 年几年间先后发表三编《普通话异读词审音表》，1963 年汇辑为《普通话异读词三次审音总表初稿》单行本发行，供教师、播音员、演员以及其他学习普通话的人员参考应用。在1982年以前的30年中，此表在社会上产生了广泛影响，在现代汉语语音规范化（汉字读音标准化）和普通话的推广工作中起到了积极作用。

经过30多年的应用，语言在发展，人们的认识也在提高，《初稿》本身尚存疏漏，并且此表不能永远以《初稿》行世，应该再根据实际情况加以修订，使之完善、稳定，作为一定时期汉语语音规范的标准。1982年在中国社会科学院的倡导下，重新组建"普通话审音委员会"，对《初稿》进行修订。经过三年时间的征询、集纳、研究、审议，完成《普通话异读词审音表》，由当时的国家语委、国家教委、广电部三个国家机关审核通过。于1985年12月颁布施行，规定"自公布之日起，文教、出版、广播等部门及全国其他部门、行业所涉及的普通话异读词的读音、标音，均以本表为准"。

为促进现代汉语规范化和推广普通话工作，1956年1月，中国科学院语言研究所根据全国现代汉语规范问题学术会议的建议，组织成立了普通话审音委员会，开始对普通话异读词的读音进行审定。此后，陆续发表了《普通话异读词审音表初稿》的正编、续编、三编。1963年，将三次审定的1800余条异读词和190余条地名汇集成《普通话异读词三次审音总表初稿》发表。《初稿》审音以词为对象，不以字为对象。普通话词汇中，有一部分词（或词中的语素）在习惯上有两个或几个不同的读法，如"搭"读 dā 又读 dá，"波浪"读 bōlàng 又读 pōlàng，这些被称为"异读词"。这类异读词给学习普通话增加了负担，不利于普通话语音规范，《审音表》"统读"为一个读音。对于某字在不同词里的不同读音，《初稿》不予审定，作为多音字处理。如"率"在"效率"和"率领"中的不同读法。同时，《初稿》审音兼顾了北京语音的一般发展规律以及读音在北方方言里的使用程度。《初稿》公布以后,受到社会各界的广泛关注。不少语文工具书以此作为注音的依据,对普通话异读词的规范工作起了很好的推动作用。随着语言的发展,《初稿》中原审定的一些词语的读音需要重新审定;同时,作为语音规范化的标准,《初稿》也亟需定稿。因此,原中国文字改革委员会于 1982 年重建了普通话审音委员会,对《初稿》进行修订工作。这次修订,以符合普通话语音发展规律为原则,以便利广大群众学习普通话为着眼点,采取约定俗成、承认现实的态度,对《初稿》原定读音的改动,力求慎重,以保持相对稳定。主要采取下面一些做法:

1.归并多音。包括两种具体办法:一是全部合并,统读一音,即该字不论用于任何词语中只读一音(轻声变读不受此限)。如"呆",取消 ái 音,统读 dāi 音;"凿",取消 zuò 音,统读 záo 音。二是采取部分归并读音的做法,即扩大其常用读音的使用范围,缩小其偶用读音的使用范围,甚至取消该读音。如"骨",保留 gū、gǔ 两个读音,取消 gú、gù 两个读音。《经典释文》中那些不区别意义、用法的纯粹"异读"都是应该归并的。

2.从众改音。即不改变其在北京音系中的声韵系统,修订后的读音同语音现状更接近,更便于学习掌握。如"啥",取消 shà,改读 shá;"绩",取消 jī,改读 jì。

3.保留文白两种读音,以解决读书音同口语音的矛盾。文读一般用于书面语言中的复音词和文言成语,白读多用于口语中单音词及少数表示日常生活事物的复音词中。如"剥"(bō,bāo)、"血"(xuè,xiě),括号中前者为文读,后者为白读。

修订稿还采取了其他一些做法,同时分别不同情况,删除《初稿》中的部分词条。对人名、地名读音,只审订了《初稿》语词部分涉及的个别词条,其它未予审订。1985 年 12 月 27 日,修订稿经国家语言文字工作委员会、国家教育委员会、广播电视部审核后，以《普通话异读词审音表》的名称予以公布，并联合发出通知，要求全国文教、出版、广播及其他部门、行业所涉及的普通话异读词的读音、标音，均以这个新的《审音表》为准。

2016 年 6 月发布的《普通话异读词审音表（修订稿）》征求意见稿是对 1985 年发布的《普通话异读词审音表》的修订，共涉及 54 个条目。我们把修订稿新修订的 54 个条目与原《审音表》相应的条目对比列表于下，以便观察两表之间的差别和联系。

《审音表》	修订稿
	1.拜 bái～～（再见；分手）
薄（一）báo（语）常单用，如"纸很～"（二）bó（文）多用于复音词。～弱 稀～ 淡～ 尖嘴～舌 单～ 厚～	2.薄（一）báo（语）常单用，如"纸很～厚不均"（二）bó（文）多用于复音词。～弱 稀～ 淡～ 尖嘴～舌 单～ 厚～
泊（一）bó 淡～ 飘～（二）pō 湖～ 血～	3.泊（一）bó（停留、平静）停～ ～车 淡～ 飘～（二）pō 湖～ 血～
伯（一）bó ～～（bo）老～（二）bǎi 大～子（丈夫的哥哥）	4.伯（一）bó ～～（bo）老～（二）bāi 大～子（丈夫的哥哥）
藏（一）cáng 矿～（二）zàng 宝～	5.藏（一）cáng 矿～ 库～（丰富）（二）zàng 宝～ 大～经
差（一）chā（文）不～ 累黍 不～什么 偏～ 色～ ～别 视～ 误～ 电势～ 一念之～ ～池 ～错 言～ 语错 一～二错 阴错阳～ ～等～ 额 ～价 ～强人意 ～数 ～异（二）chà（语）～不多 ～不离 ～点儿（三）cī 参～	6.差（一）chā（文）不～ 累黍 偏～ 色～ ～别 视～ 误～ 电势～ 一念之～ ～池 ～错 言～ 语错 一～二错 阴错阳～ ～等～ 额 ～价 ～强人意 ～数 ～异（二）chà（语）～不多 ～不离 ～点儿（三）cī 参～

续表

《审音表》	修订稿
颤（一）chàn ～动 发～（二）zhàn～栗（战栗）打～（打战）	7.颤（一）chàn（统读）（战栗、打战不写作颤）
场（一）chǎng ～合 ～所 冷～ 捧～（二）cháng 外～ 圩～ ～院 一～雨（三）chang 排～	8.场（一）chǎng～合 ～所 冷～ 捧～ 外～ 圩～ 一～大雨（二）cháng ～院（三）chang 排～
乘（动作义，念 chéng）包～制 ～便 ～风破浪 ～客 ～势 ～兴	9.乘（一）chéng（动作义）包～制 ～便 ～风破浪 ～客 ～势 ～兴（佛教术语）大～ 小～ 上～（二）shèng（名物义）千～之国
畜（一）chù（名物义）～力 家～ 牲～ 幼～（二）xù（动作义）～产 ～牧 ～养	10.畜（一）chù（名物义）～力 家～ 牲～ 幼～ ～类（二）xù（动作义）～产 ～牧 ～养
大（一）dà～夫（古官名）～王（如爆破～王、钢铁～王）（二）dài～夫（医生）～黄 ～王（如山～王）～城〔地名〕	11.大（一）dà～夫（古官名）～王（如爆破～王、钢铁～王）～黄（二）dài～夫（医生）～王（如山～王）
当（一）dāng～地 ～间儿 ～年（指过去）～日（指去）～天（指去）～时（指去）（二）dàng 一个～俩 安步～车 适～ ～年（同一年）～日（同一时候）～天（同一天）	12.当（一）dāng～地 ～间儿 ～年（指过去）～日（指过去）～天（指过去）～时（指过去）（二）dàng 一个～俩 安步～车 适～ ～勾～ ～年（同一年）～日（同一时候）～天（同一天）
倒（一）dǎo 颠～ 颠～是非 颠～黑白 颠三～四 倾箱～箧 排山～海 ～板 ～嚼 ～仓 ～嗓 ～戈 ～溻（二）dào～粪（把粪弄碎）	13.倒（一）dǎo 颠～ 颠～是非 颠～黑白 颠三～四 倾箱～箧 排山～海 ～板 ～嚼 ～仓 ～嗓 ～戈 ～溻（二）dào～粪（翻动粪肥）
的 dí～当 ～确	14.的（一）dī 打～（二）dí～当 ～确

续表

《审音表》	修订稿
葛(一)gé～藤 ～布 瓜～(二)gě〔姓〕(包括单、复姓)	15.葛 gě〔统读〕
	16.匮 guì(同"柜")石室金～《金～要略》
哈 (一)hǎ～达(二) hà～什蚂	17.哈 hā(除姓氏和"哈达"的"哈"读 hǎ 外,都读 hā)
和 (一) hè 唱～ 附～ 曲高～寡(二) huo 搀～ 搅～ 暖～ 热～ 软～	18.和 (一) hè 唱～ 附～ 曲高～寡(二) huo 掺～ 搅～ 暖～ 热～ 软～
虹(一)hóng(文)～彩 ～吸(二) jiàng(语)单说。	19.虹 hóng(统读)(口语单说也读 jiàng)
几 jī茶～ 条～	20.几 jī茶～ 条～ ～乎
纪(一)jǐ〔姓〕(二)jì～念 ～律 纲～ ～元	21.纪 统读 jì(纪姓旧读 jǐ)
夹 jiā～带藏掖 ～道儿 ～攻 棍 ～生 ～杂 ～竹桃 ～注	22.夹 jiā(除夹层、双层义读 jiá,如"～袄 ～衣",其余义读 jiā)
芥 (一)jiè～菜 (一般的芥菜)～末(二)gài～菜 (也作"盖菜")～蓝菜	23.芥(统读)jiè
斤 jin 千～(起重的工具)	24.(此条删除)
粳 jīng(统读)	25.粳 gēng(统读)
颈 gěng 脖～子	26.颈 jǐng(统读)("脖梗子"不写作"脖颈子")
壳(一)ké(语)～儿 贝～儿 脑～ 驳～ 枪～(二)qiào(文)地～ 甲～ 躯～	27.壳 ké(除"地壳、金蝉脱壳"中的"壳"读 qiào 外,其余读为 ké)

续表

《审音表》	修订稿
累(一)lèi(辛劳义,如"受~"〔受劳~〕)(二)léi(如"~赘")(三)lěi(牵连义,如"带~""~及""连~""赔~""牵~""受~")	28.累(一)lèi(辛劳义、牵连义)劳~受~带~~及连~牵~(二)léi~赘(三)lěi(积累义、多次义)~积~教不改硕果~~罪行~~
靡(一)mí~费(二)mǐ风~委~披~	29.靡 mí(统读)
胖 pán 心广体~(~为安舒貌)	30.胖(一)pán 心广体~(安舒义)(二)pàng 心宽体~(发胖义)
剽 piāo(统读)	31.剽(一)piáo~窃(二)piào~悍
荨(一)qián(文)~麻(二)xún(语)~麻疹	32.荨 xún(统读)
强(一)qiáng~渡 ~取豪夺 ~制博闻~识(二)qiǎng 勉~ 牵~ ~词夺理 ~迫 ~颜为笑(三)jiàng 倔~	33.强(一)qiáng~渡 ~取豪夺 ~制博闻~识 ~迫(二)qiǎng 勉~ 牵~ ~词夺理 ~颜为笑(三)jiàng 倔~
散(一)sǎn 懒~ 零零~~ ~漫(二)san 零~	34.散(一)sǎn 懒~ 零~ 零零~~ ~漫(二)sàn ~开 ~落 ~布 ~失
塞(一)sè(文)动作义(二)sāi(语)名物义,如:"活~""瓶~";动作义,如:"把洞~住"	35.塞(一)sè(文)。如:交通堵~;堰~湖(二)sāi(语)。如:"活~""瓶~";"把瓶口~上"
厦(一)shà(语)(二)xià(文)门~噶~	36.厦(一)shà 大~(二)xià~门 噶~
杉(一)shān(文)紫~ 红~ 水~(二)shā(语)~篙 ~木	37.杉 shān(统读)
苫(一)shàn(动作义,如"~布")(二)shān(名物义,如"草~子")	38.苫(一)shàn(动作义)如"~布""把屋顶~上"(二)shān(名物义)如"草~子"

续表

《审音表》	修订稿
葚（一）shèn（文）桑～（二）rèn（语）桑～儿	39.葚 shèn（统读）
螫（一）shì（文）（二）zhē（语）	40.螫 shì（统读）（"蜇人"不写作"螫人"）
说 shuì 游～	41.说（一）shuō ～服（二）shuì 游～ ～客
沓（一）tà 重～（二）ta 疲～（三）dá 一～纸	42.沓（一）tà 重～ 疲～（二）dá 一～纸
尾（一）wěi～巴（二）yǐ 马～儿	43.尾（一）wěi（文）；～巴 ～部（二）yǐ（语）～巴 马～儿
鲜 xiān 屡见不～ 数见不～	44.鲜（一）xiān 屡见不～ 数见不～（二）xiǎn～为人知 寡廉～耻
血（一）xuè（文）用于复音词及成语，如"贫～""心～""呕心沥～""～泪史""狗～喷头"等（二）xiě（语）口语多单用，如"流了点儿～"及几个口语常用词，如："鸡～""～晕""～块子"等。	45.血 xuě（统读）（口语单用也读 xiě）
熏 xùn 煤气～着了	46.熏 xūn（统读）
荫 yìn（统读）（"树～""林～道"应作"树阴""林阴道"）	47.荫（一）yīn～蔽 ～翳 林～道 绿树成～（二）yìn 庇～ 福～ ～凉
应（一）yīng～届 ～名儿 ～许 提出的条件他都～了 是我～下来的任务（二）yìng～承 ～付 ～声 时 ～验 ～邀 ～用 ～运 ～征 里～外合	48.应 yìng（除"应该、应当"义读 yīng 外，其他读 yìng）～届 ～名儿 ～许 ～承 ～付 ～声 ～验 ～用 里～外合

续表

《审音表》	修订稿
佣 yōng～工	49.佣 yōng（除"佣人"读 yòng 外都读 yōng）雇～ 女～ ～金
晕（一）yūn～倒 头～（二）yùn 月～ 血～ ～车	50.晕（一）yūn（昏迷、发昏义）～倒 头～ 血～ ～车（二）yùn（光圈义）月～ 红～
载（一）zǎi 登～ 记～（二）zài 搭～ 怨声～道 重～ 装～ ～歌～舞	51.载（一）zǎi 登～ 记～ 下～（二）zài 搭～ 怨声～道 重～ 装～ ～歌～舞
殖（一）zhí 繁～ 生～ ～民（二）shi 骨～	52.殖 zhí（统读）
钻（一）zuān ～探 ～孔（二）zuàn～床 ～杆 ～具	53.钻（一）zuān～孔（从孔穴中通过）～探～营～研（二）zuàn～床～杆～具～孔（用钻头打孔）～头
作（除"～坊"读 zuō 外，其余都读 zuò）	54.作（一）zuō～揖 ～坊～弄 ～践 ～死（二）zuó～料（三）zuò～孽 ～祟

在学习和使用《审音表》时，应该注意以下几个方面：

《审音表》在许多词的注音后面都注了"统读"，这就是说：此字经审订只保留这一个读法，无论在什么词中，再无其他读音（轻声变读不受此限）。在学习《审音表》时，要注意学习这些"统读"词，因为这些"统读"词的相当一部分，与《初稿》的审音结果有所不同。例如："从"在《初稿》中有 cóng（从属）和 cōng（从容）两个读音，《审音表》只保留了 cóng 一个读音；"框"原来有 kuāng（框框）和 kuàng（框子）两个读音，现在统一读 kuàng；"哮"在《初稿》中取 xiāo 音，现在统读为 xiào，"驯"原来取 xún 音，现在统读为 xùn。《审音表》公布后，一些辞书因为来不及改版，异读词仍按《初稿》注音，所以许多人仍将异读词读成原来的音。现在改版后的辞书(如《现代汉语词典》1996 年版),异读词已按《审音表》注音。我们在学习《审音表》时,应该特别注意它与《初稿》读音的不同之处。在此我们认为,《审音表》应该具有相当的稳定性,至少体现《审音表》语音规范的《新华字典》《现代汉语词典》,与《审音表》应该取一致的步调。

审订异读词时,常常会涉及某个字的不同读音,所以《审音表》也出现了一部分字的多音问题。凡是字后没有注"统读"的,即表示此字有几种读音,《审音表》只标明有异读的词语的读音。例如"矜"字后面未注"统读",注音是 jīn,举例是"矜持""自矜""矜怜",说明这些词中的"矜"曾经有异读,所以《审音表》加以审定列出。至于"矜"在其他词语中还可读 guān(同"鳏")、qín(矛柄),因为这两种读音及其相应意义和用法无异读,《审音表》就没有列入。另外还有一些未注"统读"的字,审音后在不同的词语中有不同的读音,《审音表》按照审音结果将不同的读音分别列举。例如:"翘"原有 qiào 和 qiáo 两种读音,《审音表》按口语音和书面语音不同的原则,把两种读音的不同用法分类列举:在口语词"翘尾巴"中念 qiào,在书面语词"翘首、翘楚、连翘"中念 qiáo。

《审音表》中有些有几种读音的字,在不同的注音后面分别注明"文"或"语"。"文"即"文读""读书音",是书面语的读音,一般出现于复音词或文言成语中;"语"即"白读""口语音",多用于口语中的单音词及少数日常用的复音词中。例如"给"在《审音表》中有两个音,读 gěi 时是口语音,一般用于单音词,读 jǐ 时是书面语音,用于"给予、配给、供给"等词语。

《审音表》主要是审订普通话异读的词和有异读的作为"语素"的字。尽管一些有异读音的字实际上就是多音字,但因为审音表是对异读词的审音,所以往往不列出多音多义字的全部读音和全部义项。当多音多义字在某个词语中无异读时,《审音表》均不涉及。所以,《审音表》只能作为学习普通话异读词的规范,它与一般的字典、词典不同。要掌握普通话多音多义字和其他一些词语的读音,还得借助《新华字典》《现代汉语词典》等工具书。

异读词的审音工作应当与文字简化、异体字整理等语言规范化工作紧密结合起来,彼此协调,而不能各自为政,顾此失彼。《简化字总表》《异体字整理表》《普通话异读词审音表》有互相抵触的地方。

高名凯《语音规范化和汉字正音问题》:汉字正音必须考虑三个原则:

1.通行原则,以北京语音为根据(不包括北京土音)。所谓以北京语音为标准是指按照北京音系和北京话的语音规则来读,不是说个别字的读音北京话怎么念就怎么念。北京话里也有把个别字音念得不合规范的地方,也有读音分歧现象,也有应当把个别字的不同读音中的不规范的读音淘汰掉的情形。在这种情形下,要确定个别字的正确读音,首先要看不同读法中哪一种读法是符合语音发展规律的,即合乎北京音中的一般业已通行的读法;"约定俗成"了的语音,就是目前最能发挥交际功能的现实的语音,也就是语音发展的必然趋势。

2.语法原则。如果同一个字的不同读音可以表达不同的意义,这不同的语音就代表不同的词,在这种情况下,取消其中的一种读法,就等于取消语言中一个作为交际工具用的词,这是违反语言学的基本原则的。我们认为,表示不同词义的不同语音有语法上的作用(即用来表示构词法上的不同的),应当把它们保存下来。

3.历史原则。语音顺着它的发展的内部规律演变着,旧的语音随着时代的递嬗逐渐衰亡,而代之以新的语音。这样,我们就不能墨守旧的语音而排除新的语音。过去有些读书人过于泥古,主张无一音于古无征,这显然是错误的;但是也有一些人认为一切新的语音都是值得欢迎的,这也是不恰当的,因为新的语音不见得都是合乎语音发展规律的。

周祖谟《普通话的正音问题》:"同义两音的问题:一个词有不同的读音,有些意义相同,有些意义不同。意义不同而读音也不同的,当然要保存读音上的区别。意义相同而有两种不同的读法的,就需要加以选择。同义多音的内容很复杂,有的是读书音,有的是口语音,有的是口语里的变音,有的是新起的读音。遇到这种情形,怎样处理是一个大问题。关于这一类要根据具体的情况来定,这里只举一些主要的情况来谈一谈。

(1)已经不通行的读书音可以不采用。

(2)适当地照顾语音的系统性。

(3)取与北方方言和古今音演变条理相合的音。

(4)适当照顾北京音发展的趋势和新起的读法。"

特殊读音的处理必须在充分研究其产生的原因、来源的基础上进行,明确特殊读音的类别以及各自蕴含的语言现象和规律,根据不同情况作出恰当的处理。

语言的规范化就是人们根据语言的规律,把语言发展过程中所产生的不合规律的偶然现象或分歧现象加以适当的调整。而语言规范化的首要问题便是语音的规范化,语音规范化的一个重要方面就是对又读字的读音进行规范。现代汉语在它的发展过程之中,由于受方言、古音、外语等诸多因素的影响,而使得普通话中许多字产生又读的现象,从而给人们的学习造成负担,给交际带来麻烦。因此,我们应根据语音变化的规律,以及有关的规则,去审订汉字的读音。

　　《经典释文》是音义书,其注音目的主要是为了释义,古籍注疏为了说明词义字义常常采用《经典释文》的音义。采纳最全面的就是清朝阮元主持编订的《十三经注疏》,除《孟子》以外全部采用《经典释文》的注音。《经典释文》不是纯粹的注音书,更不是什么语音规范,因而其注音在后世字典辞书就很少被采纳。《康熙字典》将《释文》的注音释义主要用于揭示汉语的语音语义关系,区分不同读音所承载的不同意义。

　　古书中词语的特殊读音大量地存在于古籍文献中,一般情况下,这些特殊读音多数不在现代汉语口语和书面语里使用了。但是语言传统文化传统不能割裂,古书中的许多特殊读音还有生命力,它们还活跃在现代汉语中,是现代汉语不可或缺的成分。在现代汉语语音规范条件下如何处理汉语特殊读音,一方面要研究古今音演变规律,一方面要实际调查语音情况,两者缺一不可。

　　普通话语音规范的中心任务是特殊读音的规范。保存在现代的多数特殊读音主要来源于《经典释文》,因而《经典释文》的特殊读音研究对于普通话语音规范就具有特别重要的意义。

　　汉字特殊读音发展的主要趋势是逐渐减少,特别是一些不区别意义和用法的特殊读音逐渐退出口语和书面语,现代汉语语音规范的条件下,这种趋势更加明显。但是,在新的语言条件下,也会产生新的特殊读音。

　　由于《经典释文》是中古时期特殊读音的总汇,集中体现了主要通过读音表达和区别意义的“衍声”时期的汉语(汉字)状况,因而它对于汉语特殊读音的处理就具有重要的参考价值。利用《经典释文》特殊读音为普通话语音规范服务,应该在充分研究其产生原因的基础上进行,根据特殊读音产生的实际情况结合汉语汉字的发展演变为普通话语音规范提供借鉴。

《广韵》是我国中古时期具有字典性质的汉语语音的总汇；《经典释文》与《广韵》基本同时，是随文释义注音的汉语特殊读音的总汇，后代字典辞书多数以《广韵》和《经典释文》的读音作为依据。下面我们就《广韵》和《经典释文》的又读字发展到现代汉语，如何进行读音规范提出一些看法。

阅读整理古籍时处理特殊读音和普通话语音规范应该根据特殊读音的来源、类别及其蕴含的语言文字现象的不同情况区别对待。

一、语音原因引起的特殊读音规范

由于《经典释文》摘字注音，在注音释义的时候，其注音情况十分复杂，许多并不是真正的注音。另外对同一个字的注音往往在不同的地方采用直音、反切等多种注音方法，而其实际读音是相同的。还有相同的读音所注的反切上下字可能不同，等等原因造成我们利用《经典释文》的障碍，因而我们需要仔细分析其注音情况。

章炳麟《国故论衡·小学》页9："不明音韵，不知一字数义所由生。"在处理特殊读音的问题上，我们应该首先明音韵，掌握汉语语音发展规律和事实，然后调查现代汉语语音，再做出结论。

1.反映语音演变的特殊读音

由于语音演变，原本有差异的读音合流，消失了语音差异，如：

引

《经典释文》给"引"有如下注音：

《诗经音义》："引也，夷忍反，又夷刃反。"

《周礼音义》："六引，如字，又音胤。"

《周礼音义》："引之引，并音胤。"

《仪礼音义》："属引，音烛，注同，著也，引音胤，又如字，注引所、以引同，后属引皆仿此。"

《礼记音义》："执引，音胤，注同，车索。"

《礼记音义》："既引，以刃反，下皆同。"

《礼记音义》："执引，以刃反，一音余刃反。"

《礼记音义》："执引，以慎反，注同。"

《礼记音义》："曰引，音胤。"

《论语音义》："而引，以刃反，又如字。"

《尔雅音义》："引，以忍反。"

《尔雅音义》："引，余忍、余慎二反，引，长多也。"

这些注音可以归纳为两个读音：

(1)"夷忍反""以忍反""余忍反"，其音韵地位是"开口三等上声轸韵以母"。

(2)"夷刃反""音胤""以慎反""余慎反""以刃反"，其音韵地位是"开口三等去声震韵以母"。

这两个读音之间的差异在于声母一为"上声轸韵"，一为"去声震韵"，声调不同。《群经音辨》也归纳为两个读音："引，曳也，以忍切；曳车之绋曰引，余忍切。"但是贾昌朝认为两个意义两个读音的差异在于声母，一个为"以母"，另一个为"云母"，以后"以母"和"云母"合流为零声母，两个读音消失了语音差异，《现代汉语词典》和《辞海》只保留一个读音：yǐn。

造

《经典释文》为"造"注音释义数十次，《群经音辨》归纳为两个音义："造，为也，昨早切；造，至也，七到切。"这两个音义在《释文》中经常混用：

《周易音义》："大人造，郑徂早反，为也，王肃七到反，就也、至也，刘歆父子作聚。"

《诗经音义》："造舟，七报反，又七道反，毛云天子造舟，《方言》云浮梁也，《广雅》作艁，音同，《说文》艁古造字，一音才早反。"

《诗经音义》："之造，毛才老反，为也，郑七报反，诣也。"

《礼记音义》："造受，皇七报反，旧七刀反。"

《礼记音义》："皆造，才早反，徐七到反。"

"昨早切"为"开口一等上声皓韵从母"，"七到切"为"开口一等去声号韵清母"，两个读音在唐宋时期有声母清浊和声调上去的差异。在语音演变过程中，声调根据"浊上变去"的规律演变为"去声"，使得两个读音韵母和声调取得一致；浊声母"从母"根据"平声送气、仄声不送气"的原则清化，与"精母"合流。这样一来，两个读音就只有送气的"清母"和不送气的"精母"之间的差异，《辞海》在"至也"的意义上还注有"旧读 cào"这个读音，《现代汉语词典》只注一个音 zào。"旧读 cào"在普通话语音规范中被改读为 zào，从声母演变的角度看，是发生了"同位正转"。

观

《经典释文》给"观"的全部注音可以归纳出三个读音：

（1）"音官"，其音韵地位是"合口一等平声桓韵见母"。

（2）"古玩反"，其音韵地位是"合口二等平声删韵见母"。

（3）"官唤反"，其音韵地位是"合口一等去声换韵见母"。

其中"音官"与"古玩反"只有"桓"和"删"两韵的差异，到贾昌朝《群经音辨》："观，视也，古完切；谓视曰观，古玩切，《易》大观童观。"这两个读音还是有差别的，以后"桓"和"删"合流，两个读音合并为一个读音，《现代汉语词典》和《辞海》只保留两个读音：

guān、guàn。

败

《经典释文》给"败"的全部注音可以归纳出两个读音：

(1)"卑(必)卖反"，其音韵地位是"开口二等去声卦韵帮母"。

(2)"必迈反"，其音韵地位是"开口二等去声夬韵帮母"。

两个读音之间的差异只有"卦韵"和"夬韵"的不同。《经典释文·条例》："及夫自败(蒲迈反)、败他(蒲败反)之殊"，分辨的两个读音音韵地位没有差异：反切上字"蒲"代表的声母是"並母"，反切下字"迈、败"都是"开口二等去声夬韵"。

《群经音辨》归纳《释文》的注音释义也为两个：(1)"毁他曰败，音拜，《诗》勿翦勿败。"其音韵地位为"开口二等去声怪韵帮母"；(2)"自毁曰败，薄迈切。"其音韵地位为"开口二等去声夬韵並母"。这两个读音差异表现为声母"帮"与"並"、韵"怪韵"与"夬韵"的不同。

综合《释文》和《群经音辨》给"败"的注音，可以得出四个读音：开口二等去声卦韵帮母、开口二等去声夬韵帮母、开口二等去声怪韵帮母、开口二等去声夬韵並母。

在语音演变过程中，浊声母"並母"根据"平声送气、仄声不送气"的原则清化，与"帮母"合流为[b]；《广韵》里"卦、夬""同用"，发展到现代汉语，"卦、夬、怪"合流为[uai]。这样一来，四个读音合流为一个读音。《现代汉语词典》和《辞海》只保留一个读音：bài。

后(後)

《群经音辨·辨字音疑混》归纳《释文》"後"的用法："居其後曰後，胡苟切；从其後曰後，胡姤切。""居其後"为方位名词，"从其後"为动词，其词性、用法差异通过读音"上声厚韵"和"去声候韵"

表示。反切上字"胡"代表的声母为浊声母"匣母",浊声母清化使得声调"浊上变去","上声厚韵"也读为去声,两个读音消失了差异,合并成为一个读音。

2.反映方言差异的特殊读音

《周易音义》:"窒,张栗反。徐得悉反,又得失反。马作咥,云读为踬,犹止也。郑云,咥,觉悔貌。"

"窒"在本条中有三个读音:"张栗反"的音韵地位是"开口三等入声质韵知母";"得悉反"的音韵地位是"开口三等入声质韵端母";"得失反"的音韵也是"开口三等入声质韵端母"。其中"得悉反"与"得失反"音韵地位完全相同,"张栗反"与这两个反切的读音只有声母"知"和"端"的差异。根据王力先生《〈经典释文〉反切考》页98—103:"在《经典释文》时代,舌音尚未分化为端知两系。"那么这三个反切的读音是完全相同的,但是陆德明采用三个反切,表明是三个不同的读音,其差异应该是方言语音的不同。

《现代汉语词典》只有 zhì 一个读音和相应的意义,《辞海》除 zhì 和相应的意义外,还注音为"dié,见窒皇",其注音来源是《左传音义》:"窒皇,直结反,窒皇,门阈也。"

《尚书音义》:"伻,普耕反,徐敷耕反,又甫耕反。"

这三个反切的下字完全相同,反切上字不同,"普"属于"滂母","敷"属于"敷母","甫"属于"非母"。根据王力先生《〈经典释文〉反切考》页 103—112:"在《经典释文》时代……轻唇重唇不分,可以完全肯定。""普耕反"和"敷耕反"读音完全相同,"甫耕反"的声母应该是"帮母",这三个反切只有声母"帮"和"滂"的差异,陆德明采用三个反切,表明是三个不同的读音,其差异应该是方言语音的不同。

《现代汉语词典》没有收录"伻",《辞海》只有一个读音 bēng。

3.联绵词、叠音词、象声词的特殊读音

联绵词、叠音词、象声词往往义寄于音,而与字形关联不紧密,因而联绵词、叠音词、象声词在古籍中多数有不同的字形。

如望羊、望洋、望佯、盳洋、望阳,这是一组联绵词,表示仰视貌、远视貌。《孔子家语·辩乐》:"近黮而黑,顾然长,旷如望羊,奄有四方。"王肃注:"望羊,远视也。"《释名·释姿容》:"望羊。羊,阳也。言阳气在上,望之然也。"毕沅疏证:"望羊,本皆作'望佯',非也。"《庄子·秋水》:"河伯始旋其面目,望洋向若而叹。"陆德明《庄子音义》作"盳洋",引崔谭曰:"犹望羊,仰视貌。"汉王充《论衡·骨相》作"武王望阳"。

逶迤又可写作逶蛇、委蛇,如《诗经音义》:"虵,本又作蛇,同,音移。毛云,委虵,行可从迹也。郑云,委曲自得之貌,读此句当云委虵,委虵。沈读作委委虵虵。《韩诗》作逶迤,云,公正貌。"

《尚书音义》:"汤汤,音伤,水盛貌。"又可写作"荡荡"。

《周易音义》:"嘻嘻,喜悲反,马云笑声。郑云骄佚喜笑之意。张作嬉嬉。陆作喜喜。"

这类联绵词、叠音词、象声词的形体和读音在现代汉语里逐渐得到规范,一般以"望洋""逶迤""荡荡""嘻嘻"为规范形体和读音,相应地就消除了特殊读音。

4.纯粹异读(不区别词义词性等)

《广韵》和《经典释文》的同义又音字,不管有几个读音,如果在普通话里,既不区别词义,也不区别语法作用,那么,我们就应按照语音发展的规律和"从众、从俗、从今"的原则,保留其中的一个读音,而淘汰其他的读音。如:

娱

《广韵·暮韵》:"五故切,娱乐也。"《广韵·鱼韵》:"五于切,娱乐也。"

《经典释文》没有为"娱"注音,大概陆德明认为该字只有"如字"音义,没有特殊读音。

按语音变化的规律:娱可以读 wù(五故切),也可以读 yú(五于切)。在现代汉语里,娱的通行读音是 yú,所以,yú 就应定为"娱"的规范读音而淘汰 wù。

胞

《广韵·肴韵》:"布交切,胞胎;匹交切,胞胎。"

《诗经音义》:"胞,步交反,肉吏之贱者。"《礼记音义》:"胞,步交反,下同,肉吏也。""胞"意义为"庖丁",是个通假字,不讨论。《诗经音义》:"胞,音包。"《庄子音义》:"胞,普交反,腹中胎。""胞"意义为"胞胎","音包",与"普交反"读音差异只有声母"帮"和"滂"之间的差异,与《广韵》异读一样。

按语音发展的规律:"胞"可读 bāo(布交切、音包),也可读 pāo(匹交切、普交反)。在现代汉语里,有人读 bāo,也有人读 pāo。但据高名凯先生的调查,绝大多数人都读 bāo,所以,bāo 就应定为"胞"的规范读音,而淘汰 pāo。

《普通话异读词审音表》审订了 846 字的异读,其中保留异读的字有 259 字(其中明确有多音的 122 字,"不统读"137 字),"统读"587 字。《审音表》中明确的多音字表示这个字在普通话里只有这几个读音,其他读音被明确废弃;"不统读"意味着这些字在普通话里仍然有几个读音,在《审音表》中列出的一般是罕见读音,这些罕见读音表示的意义和用法与常见读音不同;"统读"则表示原来在其他字典辞书里有异读的一些词,在现代汉语普通话规范里只确定了一个读音,其他读音废止,是不符合普通话语音规范的。

《现代汉语词典》对这类字词的规范读音的审订是科学的,审订后的读音既符合语音变化的规律,又符合通行的原则,我们赞同这种做法。

《普通话异读词审音表》标明"语""文"的文白异读字有 30 个,其中"语"即白读的 9 个,占总数的 30%,"文"即文读的 21 个,占总数的 70%。

一个字有"文读"和"白读"的区分是现代汉语出现的一种新的语音现象,是语言研究重视口语、方言的具体表现。在《经典释文》《广韵》等以书面语为主要研究对象的音义书和韵书中反应不多,可以想见这些文献里一些不区别词义词性的纯粹异读可能实质上有读书音和口语音的差异,但是人们没有作为一个问题专门进行讨论。

5.双音化使原来《经典释文》中的词用作语素,在上下文里不用区别异读

易

《经典释文》根据不同的音义对应关系,给"易"注音释义:

《周易音义》:"易,平也。羊至切。"

《周易音义》:"易,变也。羊益切。"

《诗经音义》:"不易,毛以豉反,不易言甚难也,郑音亦,言不可改易也,下文及后不易维王同。"

《庄子音义》:"易持易行,并以豉反。"

《左传音义》:"易土,以豉反,轻也,徐神豉反,注同。"

《庄子音义》:"其易,以豉反,后皆同,向、崔云轻易也。"

《庄子音义》:"易,音亦,崔以豉反,云相轻易也,简文同。"

　　《释文》的注音可以归纳为三个:"羊至切",开口三等去声至韵以母;"羊益切、音亦",开口三等入声昔韵以母;"以豉反",开口三等去声寘韵以母。根据王力先生《〈经典释文〉反切考》页126—128:"大量的例子足以证明……寘至志未,实当合为一韵。"那么三种注音的实际读音就是两个,《群经音辨》归纳为两个音义:"易,平也,羊至切;易,变也,羊益切。"与《释文》的实际读音一致。

　　现代汉语普通话里,"易"一般不再单独使用,但是作为一个语素,还有很强的构词能力,如"容易、轻易、变易、贸易、易燃、易行、易用"等。"易"在这些词语中的意义可以有很多差异,在理解的时候不会混淆,这是因为"易"作为语素在词语中受到了限制,只能表现出一种意义,无需再在语音上予以区分。《现代汉语词典》《新华字典》和《辞海》只有一个读音 yì。

丽

　　《经典释文》根据不同的音义对应关系,给"丽"注音释义:

　　《仪礼音义》:"鱼丽,力知反,本或作离,下同。"

　　《礼记音义》:"丽,郎计反。"

　　《左传音义》:"申丽,力驰反。"

　　《春秋榖梁传音义》:"于丽,力池反。"

　　《庄子音义》:"丽,如字,又力智反,力支反。"

　　《释文》的注音可以归纳为两个:"力知反、力驰反、力池反、力支反",开口三等平声支韵来母;"郎计反、力智反",开口三等去声寘韵来母。两个读音只有平声和去声的差异。《群经音辨》继承了这两个音义:"丽,附也、美也。力计切;丽,历也,力之切。"

　　现代汉语普通话里,"丽"一般不再单独使用,而是用作一个语素,如"美丽、丽人、富丽、附丽"等。在这些词语中,"丽"的语素意义不同,但是在词语的限制下,其意义是唯一的,无需再在语音上予以区分。《现代汉语词典》和《新华字典》都归纳为一个读音lì,另有地名"丽水、高句丽"读为lí。

二、词汇词义原因引起的特殊读音规范

《经典释文》中由于词义不同而产生的特殊读音主要有:"区别多音字多义字(破读)","分析一个字作为语素在词语中的不同音义","通过注音辨别字形相应的音义(词义引申引起区别字、分化音)","反映不同注家对词语形音义认识的分歧","训诂两通","专有名词的特殊读音"等情况。

"区别多音字多义字(破读)"是《经典释文》特殊读音的主要来源,《现代汉语词典》采纳的多音字多数来源于此。由于这些多音字是通过不同的读音区别不同的词义,因而是有价值的语言形式,应该予以保留。如:

少

《经典释文》为"少"注音释义很多,这些注音归纳起来只有一个读音"诗照(召)反",与《广韵·去声笑韵》:"少,式照切,幼小。"音义相同;但是还有一个"如字"音没有注出,应该是存在的。《群经音辨》归纳《释文》给"少"的注音释义有两个:"少,鲜也,书沼切;少,稚也,施诏切。"其中"少,鲜也,书沼切"应该是《释文》的"如字"音义,只不过是陆德明认为无需注出。如《礼记音义》:"罕也,呼坦反,希也,少也。"这条注解中,"少"与"罕、希(稀)"同义,那么这个音义与《广韵·上声小韵》:"少,书沼切,不多也。"也应该是相同的。

"书沼切"演变成现代汉语的读音是 shǎo,"式照切、诗照(召)反"则读 shào,两个读音至今仍用于区别"少的、数量少、不够原有的数目"与"年纪轻"等意义。并且,两个读音都符合通行的原则。因此,都应定为"少"的规范读音。

《释文》中"分析一个字作为语素在词语中的不同音义"产生的特殊读音,我们认为如果这个词在现代汉语里一般不再单用,只用作语素,已经有了语境的限制,就无需再在语音上区别。《经典释文》中用语境限定式术语"某某之某"揭示的特殊读音在普通话里多数没有保留。

"通过注音辨别字形相应的音义(词义引申引起区别字、分化音)","反映不同注家对词语形音义认识的分歧"和"训诂两通"三个小类,往往关涉一个词的形音义,一般说来注解为什么字就读为相应的读音,理解为相应的意义。这些字形、字音、字义在原文中都能讲通,与"辨别文字形体、反映文字发展"有所不同。这种类型在《释文》中往往由于用一个字表示而读音不同,在后世分化为其他字形,从而分化了读音,特殊读音随之消失。

"专有名词的特殊读音"包括某些人名、地名、官名、译名等,往往有特殊来源,保存着某些文化信息,由来已久。现代汉语为了让它们与各自的一般读音区别开来,也应保留那些特殊的读音,《现代汉语词典》对这类字的注音的处理是恰当的。如:

单

《经典释文》中"单"有三个读音:"音善",作为地名、国名、人名,如《左传》里有"单平公、单伯"等,是专有名词,今读 shàn;"丁但反、都但反"意义为"信也",今读 dàn;"音丹"表示"单一、单薄"等一般意义,今读 dān;《辞海》继承了这三个音,又有新的发展,如"单于""单阏"这些外来词读为 chán。《现代汉语词典》则继承了 dān 的一般意义、作为专名的 shàn 的意义和作为译名的 chán 的意义,规范(抛弃)了 dàn 的音义。

费

《经典释文》中"费"主要有两个读音："芳贵反"和"音祕"。读作"芳贵反"，用于一般意义；"音祕"来源于古地名、古国名和古姓氏，这些音义在现代汉语某些情况下还保留着，因而还有必要予以区分。《现代汉语词典》有一个注音 fèi 及其相应的意义，还注有"(Fèi)姓"，而没有保留"音祕"bì 作为古地名、古国名和古姓氏的音义，但是现在山东费县很多人还读为费(bì)县，一些字典词典也有这个音义。

人名、地名、官名等是汉语中常见的专有名词，专有名词的特殊读音是汉语异读词整理的一个难题。1985 年修订的《普通话异读词审音表·说明》第十条："人名、地名的异读……留待以后再审。"体现了这些专有名词读音的特殊性。

语言文字不仅是人类最重要的交际工具，也是重要的文化载体。我们认为专有名词所体现的主要不在于它的词汇意义或语法意义，而是更多地体现着我国悠久的传统文化意义，因而在处理这些特殊读音的时候，仅仅从语言文字的角度去观察，仅仅满足语言文字规范的要求是远远不够的。

三、语法语用原因引起的特殊读音规范

1.区别不同的词性或语法作用的特殊读音

区别不同的词性或语法作用是《经典释文》特殊读音产生的另一个重要原因。这种由"破读"而造成的又音字，在普通话里，如果不同的读音还能区别不同的词性或语法作用，那么它的几个读音还应当保留。当然，被保留的读音要符合通行的原则。如：

难

《周易音义》："有难，乃旦反。"

《周易音义》:"何难,依象宜如字,一音乃旦反。"

《尚书音义》:"难,乃丹反。"

《礼记音义》:"国难,乃多反,后及注同,驱疫鬼。"

《左传音义》:"立难,乃多反,又如字。"

《左传音义》:"难其,乃旦反,或如字。"

《左传音义》:"急难,如字,又乃旦反,注同。"

《左传音义》:"之难,乃旦反,下同,又如字。"

《庄子音义》:"语难,如字,艰,难也,勇士愤气积于心胸,言不流利也,又乃旦反,既怒而语,为人所畏难,司马云,说相击也。"

《尔雅音义》:"难,奴旦反,注同,一音如字。"

《广韵·平声寒韵》:"那干切,艰也。"《广韵·去声翰韵》:"奴案切,患也。"

《经典释文》为"难"注音义数百次,其中"乃多反"的意义是"驱疫鬼",是"傩"的假借字,本文不讨论。音"如字"和"乃丹反"的意义与《广韵》"那干切,艰也"相同,音"乃旦反""奴旦反"与《广韵》:"奴案切,患也"相同,但是在《释文》里常常有又音"如字","乃旦反"的音义是"如字"的引申,这说明具体文献里,本义和引申义之间读音还是可以相通的。

"那干切、如字、乃丹反"在现代汉语里演变为 nán,"奴案切、乃旦反、奴旦反"演变为 nàn、nán 和 nàn,至今仍用于区别"难的、做起来费事的、不容易"和"不幸的遭遇、质问"等意义,并且两个读音也符合通行的原则。

好

《广韵·上声皓韵》:"呼皓切,美也,善也。"《广韵·去声号韵》:"呼号切,爱好。"

《经典释文》给"好"注音释义也非常多,但是归纳起来主要有

"如字"和"呼报反",如：

《周易音义》："而好,呼报反。"

《诗经音义》："好,毛如字,郑呼报反,《兔罝》诗仿此。"

《诗经音义》："相好,呼报反,注同,王、崔、申、毛如字。"

《诗经音义》："好也,如字,郑云善也,或呼报反。"

《周礼音义》："好三,呼报、呼老二反,璧孔也、注同。"

《礼记音义》："好恶,上呼报反,下乌路反,又并如字,后好恶二字相连者皆仿此。"

《礼记音义》："好恶,并如字,一音上呼报反,下乌路反。"

《礼记音义》："好好,上呼报反,下如字。"

《庄子音义》："之好,如字,又呼报反。"

《尔雅音义》："好,如字,又音耗,璧孔也,注及下同。"

"如字"音对应的意义为"善也",另外还有"璧孔",这个意义在现代汉语不再使用,不讨论。通过《周礼音义》："好三,呼报、呼老二反,璧孔也、注同";《尔雅音义》："好,如字,又音耗,璧孔也,注及下同",我们可以确定"如字"音为"呼老反",与《广韵》"好,呼皓切,美也,善也"一致。"呼报反"对应的意义是"爱好",与《广韵》："好,呼号切,爱好"相同,这个音义是"如字"音义的引申,在《释文》中两个音义也经常混用。

在现代汉语里,"呼皓切(此反切在《广韵》属于上声'皓'韵,近代声调'浊上变去'演变为去声,如果不根据语音演变规律折合,现代读音与'呼号切'相同)、如字、呼老反"演变为 hǎo,是个形容词,主要用作定语;"呼号切、呼报反"在现代汉语读为 hào,是个动词,主要用作谓语。这两个读音也符合通行的原则。因此,hǎo 与 hào 都应定为好的规范读音。

风

《群经音辨·辨彼此异音》归纳《释文》的注音释义:"上化下曰风,方戎切;下刺上曰风,方凤切。""风"在此都是引申义,"辨彼此异音"主要辨别一个动词用于主动、被动的差异。

《广韵·去声送韵》:"方凤切。"去声送韵非母,义为"刮风、吹"。如汉刘向《说苑·贵德》:"吾不能以春风风人,吾不能以夏雨雨人。"引申为被风吹,受风。《左传·僖公二十八年》:"晋中军风于泽,亡大旆之左旃。"《孟子·公孙丑下》:"王使人来曰:'寡人如就见者也,有寒疾,不可以风。'""风"的这种动词的用法一般读为 fèng,一些字典词典也有这个注音,《现代汉语词典》没有这个读音。

雨

《经典释文》给"雨"注音"于付反,音芋"40 余次,没有释义,但是根据上下文可以确定其意义为"下(雨、雪)",是动词;与之对应的"如字"音义没有出现,《群经音辨·辨字音清浊》归纳"雨"的音义为:"雨,天泽也,王矩切;谓雨自上下曰雨,下王遇切。"其中"雨,天泽也,王矩切"就是"如字"音义,《群经音辨·辨字音清浊》专门搜集由语法作用不同而产生读音差异的字词。

《广韵·上声麌韵》:"王矩切,阴阳和为雨。"《广韵·去声遇韵》:"王遇切,《诗》曰:雨雪其雱。"

"雨"在古代汉语里有名、动两种用法,因而读音也不同。在现代汉语里,雨作为动词的用法已不再使用(除个别成语外),《现代汉语词典》仍然保留了 yù 这一读音。

衣

《群经音辨·辨字音清浊》归纳《释文》的注音释义:"衣,身章也,于希切;施诸身曰衣,于既切。""辨字音清浊"是贾昌朝用不同读音以区分不同词性和语法功能的专门内容。

《广韵·去声未韵》:"于既切,衣着。"《广韵·平声微韵》:"于希切,上曰衣。"

在古代文献里,用以区别"衣"的名词、动词两种用法的两个读音是完全有必要的。然而,在现代汉语里,人们说到穿衣服时,已经被别的形式所代替,没人去用衣(yì)这一读音。《现代汉语词典》仍保留了衣 yì 这一读音。

三

《广韵·平声谈韵》:"苏甘切,数名。"《广韵·去声阚韵》:"苏暂切,三思。"

《经典释文》为"三"注音 30 余次,其中"七南反"4 次,"息暂反"5 次,"息暂反,又如字"24 次。"七南反"往往可以写作"参",表示"三之一"(即三分之一);"息暂反"音义与《广韵》"三,苏暂切,三思"相同,用作状语;"如字"与《广韵》"苏甘切,数名"相同,用作数字,但是"息暂反,又如字"24 次,占注音的大多数,表明在具体语境里,用作状语和用作数字两种音义可以混用。

古代文献,"三"作为数词,在作状语的时候,与其他用法读音不同。三,《现代汉语词典》只保留了 sān 这一读音,而淘汰了 sàn。《辞海·语词分册》则把 sàn 注为"旧读"。

妻

《经典释文》给"妻"注音 20 余次,归纳其读音只有一个"七(千)计(细)反",《诗经音义》:"请妻,七计反,以女适人曰妻。"与之对应的"如字"音义没有出现,《群经音辨》归纳《释文》中"妻"的音义为两个:"妻,与夫齐者也,七奚切;以女适夫曰妻,七计切,《论语》以其子妻之。"第一个音义应该就是"如字"的音义。

《广韵·平声齐韵》:"七稽切,齐也。"《广韵·去声霁韵》:"七计切，以女妻人。"

在现代汉语里，妻的"以女妻人"这个词义已不再使用，《现代汉语词典》仍然保留了 qì 这一读音。

女

《群经音辨》归纳《释文》的注音释义："女，妇人也，尼吕切；女，妻也，尼句切；女，尔也，音汝。"其中，"尔也，音汝"是假借音义，我们不讨论。"妇人也，尼吕切"是"如字"，作名词；"妻也，尼句切"，来源于《经典释文》："女以，昵据反，注曰女同。"是给《左传·庄公二十八年》："晋伐骊戎，骊戎男女以骊姬。"中的"女"注音，杜预注："纳女于人曰女。"

《广韵·去声御韵》："以女妻人也。尼据切。"这种用法很多，如《汉书·叙传下》："娖娖公主，乃女乌孙。"晋皇甫谧《高士传·梁鸿》："势家慕其高节，多欲女之，鸿并绝不娶。"清蒲松龄《聊斋志异·江城》："临江高蕃，少慧，仪容秀美。十四岁入邑庠。富室争女之。"根据《广韵》注音，现在应该读为 nǜ，有些字典词典也注有此音，但是《现代汉语词典》没有这个读音。

《现代汉语词典》适当照顾阅读古籍的需要，保留一部分常见的古字"破读"，这是必要的。不过什么是常见的，哪些算不常见的，不能凭主观感觉，还要进一步调查、统计。在《现代汉语词典》里，与上述"妻、雨、衣、风、女"等词在古代汉语里有相同或相似的读音、意义和用法，但是在《现代汉语词典》里的处理是很不一致的。类似这样的例子还有很多，如：

盐

《经典释文》为"盐"注解意义，注音 5 次，其中"余廉反"2 次，音韵地位是"开口三等平声盐韵以母"；"余占反"1 次，"音艳"1 次，"音艳，又如字"1 次，音韵地位都是"开口三等去声艳韵以母"。

《群经音辨》归纳《释文》音义为两个："盐，煮卤也，余廉切；盐，歆艳之也，以瞻切，《礼》盐诸利以观其不犯命也。"其中"盐，歆艳之也，以瞻切。"来源于《礼记·郊特牲》："而流示之禽，而盐诸利，以观其不犯命也。"郑玄注："盐读为艳，行田示之以禽，使歆艳之，观其用命不也。"盐义为"艳羡"，应该属于通假。

《广韵·平声盐韵》："余廉切，《说文》曰咸也。"与《群经音辨》"盐，煮卤也，余廉切"相同。《广韵·去声艳韵》："以瞻切，以盐腌也。"与《经典释文》："而盐，音艳，又如字。"音义相同，来源于《礼记·内则》："为熬：捶之，去其皽，编萑布牛肉焉，屑桂与姜以洒诸上而盐之，乾而食之。""盐"义为"腌渍"。

《经典释文》《群经音辨》《广韵》给"盐"的注音释义可以归纳为三个：

(1)"煮卤也，余廉切"，应该是"如字"。

(2)"盐，歆艳之也，以瞻切"，假借为"艳"。

(3)"以瞻切，以盐腌也"，是引申义。

《辞海》继承了这三个音义："(一)yán 食盐；(二)yàn①用盐腌物，②通'艳'。"

《现代汉语词典》只注解了一个读音 yán 及其对应的义项。舍弃了动词性的 yàn，也舍弃了通假字的读音。

虫

《广韵·平声东韵》："直弓切，有足曰虫。"《广韵·去声送韵》："直众切，虫食物。"

《经典释文》为"虫"注音释义 16 次，"徒冬切，又音直忠反"是为"虫虫"这个叠音词注音，叠音词借音表义，跟"虫"的本义无关，不讨论。其他注音归纳起来只有一个读音"直(除)忠(弓隆中)反"，《尔雅音义》："释蟲第十五，本亦作虫。案此篇是释蟲，依字虫音许鬼反,蛇类也,并两虫为蚰,音古门反,蟲之总名也,三虫为蟲,直忠反,有足者也,今人以虫为蟲,相承假借用耳,《说文》云虫一名蝮,象其彤物之微细,或行、或飞、或毛、或蠃、或介、或鳞,以虫为象。案此文云有足谓之蟲,无足谓之豸,《月令》鳞毛羽介皆谓之蟲。《白虎通》以圣人为倮虫之长,自上圣下达蟭螟通有虫称耳。"这是"虫(蟲)"的"如字"音义,折合为现代汉语普通话读为chóng。没有其他音义。

在《广韵》里,虫既可作名词,也可作动词,其读音一平一去。《词典》只保留了虫的 chóng 这一读音,而淘汰了 chòng 这一读音。

对于这些词语的处理,我们认为应该有一个相对统一的原则,或全收或全不收,但是《现代汉语词典》对这些字词的注音处理原则前后矛盾。《词典》是记录今人读音的工具书,是为今人的读音提供规范的,那么,我们就完全可以只注现代汉语规范读音。如果一定要存古,也可以由其他类型的工具书来承担。我们可以编写一部古代汉语特殊读音词典来专门收录这样的读音,如果没有这样的分工,什么都想顾及,到头来什么也顾及不好。

2.语言环境变化,不再区分异读

《经典释文》中的敬指和避讳,是在特定历史条件下的一种用字现象,尽管在普通话里也需要避免粗俗、不敬,但是改字避讳、空字避讳、缺笔避讳、改音避讳在普通话里没有保留。避讳在古籍中也是文字的临时应用,不是一般规律,因而不是普通话语音规范的内容。不过,在阅读和整理古籍的时候,一般说来还是应该找出避讳字,并且注解出避讳的本字。

告

《群经音辨·辨彼此异音》:"下白上曰告,古禄切,《礼》为人

子,出必告;

上布下曰告,古报切,《书》予誓告汝。"

"告"在古籍中的两个音义体现封建等级特权制度,其词汇意义是相同的,都是告诉,现代汉语没有这样的语境,因而也消失了读音差异。《现代汉语词典》只有一个注音 gào 及其相应意义。

关于叶韵,我们应该弄清楚是没有任何条件的"随意改读",还是有一定古音基础照顾诗歌音乐性的"临时变通"。如果是第一种情况,叶韵就是应该被摒弃的,如果是第二种情况,我们就应该寻找一种恰当的方式作出合适的处理。另外,叶韵问题从南北朝徐邈、沈重等提出以后,直到宋朝朱熹注解《诗经》,人们的认识和处理方式也很不一致,后人对这些叶韵也应该区别对待。

汉魏六朝还没有统一的语音规范,汉字读音还不固定,这是"协句"和"叶音"的现实和理论背景。《经典释文》是汉魏六朝集大成的经典音义著作,反映了当时语音的复杂和分歧,在这种条件下,《诗经》的入韵字就可能出现几读的情况。

《经典释文》区别叶韵音与一般读音的注音一共有 43 条,数量不多,表明陆德明对叶韵还是很慎重的,并非任意改读。其实际读音也没有造成"字无定音",如前所述,陆德明的"协音"有一定的客观的古音限制,因而不能简单地说"叶韵"是主观的"随意改读"。对"协句""叶音"应该重新认识。

如果在语音演变的条件下,诗歌押韵字在现代已经不押韵了,可以适当选择古音或有广泛基础的方音,以便于诗歌的押韵和平仄和谐;而对于不押韵的韵脚字和出律的平仄,如果没有古代异读的语音基础,则不能随意改读韵脚字的读音。不能一概以语音规范来否定这些有语音基础的"古音""旧音"。

我们认为,在今天讲究音义相谐、音义统一的语言条件下,古诗叶韵尽管有古音的依据,这些古音毕竟是古音,"不可行于今",但是如果在诵读古诗的时候偶一用之,以照顾诗歌的音乐性,我们认为是应该得到包容的。

语音规范在某些方面应该有一定的柔性。诗歌是一种艺术语言,艺术的生命在于创新。我们在文字书写艺术的书法上,对文字形体的规范有所放松,在诗歌这种艺术语言的语音方面能不能给予更多的柔性规范呢? 我们反对没有任何语音基础的随意改读,但是古代有的读音,在现代汉语里已经规范的异读音,在古代诗词、韵文里还是可以保留的。毕竟音乐性是诗词韵文的重要特点①。

3.新的语言形式代替语音表义功能

《群经音辨·辨彼此异音》归纳《释文》39 个动词的不同读音,主要用于区分用作主动和被动、自动和他动、及物动词与不及物动词等之间差异。如:

乞

"取于人曰乞,去讫切;与之曰乞,去既切。"

"乞"读作"去讫切",义为"取于人",对于给予者来说是被动付出;读作"去既切",义为"与之",对于给予者来说是主动付出,如杜甫《戏简郑广文兼呈苏司业》:"赖有苏司业,时时乞酒钱。"普通话主动付出的用法被别的结构取代,"乞"没有"与之"的意义和用法。《辞海》还有两个读音和相应的意义,《现代汉语词典》只有 qǐ 一个读音和相应的意义。

在普通话里,如果一个字不同的读音已不能区别不同的语法

---

① 关于"叶韵"问题,参见陈会兵《古书中词语的特殊读音研究》(巴蜀书社,2008 年 5 月)第八章"古诗词、古韵文押韵读音研究",页 214—234。

作用,那么,我们就应该保留通行的读音,而淘汰其他的读音。张中行《文言津逮》:"凡是照字面读而不影响意义的表达和理解的,就放弃另读。"如果为了照顾阅读古籍的要求,那么就应该对类似情况做出相应处理。如:

坏(壞)

《群经音辨》归纳《释文》"坏"的用法差异:"毁之曰坏,音怪,《书序》鲁共王坏孔子旧宅;自毁曰坏,户怪切,《春秋传》鲁大室坏。"

"坏"用作主动、及物动词"毁之","音怪";用作被动"自毁",音"户怪切"。通过声母"见母"和"晓母"来予以区别,现代汉语"照字面读而不影响意义的表达和理解",读音不再区别。《辞海》和《现代汉语词典》都没有"音怪"这个读音。

四、文字原因引起的特殊读音规范

繁简字、异体字、古今字是汉字字形在演变过程中逐渐形成的,这些字体的歧异在形成之初,还只是一个文字问题,亦即一词多形,其读音和意义应该没有什么不同。但是随着语言的发展,繁简字、异体字、古今字可能出现意义和读音的分化。一个字形逐渐成为一种读音或意义的形体符号,另一个字形成为另一种读音或意义的形体符号,形成前面所说的部分异体字。由此,一词多形而演变为几个词。

繁简字、古今字、异体字的概念必须有时间观念,区别对待。在刚出现的时候,它们并不表示新的意义和用法,也没有不同的读音,这时候这些关系就仅仅是一个字形问题。以后不同字形分别表示语言中的不同词语,有的又发展出新的读音,这时候新的字形与原字形之间的关系就不仅仅是文字问题了,而是牵涉到了语音问题。

　　繁简字是在文字的使用过程中，主要是追求简省而出现的一字两体或多体的现象。繁简字在出现之初，繁体字与简体字之间读音、意义没有不同，仅仅是字形繁、简的差异，后来读音和意义分化，就产生了异读。

　　广义的异体字包括古今字、繁简字，还包括汉字许多其他复杂情况。汉字假借常常与异体字混杂在一起，古书中的"破读"问题也跟异体字纠缠不清。

　　同一组字之间的关系，在古书注解和字典词典里，人们的理解不一致，可能导致认识的混乱。如"辟"，在王力先生主编的《古代汉语》里把"辟"与"避、僻、闢、譬"认定为古今字。但是在《辞海》里，把"闢"视为"辟"的繁体字，读作 pì；把"僻"注解为"辟"的通假字，"辟"还通"擗""譬""霹"，也读作 pì；"辟"又通"壁""避""躃""襞""睥"，读作 bì；另外，"辟历"注解为同"霹雳"，"辟世"同"避世"，"辟回"同"僻违"，"辟讳"同"僻违"，"辟积"同"襞积"，"辟睨"同"睥睨"，"辟踊"同"擗踊"。

　　"同"与"通"常用作表示两字的关系，"同"表示异体字，"通"表示假借字。在《辞海》中，"辟"既通"擗"又同"擗"，既通"僻"又同"僻"，既通"避"又同"避"，既通"擗"又同"擗"，既通"睥"又同"睥"，既通"襞"又同"襞"，等等，表现出对这些字关系认识的混乱。

　　再如"弟"，王力先生主编的《古代汉语》认为"弟"与"悌"是一组古今字。《辞海》注音为 tì，同"悌"，则认为是异体字。

　　要深入了解异体字的读音问题，很有必要分清异体字与假借字、古今字之间的区别与联系。文字问题，我们应该立足于一个字的形、音、义、用四个方面来观察，尽可能避免出现既是这样又是那样的情况。

　　我们认为，如果两个字在字形上，后起字是在原来的字的基础上增加形符或其他符号，在意义上只是分担原来的字的一部分音义。在使用中，后起字只能替代原来的字的部分用法，具有这种关系的字是古今字。

　　如果两个字在字形上有一定的联系，即有相同的部分也有不同的部分，在意义上与原来的字完全相同，在使用中后起字与原来的字完全相同，具有这种关系的字是异体字。

　　如果两个字在字形上没有联系，在意义上与原来的字没有任何关系，只有读音相同或相近，在使用中只是临时替代，具有这种关系的字是假借字。

　　古今字、异体字、繁简字、通假字在形音义用四个方面的差异，可以用下表表示：

	字形	字音	字义	用法
古今字	今字在古字基础上增加或改换形符	相同相近	古字包含今字，古字表示今义，今字表示古字的一部分意义	今字承担古字的部分音义和用法
异体字	不同（可以有相同的部件，但没有包含关系）	相同	相同	相同
繁简字	情况复杂	相同（来源不同可能读音不同）	相同（来源不同可能意义不同）	相同（来源不同可能用法不同）
通假字	不同	相同（相近也可视为相同）	不同	临时借用

如前面所说,异体字是一个字(词)用不同的字形表示,读音、意义和用法完全相同而字形不同的字。这样的狭义的异体字在汉字中是为数不多的,多数是音、义、用只有部分重合的部分异体字。在这个意义上说,古今字、假借字也应该是异体字的一个部分,或者说属于广义的异体字。

《经典释文》中由于文字原因产生的特殊读音主要包括古今字、异体字、繁简字、通假字、讹误字等。语言文字规范应该根据不同情况进行处理,讹误字由于是书写错误的字,找出相应的正确的字就解决了问题,我们不详细讨论。

1.找出古今字音义之间的对应关系

汉字在使用过程中,由于假借、引申等原因,字所表示的词义、用法越来越多,后世为了分别这些词义和用法,另外再造新的字形,在后世看来,这些字就是古今字,在没有造出这些新字以前,则一个字表示了几个词,是一字多词的同形字。

古今字是由于古字比较少,意义、用法发展以后,仍用原来的字形表示;有些在字音上给予了区别,以后为一些音义造字,这些后起字与原来的字之间就形成古今字。如"亨"在《释文》中可以用作现代的三个音义:亨、享、烹,但是往往只写作"亨",这样就导致一个字有三个读音以及相应的三个意义。如:

《周易音义》:"元亨,许庚反,卦德也,训通,余仿此。"

"亨"字作"通"解,读为"许庚反"。但是这个字又发展出"享"的音义,《释文》及以前的文献没有在字形上予以区别。如:

《周易音义》:"亨祀,许两反,注同。"

"亨"的音义为"享",但是字还是写作"亨",同时,不同注家对它的音义也理解不同,一些人读为"许庚反",理解为"通也",另一些人读为"许两反",理解为"祭也、献也"。如:

《周易音义》：“亨则，许庚反，郑许两反，徐音向，同。”

《周易音义》：“用亨，许庚反，通也，下同，众家并香两反，京云献也，干云，亨，宴也，姚云，亨，祀也。”

《周易音义》：“用亨，许庚反，通也，陆许两反，云祭也。”

《周易音义》：“用亨，许庚反，通也，马、郑、陆、王肃许两反，马云祭也，郑云献也。”

读为“许两反”，写作“享”，理解为“祭也、献也”的音义，在《经典释文》中也大量存在，如：

《周易音义》：“以享，香两反，注享上帝。”

《诗经音义》：“孝享，许丈反，献也。”

《礼记音义》：“曰享，许两反，献也，旧许亮反，后皆仿此，不复重出。”

《礼记音义》：“享，许两反，本又作飨。”

《春秋左氏传音义》：“享飨，并许丈反，郑、服皆以享为献耳。”

但是，“享”与“亨”也常常纠缠不清，如：

《周易音义》：“用享，香两反，下同，蜀才许庚反。”

《周易音义》：“用享，香两反，注同，王廙许庚反。”

“亨”还可以用作“烹”：

《周易音义》：“以木巽火亨，本又作亯，同，普庚反，煮也，下及注圣人亨、大亨、亨饪、亨者并同。”

《诗经音义》：“亨鱼，普庚反，注同，煮也。”

《礼记音义》：“亨，普伻反，煮也，下合亨同。”

“亨”用作“享”和“烹”也常常混用，不同注家对读音和意义的认识往往不一致：

《尚书音义》：“亨也，本又作烹，同，普更反，煮也。”

《春秋左氏传音义》：“犹与宾客享之，许丈反，又普庚反。”

《老子音义》："如（通志堂本作若）享（通志堂本作亨），普庚反，杀煮也，简文许庚反，河上公作缹用也。"

意义为"煮"的"亨"也写作"烹"，如：

《礼记音义》："能烹，普彭反，煮也。"

《春秋左氏传音义》："将烹，普庚反。"

《老子音义》："烹，普庚反，不当加火。"

《庄子音义》："烹之，普彭反，煮也。"

"亨"以及与之相关的今字"享"和"烹"在《经典释文》中表现出交混使用的情况，这是《释文》集合汉魏以来至于唐朝众家音义的结果，体现了这个音义与字形的发展。《释文》将上千年来文字音义的使用情况压缩在一个平面上，导致形音义的纠缠，形成特殊读音。

象"亨"这类有古今字的特殊读音，后世文字分化，其音义跟随分化，往往一个字表示相应的音义，也就分化了特殊读音。

《经典释文》中有许多特殊读音是由于古今字关系而形成的又音，今字出现后，它已经承担了古字的一部分词义，同时也分担了古字的某个或某些读音。在这种情况下，现代汉语在规范读音时，也应该淘汰与今字相同的那个读音，或者在注音时予以说明。如：

见

《周易音义》："见龙，贤遍反，示也，注及下见龙皆同。"

《周易音义》："利见，如字，下皆同。"

《诗经音义》："不见，贤遍反，又如字。"

《诗经音义》："见貌，贤遍反，谓树根露见，王如字，言可见。"

《仪礼音义》："愿见，贤遍反，凡卑于尊曰见，敌而曰见，谦敬之辞也，下以意求之，他皆仿此。"

《礼记音义》："非见，贤遍反，下大夫见士、见下、注拜见同。"

《礼记音义》："而见，贤遍反，下文注除相见皆同。"

《礼记音义》："实见，音间厕之间，棺衣也，注同。"

《礼记音义》："见之，如字，又贤遍反。"

《庄子音义》："庄子见，贤遍反，亦如字。"

《经典释文》给"见"的注音释义可以归纳为两个，一是"如字"，根据《群经音辨》："见，视也，古甸切。"可以确定"如字"音义；二是"贤遍反"，其意义比较复杂，可以表示"示也""露见""凡卑于尊曰见"等意义，除其中表示"出现、显现"等意义用"现"表示意外，其他意义在现代汉语里仍然读为"见 jiàn"，由于"现"是"见"的引申义，在《释文》中，"如字"和"贤遍反"常常互为"又音"；三是"音间厕之间"，意义为"棺衣"，根据《群经音辨》："见，棺衣也，古苋切，《礼》实见闻（闻为间字之误）而后折入。"可以确定这个意义的读音，这个音义在现代汉语普通话里没有继承。

《广韵·霰韵》："古电切，视也；胡电切，露也。""见"与"现"在"显露"这一意义上是一对古今字。"现"字出现后，分担了见的"胡电切"和"露也"的音义，因此，在现代汉语里我们规范"见"的读音时，只保留 jiàn 一音即可，应淘汰 xiàn 这一读音。

卒

《尚书音义》："士卒，子忽反。"

《诗经音义》："仓卒，寸忽反。"

《诗经音义》："卒，子恤反，终也。"

《左传音义》："之卒，依注音倅，七对反，又苍忽反，副也。"

《尔雅音义》："卒，子恤反，字或作猝。"

《经典释文》中，"卒"的音义主要有三个："子忽反"意义为士卒；"寸忽反"意义为仓卒，这个音义今写作"猝"；"子恤反"意义为

"终"，这个音义在文献中有的写作"猝"，现代汉语普通话这个音义保存着，字写作"卒"。

《广韵·没韵》："仓没切，急也；臧没切，隶人给事者。"两个意义原本通过声母"清浊"区别，"仓没切"为"清"母，"臧没切"为"从"母。

"卒"与"猝"在"急"的意义上是一对古今字，"猝"出现后，便分担了卒的"仓没切、急也"的音和义。

表示"终"的"子恤反"原本与"子忽反"不同音，"子恤反"为入声术韵，"子忽反"为入声没韵。后世语音发展，两韵合流，两个反切都读为 zú，表示"终"的今字"猝"没有得以通行，"卒"成为一字多词的同形字。

现代汉语在规范"卒"的读音时，就应该只保留 zú 一音，而淘汰 cù 一音。

《现代汉语词典》仍然保留了见、卒等字的 xiàn 和 cù 音，也做了相应的说明。古今不能完全割裂，我们认为，这是比较可行的办法。

一个字意义和用法发展了，在语音上也有区别，但是没有为这些新的和旧的音义造字，这样就形成多音多义字，如：《群经音辨》归纳《经典释文》"差"字的音义共计 6 个：

《群经音辨》："差，择也，尺佳切，《诗》谷旦于差；

差，贰也，斥如切，又初佳切；

差，等也，楚介切；

差，渐也，七何切，《礼》御者差沐于堂上；

参差，不齐也，尺脂切，又初佳切；

差，愈也，音瘥，《诗》谷旦于差。"

其中，前 5 个音义在后世没有造今字予以分化，这样一来，

"差"就存在着 5 个音义，为第 6 个音义造今字"嗟"，分化了一个特殊读音。

文字分化，同时也就分化了相应的特殊读音，如"辟"：

（1）分化为"避"

《礼记音义》："辟天子，音避，本又作避，下同。"

《左传音义》："辟于，音避，本亦作避，一音婢亦反。"

《诗经音义》："辟嫌，音避，本亦作避，下同，余皆仿此。"

《礼记音义》："不辟，音避，本亦作避，下注同。"

《尚书音义》："辟险，音避，本亦作避，后章同。"

《诗经音义》："无辟，音避，本亦作避。"

《诗经音义》："辟恶，音避，本亦作避，后仿此。"

《仪礼音义》："辟钘，音避，下亦辟、辟併、辟主同。"

（2）分化为"壁"

《尚书音义》："辟，扶亦反，治也，《说文》作壁，云必亦反，法也，马、郑音避，谓避居东都。"

《左传音义》："辟，音壁，本亦作壁。"

《礼记音义》："军辟，本又作壁，布狄反。"

《尔雅音义》："辟，本又作壁，布觅反，今按，此星有人居之角象，宜为壁。"

（3）分化为"僻"

《诗经音义》："多辟，匹亦反，邪也，本又作僻，注同。"

《左传音义》："多辟，本又作僻，匹亦反，注同，邪也。"

《礼记音义》："非辟，本又作僻，匹亦反，又婢亦反，徐芳益反。"

《左传音义》："传七年辟陋，匹亦反，本又作僻，同。"

《礼记音义》："辟，匹亦反，侧也，徐芳益反，沈扶赤反，注同。"

（4）分化为"闢"

《诗经音义》："辟国，音闢，开也。"

《春秋穀梁音义》："辟门，婢亦反，开也。"

《庄子音义》："四辟，婢亦反，本又作闢。"

《礼记音义》："辟于，婢亦反，开也，徐芳益反。"

（5）分化为"譬"

《周礼音义》："辟于，音譬，本亦作譬，下皆同。"

《周礼音义》："辟如，音譬，下注变辟同，或房赤反。"

《左传音义》："今辟，音譬，本多即作譬字，后仿此。"

《礼记音义》："而辟，音譬，下及注同，谓譬喻也。"

《尔雅音义》："辟况，本亦作譬，同。"

（6）分化为"擗"

《尔雅音义》："辟，婢亦反，字宜作擗，《诗》云寤擗有摽。"

（7）分化为"擘"

《诗经音义》："寤辟，本又作擘，避亦反，拊心也。"

上述由"辟"分化而来的七个字形，都表示"辟"的引申义或者是跟"辟"同音的词。在陆德明的时代这些字都可以写成"辟"，因而"辟"就可以表示这七个字的音义，后世分化（或者以前分化，但是人们一般不使用）的字就分担了其中一部分音义。我们阅读这些文献，在理解这些"辟"的时候就应该按照后期的字形对应相应的音义，这样就可以消除特殊读音的影响。

（8）假借为"弭"

《礼记音义》："辟，依注作弭，亡婢反。""辟"假借为"弭"，陆德明的注"亡婢反"是为"弭"这个本字注音，而不是说"辟"有"亡婢反"这个读音，《群经音辨》："辟，止也，音弭，《礼》有由辟焉。"把"亡婢反"注为"辟"的一个音义，这是错误的。

(9)"辟"的一些音义在后世不再使用,这些不同的读音在普通话里就没有必要再予以区分。如:

《尚书音义》:"大辟,婢亦反,死刑也。"

《诗经音义》:"百辟,音壁,注同,君也。"

《诗经音义》:"辟王,音壁,君也,注及下同。"

《诗经音义》:"维辟,音璧,君也,注及下皆同,又音婢亦反,法也。"

《诗经音义》:"立辟,婢亦反,法也,注同。"

《礼记音义》:"皇辟,婢亦反,法也,徐扶亦反。"

《左传音义》:"辟杀,婢亦反,罪也,注同。"

《左转音义》:"辟,步历反,注同,亲身棺也,《礼》大夫无辟。"

2.分析异体字、同形字在哪些音义条件下通用

异体字最初是人们为语言中的同一个词造的几个形体不同的字,这些字意义完全相同,开始可以互相替换。

如"咳(欬)"与"孩",《说文》:"咳,小儿笑也。从口亥声。孩,古文咳,从子。"《老子》:"若婴儿之未咳。"《孟子·尽心上》:"孩提之童。""咳"与"孩"意义都是"小儿笑",《广韵》只有一个读音,"平声哈韵匣母":"户来切。""咳"与"孩"是异体字,在上文中可以互相换用。《经典释文》有如下注音释义:

《诗经音义》:"嘻咳,开爱反。"

《礼记音义》:"咳,苦爱反。"

《礼记音义》:"咳,苦大反。"

《老子音义》:"咳,胡来反,《说文》字本或作孩。"

《老子音义》:"咳,胡来反,本或作孩。"

《庄子音义》:"咳,苦代反。"

《尚书音义》:"孩,亥才反。"

《诗经音义》:"而孩,本作咳,户才反,许慎云小儿笑也。"

《礼记音义》:"孩虫,户哀反。"

《礼记音义》:"孩而,字又作咳,户才反。"

《庄子音义》:"孩,亥才反,《说文》云笑也。"

"咳"有"开爱反、苦爱反、苦大反、胡来反、苦代反"等反切,其中"开爱反、苦爱反、苦大反、苦代反"读音相同,折合到现代汉语读为 ké(旧读 kài,《现代汉语词典》不注此音),意义为"咳嗽"。如《诗经音义》:"嚏咳",《礼记·内则》:"升降出入揖游,不敢哕噫、嚏咳。"引申为"谈吐、议论",如《庄子·徐无鬼》:"昆弟亲戚之謦咳其侧者",《庄子·渔父》:"幸闻咳唾之音以卒相丘也";"胡来反"折合到现代汉语读为为 hái,意义为"笑",如《老子》:"如婴儿之未孩……圣人皆孩之。"

"孩"有"亥才反、户才反、户哀反"等反切,这些反切读音相同,折合到普通话读为 hái。《礼记·月令》:"毋杀孩虫、胎、夭、飞鸟。"郑玄注:"为伤萌幼之类。""孩虫"即"幼兽"。意义为"笑",《礼记·内则》:"父执子之右手,咳而名之。"与"咳"读为 hái 音义相同。

《广韵·平声哈韵》:"孩,始生小儿。咳,小儿笑貌。"读音都为"户来切"。

杜甫《从人觅小胡孙许寄》:"人说南州路,山猿树树悬。举家闻若咳,为寄小如拳。"仇兆鳌注:"《山谷别集》:'禹属猿猴,喜怒、饮食常作咳。'今按:咳,丘盖切……欬声也。"与"欬"是异体字关系,也不能再写作"孩"。《经典释文》给"欬"的全部注音如下:

《周礼音义》:"欬也,苦代反。"

《礼记音义》:"广欬,开代反。"

《礼记音义》:"风欬,苦代反。"

《左传音义》："而欬，苦代反。"

《庄子音义》："欬，苦爱反，一音器，李云，謦欬，喻言笑也，但呼闻所好犹大悦，况骨肉之情欢之至也。"

"欬"分担"孩"字表示"咳嗽、交谈"等音义，不能写作"孩"。

"咳"在近代还用作句末语气词。金董解元《西厢记诸宫调》卷五："忽听得桄门儿哑地开，急把眼儿揪，见红娘敛袂，传示解元咳！""咳"在近代也用作叹词，明汤显祖《牡丹亭·写真》："画的来可爱人也。咳，情知画到中间好，再有似生成别样娇。""咳"作语气词和叹词的时候读为 hāi，《康熙字典·丑上》："咳，《集韵》《正韵》'何开切'。"这样，一个词的两个异体字就分化为两个字表示三个词，意义不同导致字形分化，在语音上也需要区别。"孩童"的"孩"今读作 hái，"咳嗽"的"咳"今读作 ké，作语气词、叹词读为 hāi。在阅读古书的时候要根据上下文才能确定字所代表的词，然后才能确定读音、确定意义，形成一字多音的情况。

发展到现代汉语，这两个字后来产生分化，"孩"由"小儿笑"引申为"小孩"，引申义就不能再写作"咳"、读为 hái 了。"咳"分化为表示与"口"有关的"咳嗽、谈吐、议论"等意，读作 ké，也不能写作"孩"、读为 hái。"欬"作为"咳"的异体字，被统一写作"咳"。

异体字有很大一部分实质上也是古今字的不同，汉字的各种不同意义、用法总不过在音、形、义、用几个方面进行区别。古今字从字形上区别，在形成之初，其读音和意义是没有差别的。如《说文》："左，手相左助也。"徐铉曰："今俗别作佐。"《说文》："雅，楚鸟也。"徐铉曰："今俗别作鸦。"后来在发展过程中，逐渐分化，古字代表一个词，今字代表另一个词（两个或几个词在意义上有联系）。由于意义起了变化，为了便于区别，读音也会相应分化，这样就造成了古今字在音、形、义等方面的差别，从而产生用法的不同,丰富了语言和文字。因此古今字大多数都有读音上的差异,如"雅"与"鸦","左"与"佐","大"与"太"。另有一些区别字意义上没有区别,字形有异,而读音无别。如取在"取妻"的意义上与"娶"是异体字的关系,读音相同。

《礼记·曲礼中》:"君天下曰天子,朝诸侯,分职,授政,任功。曰:予一人。"郑玄注:"余、予古今字。"在第一人称代词的意义上是古今字,而"予"发展出(或者假借表示)"给予"的意义,则与"余"不同,这个意义的"予"是新词,古今字读音相同。

《礼记·礼运》:"故圣人耐以天下为一家,以中国为一人者,非意之也。"郑玄注:"耐,古能字。传书世异,古字时有存者。"耐,泥母代韵;能,泥母登韵;两字读音之间存在阴阳对转关系。

古读、今读有些还是一致的,如上与尚,有些则因语音的变化产生了分化,造成古今字读音不同,如大、太,其、箕。语言中不同的词总是因为音、义的不同,在口语中如果不区别读音,就不能起到区别意义的作用。

清王筠《说文例释·一字数音》页71:"从隋……崮、开、万之字,其音读各异,说者每迁就其词以解之,然无疑也。盖同此一物一事,而谓之者不同,因各制一字者,如火、烌之类是也。同此一物一事,谓之者虽不同,而其字初无不同者……《说文》具有明证,兹备录之。其音大异者正例也,其音或叠韵或本通转者,亦并辑焉……综以上诸字而观之,其音判然,不得强命为通转者,可以不必从为之辞矣。取而譬之:(《说文》)鼎下云:古文以贞为鼎,籀文以鼎为贞。而字之义判然而可以通用,又何疑于音之判然乎?又有古本一音,今则变音,而从之之字各用一音者。乃古读如仍,而芿……仍、扔,皆如古音,惟鼐独异,《集韵》则云'宁邓切'也,余音古今不异,而斜、赊今别为音,乃至荼别为茶,则一人之形影,分道

扬镳也。虽然，燹从豩声，爩仍从燹声，此固可通。斳从窊声，鬭
又从斳声，此不可通。而许说固如此也，是以严铁桥《说文声类》
作图以明之，而学者多不谓然，则请与之读《广韵》，其偏旁与部头
不同部者甚多，盖自古而然，不尽后人杜撰，则《说文》一字数音
者，或古音本可通转，亦未可知也。"

异体字分化以后，就有了相应的形、音、义，一般不会产生异
读，而是分化了异读。但是在这个异体字还没有创造的时候，其
母体（即古字）实质上包含着后世两个或两个以上的字。后世的
几个字之间可能出现读音和意义的分化，这样，在阅读古籍的时
候，就不能不了解这样的字的读音问题。

汉字在造字用字的过程中，与异体字情况相反的还有所谓同
形字，同形字是指不同的字（词）用同一个字形表示。由于一个字
形表示不同的音义，这样就造成特殊读音。

随着字形的演变，原来表示几个不同词语的几个字在字形变
化以后成为同形字。同形字与异体字正好相反：异体字字形虽然
不同，实际上只起一个字的作用；同形字虽然字形相同，却起到几
个字的作用。

如敺，《说文》："驱，马驰也。敺，古文驱。"《孟子·离娄上》：
"故为渊敺鱼者，獭也；为丛敺爵者，鹯也。"《周易音义》："三驱，匡
愚反，徐云郑作敺，马云三驱者，一曰乾豆，二曰宾客，三曰君庖。"
《诗经音义》："先敺，起俱反，又作驱，同。"《礼记音义》："敺疫，字
又作驱，同，起居反。""敺"与"驱"在许慎的时代就是异体字，现在
只用"驱"而废弃"敺"。

雕，本是一种飞禽，《经典释文》用"鵰（雕）"指称"鸣鸠"，《诗
经音义》："鵰，陟交反，何音彫，《字林》作鸼，云骨鸼，小种鸠也，草
本疏云鸣鸠，班鸠也。"《庄子音义》："学鸠，如字，一音於角反，本

又作鸢,音同,本或作鹥,音预,崔云学读为滑,滑鸠,一名滑雕,司马云学鸠,小鸠也,李云鹘鹏也,《毛诗〈草木疏〉》云,鹘鸠,班鸠也。简文云,《月令》云鸣鸠拂其羽是也。"

《本草纲目·禽四·雕》:"鹏似鹰而大,尾长翅短,土黄色,鸷悍多力,盘旋空中,无细不睹。"在这里,"雕"与"鹏"是狭义异体字,与《释文》所指不同。

引申为"凶猛",如"雕捍",《史记·货殖列传》:"上谷至辽东,地踔远,人民希,数被寇,大与赵代俗相类,而民雕捍少虑。"司马贞索隐:"人雕悍,言如雕性之捷捍也。"比喻像雕一样迅猛强悍。

"雕"又假借为"治玉",与"彫"为异体字。《书·顾命》:"雕玉仍几。"孔传:"雕,刻镂。"在假借义基础上引申,泛指雕刻、雕琢。

《诗经音义》:"追,对回反,雕也,毛云金曰雕,郑云亦治玉也,注同。"

《周礼音义》:"追师,丁回反,治玉石之名,一曰雕。"

《周礼音义》:"雕人,音彫,本亦作彫。"

《周礼音义》:"雕琢,丁角反。"

《礼记音义》:"雕,本又作彫,同,彫,刻镂也。"

《礼记音义》:"彫,多调反,又作雕。"

《礼记音义》:"彫,本亦作雕。"

《礼记音义》:"雕,本亦作彫。"

《左传音义》:"彫墙,本亦作雕,下在良反。"

《春秋公羊音义》:"雕弓,丁辽反。"

《论语音义》:"雕,徐音彫,本亦作彫。"

《礼记·少仪》:"国家靡敝,则车不雕几,甲不组縢。"郑玄注:"雕,画也。"《论语·公冶长》:"朽木不可雕也。"何晏集解引包咸曰:"雕,雕琢刻画。"再引申为"剔去",鲁迅《书信集·致黎烈文》:

"但文中似亦雕去不少,以至短如胡羊尾巴。"

"彫"又假借为"凋",凋零、凋谢,《论语音义》:"彫,丁条反,本或作凋,同。"《论语音义》:"后彫,丁条反,依字当作凋。"

"雕"又假借为"碉",石室,《后汉书·西南夷传》:"高者至十余丈,为邛笼。"唐李贤注:"按今彼土夷人呼为'雕'也。"清王鸣盛《十七史商榷·后汉书十》:"今四川徼外,大金川、小金川诸土司有'碉房'。'碉'字,字书不见,殆李贤所谓雕矣。"

再假借为"叼",用嘴夹住,《西游记》第七十二回:"只变做一个饿老鹰,雕了他的衣服。"

上引"雕"的假借或被假借字"琱""彫""凋""碉""叼"在今天看来都是"雕"的异体字,而这些字没有创造的时候,"雕"所表示的"琱""彫""凋""碉""叼"等等词语就是六词同形。

由此看来,同形字、异体字可以看作一个词在造新字前后产生的两种不同情况,没有另造新字,一字表示几个没有引申关系的、不同的词,是多词同形,是多字同形,这是同形字;为这个词的其他意义另造新字,这些新字又成为与原字有异体字关系的异体字。

上举"雕""彫""凋""碉""叼"这组异体字(或者说字形没有分化时候的同形字)没有产生读音分化,主要是字形在形符上有所改变,以便更好地显示该字所表示词的意义范围。

同形字分化为异体字,以后各自承担不同的音义,表示不同的词语。更多的则是既改变了字形又改变了读音。

"嘿"与"默"原本是一组异体字:

《周易音义》:"或默,亡北反,字或作嘿。"

《诗经音义》:"默存,本亦作嘿,亡北反。"

《左传音义》:"静默,亡北反,本或作嘿,同。"

《左传音义》:"能默,本亦作嘿,亡北反。"

《论语音义》:"嘿而,俗作嘿,亡北反。"

《广韵》:"《说文》曰'犬暂出逐人也。'又静也,或作嘿。"《韩非子·六反》:"人皆寐,则盲者不知;皆嘿,则暗者不知。"陈奇猷集释:"嘿,同'默'。"《玉篇》:"嘿,与默同。"《史记·刺客列传》:"荆轲嘿而逃去。"

现代汉语,"嘿"用作叹词和象声词,读作 hēi,"默"读 mò,在今天是两个字两个词,在古代是一个字两个词,站在今天的立场上看古书,"嘿"也是异读字。

一个字在后世分化出来的异体字,有些读音还是相同的。在阅读古书的时候,这个字所表示的后世的分化字都读一个读音,这类字没有特殊读音问题,如上举"雕"与"琱""彫""凋""碉""刁",都读为 diāo。但是,更多的是异体字由于分担了原来一个字的不同意义和用法而产生了读音的分化。如"嘿"在古籍中读mò,在现代汉语里读 hēi,"体"在古籍里读 bèn,在现代汉语里读tǐ,等等。一个字在意义、形体分化以后读音分化还是不分化,没有规律可寻,如何正确读出这些读音是我们阅读古籍的一个难题。

同形字的读音也跟几个异体字之间的读音一样,有些同形字表示语言中的几个词,这几个词的读音是相同的,没有异读。如"花"在表示花朵或像花朵的东西的时候读 huā,在表示花费、花销意义的时候,仍然读 huā。这两个花所表示的显然是两个词,既是同形词又是同音词,词义之间没有引申关系。有些同形字读音不同,"别"表示"禁止",读为 bié;表示"分别",也读为 bié;表示"区分、差别",仍然读为 bié;表示"别住、别针",还是读为 bié;表示"别扭",读为 biè。跟异体字一样,多词一字在后世字形和读音分化与否,也没有规律可循。

　　3.找出繁简字对应的音义

　　文字简化过程中,原本为两个不同的词、不同的字简化为一个字,这样也造成新的特殊读音。

　　汉字历史上有一些原来是两个(或几个)词几个字的,后来简化为一个字,形成一字多词,出现异读。

　　如"發",《说文》:"發,射發也。方伐切。"今读 fā。《说文》:"髪,根也。方伐切。"今读 fà。前者动词,后者名词。在《经典释文》里,"發"和"髪"音义都是单一的,由于不涉及特殊读音,因而基本不用注音释义,现代汉字将两字简化为"发",包含两个词,两个音义,造成了新的特殊读音。

　　"乾、輆、幹、干"也原本各有词义和读音,在《经典释文》里,这些字常常混用:

　　《周易音义》:"乾,竭然反,依字作乾……《说卦》云,乾,健也,此八纯卦,象天。"

　　《周易音义》:"乾卦,古丹反,郑云乾当为幹,阳在外能幹正也,董作幹。"

　　《周易音义》:"乾乾,其连反。"

　　《诗经音义》:"乾餱,音侯,食也,《尔雅》云饔、餱,食也。"

　　《周礼音义》:"糗幹,音乾,又作乾,析輆同。"

　　《礼记音义》:"肉乾,音干。"

　　《尚书音义》:"輆,本又作幹,故旦反。"

　　《左传音义》:"板幹,古旦反,本亦作輆,桢也。"

　　《尔雅音义》:"輆,本又作幹,胡旦反,又作翰。"

　　《周礼音义》:"箭幹,如字,沈古旱反。"

　　《周礼音义》:"矢幹,古亘反,或古旱反。"

《礼记音义》："幹事，古半反。"

《庄子音义》："井幹，古旦反，司马云，井栏也。"

《庄子音义》："而干，本或作乾。"

后来简化为"干"（乾作为卦名保持原状），造成"干"一字四词三音的格局。

"体"字，《广韵·去声混韵》："体，蒲本切。粗貌，又劣也。"本读 bèn，即今"笨"字，今读 tǐ。《说文》："笨，竹里也。"《集韵》："笨，竹里，一曰不精也。"已经开始有粗劣义。"体"字在《说文》里还没有出现。表示身体的"体"字繁体写作"體"，读为 tǐ，《说文》："體，总十二属也。"段玉裁注认为是身体的十二个部分。"体"字本义"粗劣"不常用，用表示"竹里"的"笨"字表示，"笨"的本义也不常用。表示身体的"體"字简化为"体"，使"体"获得了"tǐ"的读音，成为常用义，而本义废置不用了。这两个字的形、音、义正好对调了各自的位置。

再如"陆"和"六"，《说文》徐玄注反切为"力竹切"，《广韵·入声屋韵》也注为"力竹切"，《康熙字典》继承《广韵》注"力竹切，音六"，只有一个读音。由于语音演变，"六"作为数目字读为"liù"，而古音"lù"则保留在古地名中，如安徽六安县、江苏六合县；"陆"本义为"高平地"（《说文》），今读"lù"，由于"陆"在现代汉语里又作为数目字"六"的繁体字，因而"陆"也取得了"liù"的读音。

苏培成在《重新审视简化字》（《简化字研究》，商务印书馆，2004）一文提出，将过去简化时，不是一对一的简化，而是一对二，一对三的简化字中只保留一对一的简化字，应该恢复那些一对二，一对三的一个或两个已简化的字。如：对干、乾、幹被简化为"干"字，应恢复"乾、幹"。对發、髪被简化为"发"字，应恢复"髪"字等，这样就可以减少由于文字简化造成的异读或字义的分歧。

上节讨论的通过同音代替的简体字,对于阅读古书来说实际上就是形成了新的同形字,也就是说简体字还原到古书中,就是相应的那个繁体字。

4.找出通假字的本字

通假就是用读音相同或者相近的字通用、借代本字。由于种种原因,书写者没有使用本字,而临时借用了音同或音近的字来替代,有人认为通假字就是古人所写的别字。我们认为,在语言文字规范出现以前,文字使用有很强的随意性,无所谓别字与正字。通假字反映了文字表示语音,再通过语音表达意义的语言文字学基本原理。通假字是在音同音近的条件下的临时借用,主要是一个用字的现象;而异体字则是在文字发展过程中出现的一字多体现象,主要是一个造字的现象(当然,造字与用字之间难以截然分开)。假借字与异体字产生的条件不完全相同,但是假借字与异体字常常是同时产生的,也就是说,在假借别的音同音近的字的同时,就产生了异体字。但是反过来说,在创造异体字的同时,则不一定产生假借字,由此看来异体字与假借字之间是一种包含与被包含的关系。因此,我们可以说,假借字是一种特殊的异体字,其特殊在于假借字与本字之间是由语音联系的,在字形和意义上往往没有联系;而普通的异体字则常常有字形、字音、字义的联系,两个异体字之间多数有相同的部件,如"舍"与"捨"。

陆德明非常重视文字假借,对这一语言文字使用现象,在《经典释文·条例》里对假借产生的原因有十分精到的论述:

"郑康成云:'其始书之也,仓卒无其字,或以音类比方假借为之,趣于近之而已。受之者非一邦之人,人用其乡,同言异字,同字异言,于兹遂生矣。'"

《经典释文》对假借字的处理方法:"书音之用,本示童蒙。前儒或用假借字为音,更令学者疑昧。今余所撰,务从易识。援引众训,读者取其意义,亦不全写旧文。"

如果"用假借字为音",就会"更令学者疑昧",陆德明的处理方法是指出"假借",或者直接注出"本字"读音,如:

《诗经音义》:"能水,奴代反,本又作耐。""能"假借为"耐",陆德明直接注出本字的读音"奴代反"。

《周礼音义》:"鄭白,即今之白醴酒也,宜作醴,作鄭,假借也,在何反。"陆德明指出"鄭宜作醴,作鄭,假借也。""在何反"是给本字"醴"注音,而不是字条"鄭"的读音。

《周礼音义》:"窊,刘古孝反,依字当为窖,作窊,假借也。"指出假借,为本字注音。

《周礼音义》:"至荼,刘、沈音余,李音舒,又音徒,按《尔雅》正月为陬,即《离骚》所云摄提贞于孟陬,皆侧留反,又子侯反,《尔雅》又云十二月为涂,音徒,今注作娵、荼二字,是假借耳,当依《尔雅》读。"指出"娵、荼二字"是假借,找出本字"徒",为本字"徒"注音"音徒"。

《春秋榖梁传音义》:"信夷狄,音申,注除宋以信义一字皆同,音申,或读依字者,非也。""信"借用作"伸",读音为"申",如果"读依字"也就是将"信"读为本字,是错误的。下面两例也是这样。

《左传音义》:"离也,篱也,依字应作篱,今作离,假借也,力知反。"

《春秋榖梁传音义》:"祭伯,侧界反,下同,凡国名、邑名及人名氏皆于始音,后不复出,若假借之字,时复重音,后仿此。"

陆德明对假借字的处理,大致可以归纳为三个步骤:(1)指出假借,(2)找出本字,(3)为本字注音,相应的就按照本字理解。但是这三项并不是机械的,假借字"或经中过多,或寻文易了,则翻音正字以辩借音,各于经内求之,自然可见"。则可能只用其中一个或两个步骤。

有时候陆德明还给本字和假借字同时注音,这是因为"其两音之者,恐人惑故也。"如:

《诗经音义》:"忍,本亦作刃,同,而慎反,依字本傍作刃,今此假借也。沈云系旁作刃,案,系旁刃,音女巾反,《离骚》云纫秋兰以为佩是也。""忍(刃)"读为"而慎反"是假借字的读音,读为"女巾反"是本字"纫"的读音。再如上举"至荼","刘、沈音余,李音舒"都是假借字"婡、荼"的读音,"音徒"是本字"涂"的读音。

总之,"假借之字,兼相去辽远,不容疏略,皆斟酌折衷,务使得宜。"但是,前人在处理假借字的时候,往往出现混淆假借字和本字的情况,如:

《群经音辨》:"归,往也,举韦切;归,馈也,巨位切,《论语》阳货归孔子豚。"其中"归"是假借字,"馈"是本字,"巨位切"是本字"馈"的读音,而不是"归"本身有这个读音。只是"归"临时借用为"馈"的读音,按照陆德明处理假借字的方式,应该指出"归"假借为"馈","馈"的读音为"巨位切"。贾昌朝给"归"注两个读音,是混淆了假借字和本字。

《群经音辨》:"适,之也,施只切;适,正也,丁历切;适,匹也,徒滴切,《礼》大夫计于同国适者;适,过也,张革切,《诗》勿予祸适,又直革切。"

"适"的这四个音义情况比较复杂,如果从假借字和本字的角度看,"适,正也,丁历切"可以视为本字"嫡"的音义;"适,匹也,徒滴切"可以视为本字"敌"的音义;"适,过也,张革切、又直革切"可以视为本字"谪"的音义。如果从古今字的角度看,又可分别视为"嫡、敌、谪"三个今字的音义。古字和今字与假借字和本字之间也有对应关系。

再如《群经音辨》："说，释也，失拙切；说，怡也，音悦；说，舍也，音税；说，解也，吐活切，《易》用说桎梏；说，悦也，如锐切，又如字。""说"的五个音义分别对应本字"说"和假借字或今字"悦、税、脱"，其中"说，悦也，如锐切，又如字"应该是"说，怡也，音悦"的引申音义。

如何处理假借字的形音义？我们认为清儒的见解比较恰当：

朱骏声《说文通训定声·自序》："不知假借者，不可与读古书；不明古音者，不足以识假借。""明古音"是"识假借"的前提条件。找出通假字一定要打破其字形的束缚，"因声求义（字）"。

明确了假借，如何处理呢？找出它的本字本义，不能望文生义而"硬解"。

王引之《经义述闻·自序》："训诂之旨，存乎声音。字之声同声近者，经传往往假借。学者以声求义，破其假借之字而读以本字，则涣然冰释；如其假借之字而强为之解，则诘籍为病矣。"并在《经义述闻·经文假借》指出："改本字读之，则怡然理顺。"这是当前处理假借字的基本原则，跟《经典释文》"翻音正字以辩借音"，如出一辙。

至于假借字的读音，我们认为应该以发本字的音为宜。像古代经师在指出通假字的时候，经常用的一种方法就是"读曰某""读为某"，可见通假字应该读本字的音。

我们以上举《群经音辨》各例来观察《现代汉语词典》对假借字读音的处理情况：

"归"只有一个读音 guī 及其相应的各项意义，没有假借音。

"适"有两个读音 shì、kuò 及其相应的各项意义，其中读 kuò，表示"疾速（多用于人名）"。至于假借字或今字，则按照其本字或今字注音,没有假借音。

"说"的本义是"说释、谈说"(见《说文·言部》),《现代汉语词典》注音为 shuō;另外注音为 shuì,意义为"劝说",应该是引申音义;还有注音为"yuè,同'悦'"。看来是把"说"处理成为"悦"的今字,没有注解假借音。

再看《辞海·语词分册》对这三个假借字读音的处理情况:

"归"有读音 guī 及其相应的各项意义,还有 kuì:①通"馈",②通"愧",有两个通假字。

"適":(一)"适"(shì,通"啻")的繁体字。(二)zhé 通"谪"。(三)dí 通"嫡"。通"敌"。(四)tì 见"適適"。注解了四个假借字及其音义。

"说":(一)shuō。(二)shuì,意义为"劝说"。通"税"。(三)yuè 通"悦"。(四)tuō 通"脱"。注解了三个假借字及其音义。

《现代汉语词典》不注假借字的音义,《辞海·语词分册》注解假借字的音义,体现了两书不同的编写目的。《现代汉语词典》主要为现代汉语普通话服务,并且现代汉字文字规范,不能假借,因而古书中的假借一般不考虑。如"匪夷所思",其中"匪"一般多认为是假借字,但是《现代汉语词典》处理为"匪 fěi〈书〉非"。《辞海·语词分册》兼顾古代文献,因而常用的假借字都注解音义,如"匪 fěi 通'非'"。我们认为这些处理方式是恰当的。不过,两种不同处理方式可能给非专业人士造成混淆,难以取舍。

历史上形成的特殊读音,应该根据历史的不同条件分别给予不同处理。对于今天的现代汉语普通话来说,如果某些特殊读音已经没有了区别意义和语法作用的基本功能,仅仅是一个古音或方音。那么,这些特殊读音就应该像历史上曾经出现过的一些词语和文字一样,是死的形式,是历史的残骸,我们就可以舍弃,不要无谓增加人们学习普通话的负担。但是,如果特殊读音在现代汉语普通话里还有区别意义和语法作用,那么这些特殊读音就还是活的语言手段,在交际中还能发挥积极作用。我们也不能熟视无睹,通通予以取消或混淆,这样同样会增加交际的负担。总之,区别意义和语法作用是我们正确处理特殊读音的总原则。特殊读音的处理必须在充分研究其产生的原因、来源的基础上进行,明确特殊读音的类别以及各自蕴含的语言现象和规律,根据不同情况作出恰当的处理。具体说来特殊读音的处理必须在三个前提下进行:

一是研究古今语音演变规律。

对于《经典释文》的读音,如果直接按照其反切或直音来确定现代汉语的读音,没有结合语音史的发展来折合,这些特殊读音在一些字典、词典、古书注解中的现代读音就存在一些问题。

如《诗经音义·小雅·伐木》:"丁丁,陟耕反,伐木声也。"一些字典辞书(如《辞海》,上海辞书出版社,1977)或古书注解(如《诗经》[英译本],许渊冲英译,湖南出版社,1993)注音为 zhēng。

"丁"是端母青韵平声字,其反切上字"陟"是知母字。依据语音史,我们知道"古无舌上音"声母"知、彻、澄",这三个声母是唐代从"端、透、定"三个舌头音声母分化出来的(见向熹《简明汉语史》,页 145—148,高等教育出版社,1993),在《广韵》三十五声母里也还没有分化。向熹《简明汉语史》(页 148)还特别指出:"在陆德明《经典释文》及玄应《一切经音义》的反切里,舌头音和舌上音都还没有分开。"因而,"丁"和"陟"两个字的声母本身就是一个,用今天的拼音字母表示就是[d]。

"丁"的韵母在《广韵》是平声青韵,其反切下字"耕"在《广韵》

是平声耕韵,都来源于上古耕韵(见向熹《简明汉语史》,页 178,虽然今天我们读"丁"和"耕",韵母是不同的,但是在《经典释文》时期,它们的韵母和声调都是相同的,王力《〈经典释文〉反切考》页 151:"平声庚耕清青混用。"

综上所述,《诗经·伐木》之"丁丁"并不因为是象声词、反切是"陟耕反"就应该读作 zhēng,根据反切,结合语音演变史,"丁"的读音仍然是 dīng。

普通话里,"丁丁"仍然可以作为一个象声词,但是没有人读为 zhēngzhēng,我们应该根据这个实际语音的情况规范为读作 dīngdīng。

这类例子在《经典释文》中比比皆是,如《周易音义·说卦》:"长男,丁丈反,下长女长子皆同。中男,丁仲反,下同。"都是端、知相混,不能因为长的反切是"丁丈反"就给"长"注音为 dàng,中的反切是"丁仲反"就给"中"注音为 dòng。

《经典释文》注音与《广韵》等韵书不同,韵书一般是作为字典,往往给一个字注一个反切,如果是多音字,那么,有几个读音就注几个反切;而《经典释文》是音义书,随文注音,只要反切上下字拼出的读音相同,就可以随意选取。因而一个字在《经典释文》中就可能有很多反切(即多次注音,反切上下字不同),而读音相同。如《诗经音义》:"陔薜,古哀反,字亦作祴,音同,戒也。"《诗经音义》:"鼓陔,改才反。"《仪礼音义》:"南陔,古才反。"《仪礼音义》:"南陔,工才反。"《礼记音义》:"肆夏,依注作陔,古来反,注又作祴,音同。"

《经典释文》给"陔"字所注的反切上下字不同的五个反切,在陆德明当时其读音是完全相同的,但是由于语音的变化,今天我们如果完全按照反切上下字来拼读,还可能读出不同读音来。

二是实际调查语音情况。

普通话语音规范是为现代汉语服务的,因而就应该符合现代汉语的使用情况,如上文所举"驯"字,其读音在韵书、古籍注疏里主要读为平声。但是,在现代汉语里读为去声,有广泛的群众基础,就应该"从众、从俗",确定 xùn 为标准读音,历史读音作为参考,而不必死守古音。

再如"查"一般作为姓的时候读为 zhā,但是现在许多"查"姓人都自称 chá;"车"一般在作为姓的时候读为 jū,现在许多"车"姓人自称为 chē。如果我们能够在比较广泛调查的基础上得到这两个姓现在不再使用特殊读音,在语音规范的时候就不必死守 zhā 和 jū 的读音。

三是要根据不同特殊读音形成的情况予以分别处理。

上文我们根据特殊读音形成的不同原因,分析归纳了处理特殊读音的四个大类,我们提出了一些看法,当然有些问题还有必要进一步研究,以便更好地处理问题。

上述三者缺一不可,其一体现了语言的历史原则,其二体现了语言的通行原则,也就是"约定俗成"原则,其三体现了语言运用的实际情况。

汉语特殊读音是在语言发展过程中出现的"羡余"现象。汉语有羡余,这就为汉语发展新的内容和形式的结合留下了余地。从汉语汉字的发展历史来看,汉字在历史上曾经出现过很多不区别意义和用法的异体字、异读字,按照今天语言规范化的要求,都是应该废弃的。但是,在汉语发展过程中,许多这样的语言"羡余"都发展出了新的意义和用法,成为语言中有益的成分,丰富了语言。

语音是变化发展的,因而对字音的审订工作也不可能是一劳永逸的。或许在某个时期我们确定了某个汉字的规范读音,过了一段时间之后,这个字的读音又发生了变化,人们不再按字典规定的注音来读。这样,我们就要根据实际情况,对这个字的读音重新加以规范。所以,我们要根据语音中出现的新情况,运用语音变化的规律以及相关的规范原则,及时地对又音字的读音进行审订,尽可能免除异读,以规范人们的读音,这是语言工作者一项长期而重要的任务。

语音规范总的来说应该贯彻"从今、从俗、从简"的原则,但是对于每一个需要规范的读音来说则需要具体问题具体分析,不可能定出几条原则,然后按照这几条原则施行。对于古书中出现的特殊读音,在今天语音规范的条件下,应该根据不同的情况,一个一个地进行调查,在此基础上进行规范。

语言是反映社会生活的工具,社会生活极端复杂,作为社会生活反映的语言也必然是极端复杂的。在语言规范过程中,我们呼唤柔性的语言规范。不能因为追求规范、强求一律而扼杀语言的生命力。语言规范针对不同情况、不同条件应该有不同的标准,这样才能造成一个生动活泼、丰富多彩的语言生活,适应人们语言生活的需要。

结　语

　　《经典释文》出现于中国语言学的自觉时期,《经典释文》的特殊读音是汉语语言学重视语音研究,特别是重视通过语音形式表达意义内容的集中体现。

　　《经典释文》的注音情况非常复杂,我们根据不同的成因、来源大致分为五大类型十八个小类。其中实际上与读音无关的"校读文字形体""注音校勘"等情况,由于陆德明是以注音的方式来辨别文字,我们把它们也算作《释文》特殊读音的类别。

　　《经典释文》的特殊读音是语言的意义内容推动语言的形式发展在语音上的重要表现。汉语(包括文字)的语言形式主要有读音、字形、语言结构等。语音是语言形式的一种,跟其他任何语言形式一样,都是适应表达意义和用法的需要而产生,也随着意义用法的消失而消失。

　　中古时期,人们充分运用语言的单音节形式来表达意义内容,而当时汉语的形式主要是以一个音节(书面表现为一个字)为表达意义的主要形式(即平时所称古汉语以单音节词为主)。在音节的层面上要表达新的意义内容,只能在音节内部改变某些成分,因而造成为数众多的特殊读音,这些特殊读音之间的差异表现在声母、韵母、声调等各个要素中。在声母方面,发音部位主要在唇、舌、齿、牙、喉"五音"的范围内产生区别。声母发音方法主要表现在清浊、送气不送气之间的对立，既有差异，但差异又不太远，显示出比较严整的规律性；在韵母方面，特殊读音之间最多的是声调差异（古人心目中韵包含调），即主要元音、介音、韵尾完全相同，只有声调不同，这是传统中把特殊读音归纳为"变调构词、四声别义"的主要原因。对转、旁转、旁对转等现象普遍也存在，很多字的多个读音之间韵母差异还很远，目前还找不出对转、旁转、旁对转等语音转变规律，规律性远远不及声母严整。

通过《释文》特殊读音与一般读音之间的语音关系的分析，我们可以看到，特殊读音来源于一般读音，是在一般读音的基础上略作改动以便表现新的语言文字现象，而不是另造新的形式，符合语言经济性原则。

字形也是汉语以单音节词为主时期的主要的表义形式，文字本身不是语音，但是通过字形表达意义，在文字发展过程中也会涉及语音问题。

在文字的层面上要表达新的意义内容，往往是在原来字形的基础上增加形符，以分化这个字过多的意义和用法，同时也分担了这些意义和用法相当的读音。但是在《经典释文》里，文字似乎还正处于临界的过程之中。如前面分析的"辟"，这个字形包含后世"辟、避、譬、闢、僻、璧、壁、擘、擗"等字的音义，但是在《释文》里常常写作"辟"；也往往予以区别"亨"包含后世的"亨、享、烹"等字，《释文》也多数情况下写作"亨"，这些字有时又分别写作后世的今字，似乎还处于分化与不分化的临界状态。

词义引申（包括词性、用法发展）常常会引起文字形体和读音的改变，在字形和读音方面引起的变化可能有四种情况：

1.读音改变，如"数"，《说文》"计也"，读为 shǔ；引申为"数量、数目"，读为 shù；再引申为"屡次"，读为 shuò；再引申为"细密、稠密",读为 cù。

2.字形改变,如"受"原来表示"授予和接受",后来分化,"受"表示被动接受,"授"表示主动授予。

3.读音字形都改变,如"弟"本义是顺序,《说文·弟部》:"弟,韦束之次弟也。"段玉裁注:"束之不一,则有次弟也。引申之为凡次弟之弟,为兄弟之弟,为岂弟之弟。"这些引申义对应的字形和读音都不改变,再引申为顺从和敬爱兄长,则字形演变为"悌"。如《周易音义》:"巽弟,大计反,本亦作悌。"《诗经音义》:"弟,如字,或音待易反。"《诗经音义》:"弟,如字,本亦作悌,音同,易也,后皆仿此。"《诗经音义》:"岂弟,弟亦作悌,徒礼反,一音待,岂,乐也,弟,易也,后岂弟皆同。"读音改变为 tì。

4.读音字形都不改变,这样的字词就更多,如"字"本义为"生子",引申为"文字",引申为"养育",引申为"婚嫁",引申为"名字"等等,读音字形都不改变。

这四种情况产生的特殊读音也不相同,第2、第4两种情况不会产生特殊读音,第3种情况则因为字形也改变,分化了多音,也不会造成特殊读音。但是在古代文献里,如果写作古字,就可能造成几个读音的情况,只有第1种情况会造成多音多义。

《经典释文》作为唐以前特殊读音的总汇,反映了人们在语言意义内容和形式之间寻求既要区别又要经济的语用诉求。这是人们对语音区别特征的自发探索,为后世人们自觉探索语音区别特征积累了素材和经验,为唐宋等韵图分析汉字的音节结构和音素特点打下了基础。

不管是在语音层面还是文字层面,或者综合运用语音文字的形式差异,都体现了当时的人们在语言内容增加的情况下,希望在语言形式上予以反映的要求。

　　《经典释文》所反映的汉语特殊读音演变的最重要原因,我们认为主要是语言本身的发展。旧的意义和用法消失,相应的形式也会消失,新的意义和用法产生也会带来新的形式。词汇双音化是汉语特殊读音演变的主要动力之一,双音化使原来的单音词成为语素,在特定的上下文里,其意义和用法受到限制,从而得以区别。这样一来,原来读音和字形的区别就显得不再重要,这是中古时期读音分化和字形分化的主要原因。语言的外部因素如语言文字规范以及重要的经籍注疏、字典词典也是特殊读音产生或消失的重要推动力。

　　《经典释文》的特殊读音是普通话语音规范的重要参考。通过《经典释文》我们可以看到汉语特殊读音的成因、来源、流变以及由此而反映的语言发展和运用规律,据此提出处理特殊读音的方法和原则;通过语言文字规范与《经典释文》特殊读音的比较,可以看到语言的发展,并总结经验教训,为学习掌握普通话和更好地运用汉语汉字服务。

　　汉语特殊读音来源、演变是极端复杂的,所体现的语言现象、语言规律和社会生活内容也是非常丰富的。对于这些特殊读音,用几条简单的规范来进行处理显然不是科学的态度,特殊读音的处理需要在全面细致的调查研究的基础上谨慎地进行。以前的语言文字规范在这个问题上是存在一些缺陷的,有简化过于草率的倾向,现在已经显示出不良后果了。我们认为表示不同意义、不同语法作用和文化传承的特殊读音应该予以保留,其他情况的特殊读音则根据不同情况予以规范。语言语音规范需要有适度的柔性,以前简单化处理语言文字规范问题有当时的历史条件和背景,在今天的条件下,完全可以把这项工作做得更细更好。

主要参考文献

一、专著：

1.汉司马迁著,唐张守节正义、司马贞索隐,裴骃集解《史记》[M]扬州,江苏古籍刻印社影印,1990 年 11 月第一版。

2.汉扬雄《方言》[M],北京,中华书局,1993 年 2 月第一版。

3.汉许慎《说文》[M],北京,中华书局,1963 年 12 月第一版。

4.东汉班固著,应劭注《汉书·古今人表》[M],北京,中华书局,1962 年 6 月第一版。

5.东汉班固著,颜师古注《汉书·地理志》[M],北京,中华书局,1962 年 6 月第一版。

6.东汉郑玄注《周礼》《礼记》《仪礼》[M],《十三经注疏》[C],北京,中华书局,1980 年 10 月第一版。

7.东汉高诱注《淮南子》[M],《诸子集成》[C],北京,中华书局,1980 年 10 月第一版。

8.梁顾野王《原本玉篇残卷》[M],北京,中华书局,1985 年 9 月第一版。

9.唐颜师古《匡谬正俗》[M],文渊阁本《四库全书·五经总义类》[A],台北,商务印书馆,1983 年。

10.唐陆德明《经典释文》[M],文渊阁本《四库全书·五经总义类》

[A],台北,商务印书馆,1983 年。

11.宋贾昌朝《群经音辨》,文渊阁本《四库全书·五经总义类》
[A],台北,商务印书馆,1983 年。

12.宋陈彭年等《广韵》[M],上海,上海古籍出版社,1983 年 4 月
第一版。

13.宋丁度等《集韵》[M],上海,上海古籍出版社,1985 年 5 月第
一版。

14.宋岳珂《九经三传沿革例》[M],文渊阁本《四库全书·五经总
义类》,台北,商务印书馆,1983 年。

15.元刘鉴《经史正音切韵指南·经史动静字音》[M],《等韵五种》
[C],台北,艺文印书馆,1989 年。

16.元戴侗《六书故》[M],文渊阁本《四库全书·小学类·六书
故》,台北,商务印书馆,1983 年。

17.明吕维祺《音韵日月灯》,文渊阁本《四库全书·小学类》,台北,
商务印书馆,1983 年。

18.明陈第《毛诗古音考》[M],北京,中华书局,1988 年 8 月第
一版。

19.清张玉书等《康熙字典》[M],北京,中华书局,1958 年 1 月第
一版。

20.清马建忠《马氏文通》[M],北京,商务印书馆,1983 年 9 月第
一版。

21.清顾炎武《音学五书·音论》[M],北京,中华书局,1982 年 6
月第一版。

22.清钱大昕《十驾斋养新录》[M],上海,上海书店 1983 年第
一版。

23.清钱大昕《声类》[M],郭晋稀疏证.上海,上海古籍出版社,

1993 第一版。

24.丁声树《古今字音对照手册》[M],北京,中华书局,1981 年 10 月第一版。

25.方宾观、张元济、臧励龢等《中国人名大辞典》[M],上海,商务印书馆,1921 年 6 月初版。

26.郑奠、麦梅翘《古汉语语法学资料汇编》[M],北京,中华书局,1964 年 3 月第一版。

27.周祖谟《问学集・四声别义释例》[M],北京,中华书局,1966 年 1 月第一版。

28.王力《汉语史稿》[M],北京,商务印书馆,1980 年 6 月新一版。

29.王力《〈经典释文〉反切考》[M],见《王力文集》第十八卷,济南,山东教育出版社,1991 年 3 月第一版。

30.李方桂《上古音研究》[M],北京,商务印书馆,1980 年 7 月第一版。

31.任学良《汉语造词法》[M],北京,中国社会科学出版社,1981 年 2 月第一版。

32.张中行《文言津逮》[M],福州,福建教育出版社,1984 年 6 月第一版。

33.沈兼士《沈兼士学术论文集》[M],北京,中华书局 1986 年 12 月第一版。

34.徐世荣《汉字正音》[M],合肥,安徽教育出版社,1987 年 1 月第一版。

35.徐世荣《普通话异读字审音表释例》[M],北京,语文出版社,1997 年 5 月第一版。

36.刘又辛《通假概说》[M],成都,巴蜀书社,1988 年第一版。

37.裘锡圭《文字学概要》[M],北京,商务印书馆,1988 年 8 月第一版。

38.黄焯《〈经典释文〉汇校》[M]，北京，中华书局，1980 年 8 月第
一版。

39.高亨《古字通假会典》[M]，济南，齐鲁书社，1989 年 7 月第
一版。

40.向熹《简明汉语史》[M]，北京，高等教育出版社，1989 年第
一版。

41.郑权中《通借字萃编》[M]，天津，天津古籍出版社，1990 年 10
月第一版。

42.高名凯《高名凯语言学论文集》[M]，北京，商务印书馆，1990
年第一版。

43.徐通锵《历史语言学》[M]，北京，商务印书馆，1991 年。

44.邵荣芬《〈经典释文〉音系》[M]，台北，学海出版社，1992。

45.《汉语大字典》(缩印本)[M]，武汉，湖北辞书出版社，1992 年 1
月第一版。

46.孙玉文《汉语变调构词研究》[M]，北京，北京大学出版社，2000
年 6 月第一版。

47.唐作藩《汉语史学习与研究》[M]，北京，商务印书馆，2001 年
12 月第一版。

48.徐通锵《汉语研究方法论初探》[M]，北京，商务印书馆 2004 年
11 月第一版。

49.《中华人民共和国国家通用语言文字法》[A]，《语言文字规范》
[C]，重庆，重庆语言文字工作委员会办公室编，2001 年 12 月
(翻印本)。

50.普通话审音委员会《普通话异读词审音表》[A]，《语言文字规
范》[C]，重庆，重庆语言文字工作委员会办公室编，2001 年 12

月(翻印本)。

51.张文国《古汉语的名动词类转变及其发展》[M],北京,中华书局,2005 年 5 月第一版。

52.黄坤尧《〈经典释文〉动词异读新探》[M],台北,学生书局,1992年 7 月第一版。

53.黄坤尧《音义综论》[M],载《音义阐微》[A],上海,上海古籍出版社,1997 年 7 月第一版。

54.李建国《汉语规范史略》[M],北京,语文出版社,2000 年 3 月第一版。

55.孟蓬生《上古汉语同源词语音关系研究》[M],北京,北京师范大学出版社,2001 年 6 月第一版。

56.万献初《〈经典释文〉音切类目研究》[M],北京,商务印书馆,2004 年 10 月第一版。

57.何九盈《中国古代语言学史》[M],北京,北京大学出版社,2006年 6 月第一版。

58.沈建民《〈经典释文〉音切研究》[M],北京,中华书局,2007 年 5月第一版。

59.陈会兵《古书中词语的特殊读音研究》[M],成都,巴蜀书社,2008 年 5 月第一版。

60.王月婷《〈经典释文〉异读之音义规律探赜》[M],北京,中华书局,2011 年 12 月第一版。

61.[美]布龙菲尔德《语言论》[M],北京,商务印书馆,1980 年第一版。

62.[美]萨丕尔《语言论》[M],北京,商务印书馆,1980 年第一版。

63.[瑞典]索绪尔《普通语言学教程》[M],北京,商务印书馆,1980年第一版。

二、论文：

1.炳生《对〈普通话异读词审音表初稿〉的几点意见》[J],《中国语文》,1961.5。

2.陈会兵《汉语声母系统的发展轨迹》[J],《学术论坛》,2006.3。

3.陈会兵《汉语字词感染—替换例说》[J],《社会科学家》,2008.3。

4.陈会兵《"声转"理论再探讨》[J],《社会科学家》,2009.1。

5.陈会兵《汉语特殊读音研究的理论与实践（上）》[J],《宁夏大学学报》,2009.2。

6.陈会兵《汉语特殊读音研究的理论与实践（中）》[J],《宁夏大学学报》,2009.3。

7.陈会兵《汉语特殊读音研究的理论与实践（下）》[J],《宁夏大学学报》,2009.5。

8.陈会兵《汉字注音的发展历程》[J],《社会科学家》,2009.8。

9.丁忱《论黄焯先生〈经典释文〉的研究及其成就》[J],《古汉语研究》1996.3。

10.范新干《音切变例说略》[J],《古汉语研究》,1999.3。

11.方明等《对〈普通话异读词审音表初稿和本国地名审音表初稿〉的意见》[J],《中国语文》,1957.12。

12.方孝岳《论〈经典释文〉的音切和版本》[J],《中山大学学报》,1979.3。

13.洪心衡《关于"读破"的问题》[J],《中国语文》,1965.1。

14.华元林《破读小议》[J],《语文函授》,1978.7。

15.黄绮《同词异音》[J],《语文学习》,1954.7。

16.蒋希文《〈经典释文〉音切的性质》[J],《中国语文》1989.3。

17.黎锦熙《诗歌新韵辙的调查研究小结》[J],《中国语文》1966.2。

18. 黎锦熙《诗朗诵和诗歌韵辙》[A]，《光明日报》，1963 年 5 月 9 日。

19. 李荣《语音演变规律的例外》[A]，《音韵存稿》[C]，北京，商务印书馆，1982 年。

20. 李荣《隋代诗文用韵与〈广韵〉又音》[A]，《音韵存稿》[C]，商务印书馆，1982。

21. 梁振仕《关于普通话异读词的审音原则》[J]，《中国语文》，1961.5。

22. 林焘、陆志韦《〈经典释文〉异文之分析》，《燕京学报》第 38 期；又《陆志韦语言学著作集（二）》，中华书局，1999 年。

23. 林焘《陆德明的〈经典释文〉》[J]，《中国语文》1962.3。

24. 刘锴《从"心广体胖"谈起》[J]，《文字改革》1965.12。

25. 刘自齐《人名异读字》[J]，《湖南教育》，1979.7。

26. 刘自齐《姓氏异读字》[J]，《湖南教育》1980.1。

27. 陆志韦《什么叫做"押韵"》[J]，《中国语文》1957.12。

28. 陆志韦《〈说文解字〉读若音订》[A]，《陆志韦语言学著作集》（二），中华书局，1999 年第一版。

29. 吕冀平、陈欣向《古籍中的"破音异读"问题》[J]，《中国语文》，1964.5。

30. 梅祖麟《四声别义中的时间层次》[J]，《中国语文》，1980.6。

31. 潘悟云《谐声现象的重新解释》[J]，《温州师院学报》，1987.4。

32. 潘悟云《上古汉语的韵尾》[J]，《中西学术》，1997.2。

33. 普通话审音委员会《普通话异读词审音表初稿和本国地名审音表初稿》[J]，《中国语文》，1957.5。

34. 普通话审音委员会《普通话异读词审音表初稿》[J]，《文字改革》1962.12。

35.普通话审音委员会《普通话异读词三次审音总表初稿》[J],《中国语文》,1963.1。

36.普通话审音委员会《170个地名的读音》[J],《语文知识》,1958.2。

37.任铭善《"读音"和"语音"》[J],《语文学习》,1956.7。

38.任铭善《〈古籍中的"破音异读"问题〉补义》[J],《中国语文》,1965.1。

39.任英年《文言"旧读"管见》[J],《内蒙古教育》,1980.12。

40.邵荣芬《经典释文〉的重音音切》[J],《中国语文》1989.6。

41.邵荣芬《略说〈经典释文〉音切中的标准音》,《古汉语研究论文集》,北京出版社,1982。

42.沈建民《试论异读——从〈经典释文〉音切看汉字异读》[J],《语言研究》2002.3。

43.时建国《〈经典释文〉直音的性质》[J],《古汉语研究》,2005.1。

44.史有为《从"叶公好龙"谈起》[J],《文字改革》,1965.11。

45.孙绪武《〈广韵〉又音的演变及其规范》[J],《广东职业技术师范学院学报》,2001.1。

46.孙玉文《〈经典释文〉成书年代新考》[J],《中国语文》,1998.4。

47.唐作藩《破读音的处理问题》[J],《辞书研究》,1979.2。

48.唐作藩《破读的性质和作用》[A],《汉语拼音小报》,1980年11—12月期。

49.万献初《"二音、三音"与"二反、三反"》[J],《古汉语研究》,2004.3。

50.万献初《〈经典释文〉音切类目研究的基本结论》[J],《语言研究》,2003.4。

51.王弘治《〈经典释文〉成书年代释疑》[J],《语言研究》,2004.6。

52.王力《现代汉语语音规范问题》[J],《语言学论丛》第三辑。

53.王力《论审音原则》[J],《中国语文》,1965.6。

54.王士元《语言变化的词汇透视》[J],《语言研究》,1982.2。

55.Wang,W.S-Y Competing changes as a cause of residue, Language 45,1969。

56.魏膺高《从教学实践谈破读的问题》[J],《中国语文》,1965.5。

57.谢纪锋《从〈说文〉读若看古音四声》[J],《罗常培纪念论文集》,商务印书馆,1984 年。

58.徐之明《李善反切系统中特殊音切例释》[J],《古汉语研究》,2000.1。

59.杨伯峻《破音略考》[J],《国文月刊》,1949 年第 74 期。

60.杨伯震等《地名异读大可精简》[J],《文字改革》,1965.11。

61.杨荫楼《陆德明的南学风韵及其对经学的贡献》[J],《孔子研究》,1999.3。

62.杨永龙《古代国名族名等专名的读音问题》[J],《辞书研究》,1999.1。

63.殷焕先《破读的语言性质及其审音》[J],《山东大学学报》,1963.1。

64.殷焕先《破读的语言性质及其审音》[J],《山东大学学报》(语文版),1963.1。

65.殷焕先《请注意一字两音的分歧现象》[J],《新文字周刊》,1950.34。

66.俞敏《古汉语派生新词的模式》[A],《俞敏语言学论文集》[C],商务印书馆,1999。

67.余心乐《论一字异读》[J],《科学与教学》,1957.2。

68.于铸梁、陈锦平《古人名、地名可不可以按普通话念》[J],《文字改革》,1965.5。

69.曾明路《上古押韵字的条件异读》[J],《中国语文》,1987.1。

70.曾明路《上古"入－去声字"研究》[A],《缀玉集》[C],北京大学
出版社,1988。

71.张清常《北京音里面的一字异读问题》[J],《南开大学学报》,
1956.2。

72.张清常《汉语汉文的一字多音问题》[J],《语言学论文集》,商务
印书馆,1993。

73.张一舟《从某些多音字的单音化倾向谈起》[J],《语文建设》,
1996.10。

74.郑张尚芳《圳——字音琐谈一则》[J],《温州师专学报》,1980.2。

75.郑张尚芳《上古音构拟小议》[A],《语言学论丛》[C]第14辑,
商务印书馆,1987。

76.周溶泉《从古字通假的烦琐谈精简异读的必要》[J],《文字改
革》,1966.3。

77.周式一《改掉古字通假和古今异读》[J],《文字改革》,1965.10。

78.周祖谟《普通话的正音问题》[J],《中国语文》,1956.5。

79.周祖谟《四声别义释例》[A],《问学集》[C]上册,中华书
局,1966。

80.子午《应该解决地名用字的特殊读音》[A],《光明日报》,1956
年9月26日。

81.宗渊《从语文教学看文言文中的破读问题》[J],《中国语文》,
1965.5。